JN082407

アクティベート
教 育 学

汐見稔幸・奈須正裕［監修］

09 道徳教育の
理論と実践

上地完治［編著］

ミネルヴァ書房

シリーズ刊行にあたって

　近代という特徴的な時代に誕生した学校は、今や産業社会から知識基盤社会へという構造変化のなかで、その役割や位置づけを大きく変えつつあります。一方、2017年に告示された学習指導要領では「社会に開かれた教育課程」という理念のもと、「内容」中心から「資質・能力」育成へと学力論が大幅に拡張され、「主体的・対話的で深い学び」や「カリキュラム・マネジメント」といった考え方も提起されました。

　学習指導要領前文にあるように、そこでは一人一人の子どもが「自分のよさや可能性を認識するとともに、あらゆる他者を価値のある存在として尊重し、多様な人々と協働しながら様々な社会的変化を乗り越え、豊かな人生を切り拓き、持続可能な社会の創り手となること」が目指されています。

　急激に変化し続ける社会情勢のなかで、このような教育の理想をすべての子どもに実現していくことが、これからの学校と教師に期待されているのです。それは確かに要求度の高い困難な仕事ですが、だからこそ生涯をかけて打ち込むに値する夢のある生き方とも言えるでしょう。

　本シリーズは、そんな志を胸に教師を目指されるみなさんが、数々の困難を乗り越え、子どもたちとともにどこまでも学び育つ教師となる、その確かな基礎を培うべく企画されました。各巻の内容はもちろん「教職課程コアカリキュラム」に準拠していますが、さらに教育を巡る国内外の動向を的確に反映すること、各学問分野の特質とおもしろさをわかりやすく伝えることの2点に特に力を入れています。また、読者が問いをもって主体的に学びを深められるよう、各章の冒頭にWORKを位置づけるなどの工夫を施しました。

　教師を目指すすべてのみなさんにとって、本シリーズが、その確かな一歩を踏み出す一助となることを願っています。

2019 年 2 月

監修者　汐見稔幸・奈須正裕

は じ め に

　最初に，本書の構成と各章の概要について簡単に説明したいと思います。

　道徳科の授業とは，しつけや説教の時間，あるいは道徳的に正しいとされている事柄を単に伝達する時間なのではなく，道徳的価値や道徳的問題に関わる「学びの場」であるべきだと編者は考えています。道徳の授業において「多面的・多角的に考える」ということがなぜ大切なのか，またそのように考えることが道徳科の授業にとってどのような意味を有するのか。これは教科化の時代の道徳授業や道徳教育を理解する基本的枠組みとなっています（序章）。

　道徳の教科化というときわめて今日的な動向だと思われますが，日本の戦後の道徳教育のあり方を規定しているのは戦前の道徳教育のあり方に対する反省であり，その意味で道徳教育の過去を知らなければ現在を理解することもできません。戦後の道徳教育は戦前の修身科や教育勅語への反省のうえに成り立っているということを私たちは忘れてはいけないのです（第1章）。道徳教育の「現在」を規定している学習指導要領もその反省を基盤に据えて作成されています。「道徳教育」と，「道徳の時間」や新しい「道徳科」を区別する考え方もその反省から導き出されていて，道徳教育および道徳科の目標や基本的な事項をふまえることが必要です（第2章）。

　日本の道徳教育の前提をおさえたら，次はいよいよ学校における道徳教育の実践です。まず，授業の主役が子どもである以上，子ども理解は授業づくりの前提となります。子ども理解と一口で言ってもその内実はさまざまで，読者には書物を通して，また学校での子どもの観察を通して，日常的に多様な観点から子ども理解を深める努力を行ってほしいと願っています。本書ではそのなかで，子どもの発達という観点から子ども理解に迫っています（第3章）。

　本書ではとりわけ授業実践に関する説明に力を入れており，道徳授業をつくるための手順や基本的な事項，そして道徳授業が「深い学び」となるためのポ

イントについて，本書を読む学生のみなさんが一通りイメージできるように配慮しました（第4〜6章）。ここでは3名の実践家がそれぞれ自分の経験に即して授業づくりを語っています。第4章では，すべての子どもが授業という学習の場に参加できることがとりわけ強調されていて，そのために焦点化，視覚化，共有化，身体的表現という4つの観点が示されています。第5章では授業のねらいを具体的にそして深く設定するヒントが学べると思いますし，第6章では中学校での授業づくりが具体的かつていねいに説明され，そのなかに授業者のこだわりも感じられます。

　3名の実践家の説明のなかには微妙な相違点があるかもしれませんが，それは授業づくりの多様性の表れだと肯定的に理解してください。そもそも，道徳授業のつくり方に「唯一の正解」もなく，また「完璧な授業」というものも存在しません。だから，道徳の授業づくりでは正しいかたちを身に付けるという意識ではなく，授業づくりに役立つさまざまな「引きだし」を身に付けるために，この3名の実践家から多様なアイディアをつかみとってください。

　一通り授業づくりの方法について学んだ後は，そこで語られていた授業づくりのポイントについてさらに理解を深めていきましょう。教材分析こそが授業のねらいや発問を設定する際の肝であり，教員になったら是非同僚の先生たちと教材分析を楽しんでもらいたいと思います（第7章）。また，道徳科の授業で用いられる読み物教材の特質についても考えてみましょう。なぜ読み物教材が活用されるのか，そして，読み物教材の登場人物の心情理解を重視した道徳学習の課題についても知る必要があります（第8章）。さらに言えば，教科化の議論のなかで「道徳的な行為に関する体験的な学習」として役割演技が推奨されていますが，その意義や効果をきちんと理解して適切に実施する必要があります。とりわけ，「いじめのような非人間的な場面を子どもに演じさせることは，絶対に避けなければなりません」（第9章）。最後に，こうした道徳科の授業において評価を行わなければなりません。道徳科で求められている評価とは，私たちが一般に評価という言葉でイメージすることとあまりにもかけ離れており，それが道徳科の評価に対する誤解と過度な警戒心を惹起していると思われます（第10章）。

　ここまで道徳の授業について語ってきましたが，そうすると，道徳をつい45分や50分の授業時間のなかだけで考えてしまいがちです。しかし，道徳授業は日常的な学級経営を基盤になされるものであり，それが道徳授業の成功を大きく左右するということは，学校現場において周知の事実となっています（第11章）。また道徳の授業は，学校の教育活動全体を通じて行われる道徳教育という広い文脈のなかに位置付けて理解される必要があります（第12章）。

　次に続く2つの章は，ここまで実践的に捉えてきた道徳授業・道徳教育についてもう一度理論的に振り返ってみて，改めて道徳とは何か，あるいは道徳的価値とは何かということを考えてみることがねらいとなっています。道徳的正しさについての理論的理解は，道徳教育の専門家として身に付けていてほしいことであり（第13章），道徳的な価値や問題をめぐって意見の異なる人たちとの対話の継続こそが，これからの「考え議論する」道徳の目指すべき方向性であることは，何度も繰り返し確認したいポイントです（第14章）。

　そして最後に，こうした対話の重要性を基盤に据えて，いじめ問題への対応を考察しながら，学級という社会における規範構造の編み直しが提言されます（第15章）。これは道徳科における学習が単に認知的なものにとどまらず，実際に学級という社会の構成員を育成するための学習機会となることを示唆しています。道徳教育に求められるこうした側面は，平和的で民主的な市民の育成を目指すシティズンシップ教育と同じ方向性を示すものであり，道徳教育の今後の一つの可能性を示す「未来予想図」として注視したいものです。

　2020年2月吉日

　　　　　　　　　　　　　　　　　　　　　　　　　上地完治

はじめに

第 **7** 章　道徳科の教材分析，教材研究　　　119

第 **8** 章　読み物資料の役割　　　135
平和教育における物語資料の活用から

第 9 章　役割演技の意義と活用法　149

第10章　道徳授業の評価　163

第**11**章　道徳授業と学級経営　　　　　　　　　　177

第**12**章　学校の教育活動全体を通じた道徳教育の展開　193

第**13**章 道徳とは何か   205

第**14**章 道徳的価値について   217

第15章　いじめ問題と道徳教育　　　　　　　　233

本シリーズの特徴

シリーズ「アクティベート教育学」では，読者のみなさんが主体的・対話的で深い学びを成就できるよう，以下のような特徴を設けています。

●学びのポイント

各章の扉に，押さえてほしい要点を簡潔に示しています。これから学ぶ内容の「ポイント」を押さえたうえで読み進めることで，理解を深められます。

●WORK

各章の冒頭に「WORK」を設けています。主体的・対話的に WORK に取り組むことで，より関心をもって学びに入っていけるように工夫されています。

●導　入

本論に入る前に，各章の内容へと誘う「導入」を設けています。ここで当該章の概要や内容理解を深めるための視点が示されています。

●まとめ

章末には，学んだ内容を振り返る「まとめ」を設けています。

●さらに学びたい人のために

当該章の内容をさらに深めることができる書籍等をいくつか取り上げ，それぞれに対して概要やおすすめポイントなどを紹介しています。

●カリキュラム対応表

目次構成と教職課程コアカリキュラムの対応表を弊社ウェブサイトに掲載しています。詳細は，以下の URL から各巻のページに入りご覧ください。

〈https://www.minervashobo.co.jp/search/s13003.html〉

序　章

道徳科の授業を学びの場に
──教科化時代の道徳授業──

● ● ●　学びのポイント　● ● ●

- 道徳授業において，「多面的・多角的に考える」ということがどういうこと
  なのか，そしてまたなぜそれが必要なのか理解する。
- 道徳授業において，子どもたちが主体的に考えることは不可欠であることを
  理解する。
- 子どもたちが主体的に，そして「多面的・多角的に」考えるからこそ，道徳
  授業では話し合い（対話）が必要であることを理解する。
- 内容項目が子どもたちの学びのゴールではなく，「手掛かり」であることを
  理解する。
- 道徳教育において，「身近な社会的課題を自分との関係において考え，その
  解決に向けて取り組もうとする意欲や態度を育てるよう努めること」が求め
  られていることを理解する。

「まったくの自由な世界」は幸せか

　私たちの生活では，自分の思い通りにならないことだらけです。学校ではお菓子を食べたりゲームで遊んだりできない，勉強をしないといけない，アルバイトをしないとお金がない，でもアルバイトも責任をもたされて大変だ，などなど。

　では，すべての人間がまったくの自由を手にしている世界があるとします。そこでは，すべての人が自分のやりたいことをやりたいようにしてよくて，誰も自分のやりたいことを何一つ我慢する必要はありません。

　この「まったくの自由な世界」にあなたが暮らしていると想像してみてください。

　そして，以下の①〜③について考えてみましょう。その後，まわりの人たちと意見を交換してみてください。

　①　あなたは「まったくの自由な世界」で何をしたいですか？

　②　そこで暮らすあなたは幸せですか？

　③　「まったくの自由な世界」で暮らしていると，一体何が起こるでしょう？

● 導　入 ● ● ● ● ● ● ● ●

　道徳の教科化とは，道徳授業改善を第一の課題として行われた改革であるということを理解することが重要です。その道徳授業改善の方向性は，「多面的・多角的に考える」というキーワードで示されています。それは，自分とは感じ方や考え方が異なる他者がこの社会に存在し，それゆえに道徳的問題の捉え方や解決策が一様ではなく，しかしその他者と共に平和で民主的な社会を形成することが求められている，ということに由来しています。道徳授業においても，主体的で対話的で深い学びの実現が追求されなければなりません。

● ● ● ● ● ● ● ● ●

1 道徳授業改善という教科化の課題

　2015（平成27）年に道徳の時間が「特別の教科道徳」（道徳科）となりました。これは戦後日本の学校における道徳教育にとって，新しい時代の幕開けであり，戦前の道徳教育を担っていた修身科を廃止し，道徳教育のための教科や時間を設定せずに道徳教育を学校の教育活動全体を通じて行う方針を確立した全面主義道徳教育の時代，全面主義道徳教育の原則を保持したまま，その不十分な点を「道徳の時間」で補うとされた特設道徳の時代に続く，教科化の時代または道徳科の時代という第三の時代の始まりを意味しています。

　道徳の時間が教科化された背景には，それが教育課程としてうまく機能してこなかったという反省があります。教科化以前の道徳教育について，『小学校学習指導要領解説　特別の教科道徳編』（以下，『解説』）では，「歴史的経緯に影響され，いまだに道徳教育そのものを忌避しがちな風潮があること，他教科に比べて軽んじられていること，読み物の登場人物の心情理解のみに偏った形式的な指導が行われる例があることなど[*1]」が課題として指摘されています。

　こうした諸課題のなかで，道徳授業の質的改善は喫緊の課題です。たとえば，「嘘をついてはいけない」ということは，道徳的な価値として重要です。です

＊1　文部科学省『小学校学習指導要領解説　特別の教科道徳編』廣済堂あかつき，2018年，p. 2。

が，子どもたちは学校に入学する以前に，あるいは学校生活のなかで，「嘘をついてはいけない」ということを既に学んで知っています。それなのに，道徳の授業では，その既に知っていることを45分ないし50分かけて子どもたちに教えようとします。「既に知っていることを教えることはできない」という教育学の見地からすれば，子どもはその授業で一体何を学んだと言えるのでしょうか。そこにあるのは，「教えたつもりの教師」と「学んだふりをする子ども」の姿なのかもしれません。

　つまり，従来の道徳授業の最大の問題点は，それが子どもの学びになっていなかったということではないでしょうか。ここでいう学びとは，授業で扱われている道徳的価値や道徳的問題に関して気付きや発見，驚き，疑問などがあり，それまでの考え方や価値観に少しでも変化が生じること，換言すれば，それまでの考え方や価値観が再構成されるということです。

　道徳の教科化は，何よりもこうした道徳授業改善を目指した試みであることが強調されなければなりません。その改善の方向性を，本章では道徳科の授業を「学びの場」にすると表現しています。そして，こうした道徳授業改善の鍵を握るのが，「多面的・多角的に考える」というキーワードなのです。

2 多面的・多角的に考えることの意義

1 道徳科の目標

　道徳科の目標は，よりよく生きるための基盤となる道徳性を養うため，道徳的諸価値についての理解を基に，自己を見つめ，物事を（物事を広い視野から：中学校）多面的・多角的に考え，自己の生き方（人間としての生き方：中学校）についての考えを深める学習を通して，道徳的な判断力，心情，実践意欲と態度を育てることだと規定されています[*2]。

　この目標のなかで，多面的・多角的に考えることがとくに重要だとされてい

＊2　文部科学省『小学校学習指導要領』東洋館出版社，2018年，p. 165。文部科学省『中学校学習指導要領』東山書房，2018年，p. 154。

ます。確かにこのフレーズは教科化に伴って新たに導入された文言であり，そのため教科化による変化のポイントをダイレクトに表していると考えられます。

2　多面的・多角的に考えるとは

　では，物事を多面的・多角的に考えるということは，道徳授業にとって何を意味するのでしょうか。換言すれば，それは道徳授業にどのような変化をもたらすことが期待されているのでしょうか。

　道徳的価値とは異なりますが，「腕時計」を例にあげて，物事を多面的・多角的に（つまり，多様な観点から）考えるということを説明してみましょう。腕時計を見せられて，「これは何ですか？」と尋ねられると，ほぼ全員が「腕時計」と答えるでしょう。しかし，多様な観点から捉えてみれば，それは「金属」であり，「身に付ける物」や「アクセサリー」であり，「光沢のある物」「固いもの」「ガチャガチャ音がする物」であるとも言えます。「高価な物」や「（提示者の）私物」という捉え方もできますし，さらに言えば「燃えないゴミ」や「武器」という捉え方も，ゴミの分別という観点や暴漢に襲われた時の護身という観点から見れば間違いとは言えません。実際に「武器」という発想は，ある女性教師が学校での研修会で述べたものでした。

　さて，このように多様な観点から考えた後，改めて腕時計を提示されて「これは何ですか？」と聞かれたら，最初のように単純に「腕時計」とだけ答えることはできないと思いませんか。そのように答えることは，それ以外の多様な捉え方をすべて否定してしまうように感じられるからです。つまり，多面的・多角的な観点から物事を考えると，その捉え方は多様になり，唯一の正解というものを想定することが難しくなるのです。その場にいた参加者は多面的・多角的に考えることで，腕時計の「燃えないゴミ」という側面や，「武器」という側面について学んだと言えます。

　道徳科の授業で物事を多面的・多角的に考えるということは，道徳的問題の捉え方や解決策が一様ではないことを意味しており，端的に言えば，「唯一の正解」が存在していないということを表しているのです。そして，このことは，

道徳科の授業に求められていることが教師による正解の伝達ではないことを明確に示しているのです。これが道徳の教科化の核心的なポイントなのであり，道徳授業の肝なのです。

以上のことは，『解説』に以下のように示されています。[*3]

> 　道徳科の授業では，特定の価値観を児童に押し付けたり，主体性をもたずに言われるままに行動するよう指導したりすることは，道徳教育の目指す方向の対極にあるものと言わなければならない。多様な価値観の，時に対立がある場合を含めて，自立した個人として，また，国家・社会の形成者としてよりよく生きるために道徳的価値に向き合い，いかに生きるべきかを自ら考え続ける姿勢こそ道徳教育が求めるものである。

3 　多面的・多角的に考えることの意義

①他者の存在と道徳

　多面的・多角的に物事を考えることが道徳科の授業の肝であることを確認しましたが，では，なぜこのように多様な観点から物事を考えることが重要なのでしょうか。

　私たちは道徳的な問題を自分の立場だけでなく，相手の立場や社会の構成員としての立場から考え判断しなければなりません。また，相手の立場といっても，それぞれの社会的立場や生育環境によってその考え方は当然異なってきます。多様な観点から物事を考えられるということは，そうした多様な他者を理解し，他者と関わって生活していくための必須の条件なのです。換言すれば，多面的・多角的に考えるということは，価値多様化社会においてますます重要視されていくと言えます。

　自分とは感じ方や考え方が異なる他者がこの社会に存在し，その他者と共に平和で民主的に暮らすこと，それが道徳の前提にあります。その意味では，道

＊3　文部科学省『小学校学習指導要領解説　特別の教科道徳編』廣済堂あかつき，2018年，p. 16。中学校もほぼ同様である。

徳は異なる他者との共生社会の実現を目指すものであるとも言えるのです。

　とりわけ近年は，社会のグローバル化の進展によって，地理的・文化的な距離感が縮まり，国や文化を隔てる国境線が曖昧になりつつあると言われています。それは，人，物，お金，情報の交流や流通がますます盛んになることを意味します。そうなると，自分の考え方や価値観だけに固執していると，異なる考え方や価値観をもった他者と共に対話したり，協働したり，共に暮らすことが非常に難しくなってしまいます。グローバル化した社会では，今まで以上に物事を多様な観点から捉えて，相手の意見に「賛成できなくても理解すること」が大変重要となってくるのです。

　もっとも，多面的・多角的に考えることは社会がグローバル化したから必要となってきたわけではありません。私たち一人ひとりが主体として考え判断して生活している以上，その考えや価値観が異なっていることは当然の事実なのです。たとえそれが身近な他者——家族，友人，恋人，同僚，隣人など——であっても，彼／彼女らは「私」とは異なる「他者」なのです。したがって，人間の社会それ自体が多面的・多角的な考えによって構成されているのであり，そうした人間の社会を対象とした道徳において多面的・多角的に考えることが求められるのも，いわば当然のことなのです。

　②道徳における多様性の重要性

　こうした考えや価値観の多様性に関わって，レイチェルズ（Rachels, J.：1941-2003）は『現実をみつめる道徳哲学』でこう述べています。物理学なら確立された真理の全体像があり，それにはどんなに優れた物理学者でも異論を唱えず，初学者は根気強くそれを習得しなければならないでしょう。しかし，「哲学ではすべてが，あるいは，ほとんどすべてが，論争」であり，「哲学者たちでも，基本的な事柄についてさえ一致しないことがある[*4]」のです。彼の著書のタイトルは，ここでの哲学についての説明がそのまま道徳の本質の説明となっ

［*4］　J.レイチェルズ，古牧徳生・次田憲和（訳）『現実をみつめる道徳哲学——安楽死からフェミニズムまで』晃洋書房，2003年。なお，同書の改訂版として，J.レイチェルズ，S.レイチェルズ，次田憲和（訳）『新版　現実をみつめる道徳哲学——安楽死・中絶・フェミニズム・ケア』晃洋書房，2017年がある。

ていることを示しています。したがって，私たちが道徳について哲学的に考える時，必然的に私たちの間に考えや価値観の不一致が生じるのであり，この不一致はきわめて自然なものであるため，道徳に関する思考もそれゆえ多面的・多角的にならざるを得ないと言うのです。

　ただし，歴史を振り返ると，こうした考えや価値観の多様性が国家権力によって否定され，「唯一の正解」が個人に強要され，それに従わない者は社会から排除されるという悲劇が，歴史の至る所で散見されます。そして，こうした強要や排除に際して学校教育やとりわけ道徳教育が主導的な役割を果たしてしまったことは，残念ながら歴史の事実なのです。

　村井実は，彼の名著『道徳は教えられるか』において非常に重要な指摘を行っています。戦前の道徳教育では，確かに天皇制国家主義や軍国主義を反映した歪んだ内容が教えられており，それが問題だったと考えられています。もちろん，それも大問題だったのですが，道徳教育の特質やその学習プロセスに関する無知あるいは吟味の欠如が，戦前の修身科を不完全な道徳教育にしてしまったのだと村井は言います。要するに，「嘘をつくな」とか「国を愛せよ」という原理的・原則的な知識の注入が道徳教育であると誤解し，権威と権力によってそれを強行しようとしたことが，教育学的な見地からみた決定的な失敗であったのだ，と。[*5]

　権威や権力によって原理的・原則的な知識を注入してしまうことで見落とされていた道徳教育の特質や学習プロセスこそが，ここでいう「多面的・多角的に考える」ことであり，次節で述べる「主体的・対話的で深い学び」ではないかと筆者は考えるのです。

3 主体的・対話的で深い学びとしての道徳学習

　周知のように，2017（平成29）年に改訂された学習指導要領において，「主体的・対話的で深い学び」という全教科・領域に通底する学びの指針が提示され

＊5　村井実『道徳は教えられるか』国土社，1967年。なお，1990年に同社から新装版が刊行されている。

ました。そこで，この指針にあてはめて道徳学習のあり方を検討してみたいと思います。ただし，以下に述べる説明は文部科学省の公式見解ではなく，あくまでも筆者の見解であることをご了承ください。

1　道徳科における主体的な学び

①道徳的な行為選択と主体性

　ドイツの哲学者カント（Kant, I：1724-1804）は，道徳とは意志の自由に基づく自律でなければならないと述べています。道徳的な行為は，自らが自由に行為選択を行えることを前提としているのであり，誰かに強制されたり，権威のある意見に追従するような他律では，道徳とは呼べないというのがカントの言いたいことなのです[*6]。だから，カントにとって，道徳とは当然主体的なものなのであり，「主体的でない道徳」というのは形容矛盾となってしまいます。

　他者の言いなりになって行うことが道徳的行為でないことは理解できるでしょう。では，正しいとされることに従う場合はどうでしょうか。

　次のような場合を考えてみましょう。教室にゴミが落ちています。それを教師が竹刀を手に持って机をバンバン叩きながら，「ゴミが落ちているじゃないか，拾え！」と言い，あなたは恐怖に怯えながらそのゴミを拾うとします。この場合，あなたがゴミを拾った行為は道徳的な行為とは呼べませんし，体罰という点では教育的な指導とも呼べないでしょう。

　では，次のような場合はどうでしょうか。担任の教師は教室に落ちているゴミの多さに憂慮し，一念発起して教室をきれいにするために次のように言いました。「教室のゴミを拾ってゴミ箱へ捨てたら，褒美としてゴミ1個につき1万円をあげます」。褒美はもちろんこの教師の「自腹」ですが，あなたはきっと友だちと競ってゴミを拾うことでしょう。そして，教室のゴミはあっという間になくなることでしょう。

　この場合，あなたがゴミを拾ったことを道徳的行為と呼ぶことにも，また教

＊6　I. カント，宇都宮芳明（訳）『道徳形而上学の基礎づけ』以文社，1998年を参照。なお，2004年に同社から新装版が刊行されている。

師のこうした指導を道徳教育と呼ぶことにも違和感を覚えませんか。あなたは喜んでゴミを拾っているのであり，強制されているわけではありません。しかし，にもかかわらずそれが道徳的行為と呼べないのは，それが主体的な行為ではないからなのです。あなたは褒美がもらえるからゴミを拾うのであって，褒美がなくなればゴミを拾おうとは思わなくなるでしょう。したがって，「あなたは褒美によってゴミを拾わされた」のであり，これもカントからすれば他律的な行為なのです。心理学的に言えば，外的な要因（罰や褒美）によって突き動かされることは「外発的動機づけ」であり，道徳は自らの内面から湧き上がる「内発的動機づけ」でなければならないのです。

②道徳教育と主体性

先のゴミ拾いの例は，道徳教育についてもあてはまります。6ページで示した『解説』からの引用に，「特定の価値観を児童に押し付けたり，主体性をもたずに言われるままに行動するよう指導したりすることは，道徳教育が目指す方向の対極にあるものと言わなければならない」とありました。「特定の価値観を押し付けること」がよくないことはわかると思います。では，その価値観が仮に「正しい価値観」だったとしたらどうでしょうか。

「正しい価値観」だから押しつけてもいい，というのも道徳教育が目指す方向ではありません。この場合も，「正しいのだから受け入れなさい」という強制力が働く，あるいは深く考えずに正しいとされるから受け入れるという意味で，主体的ではないのです。

道徳における主体的な学びとは，ある考えや価値観，行為が道徳的に正しいかどうか自分の頭で考えることを意味するのです。もちろん，その時は多面的・多角的に物事を考えることが必要不可欠です。

また，ある考えや価値観，行為が道徳的に本当に正しいと言えるのかという批判的な思考も必要となるでしょう。もっともこの場合，疑って考えることが常に否定へと帰着するとは限りません。ある考えや価値観を本当にそうなのだろうかと批判的思考を働かせて考え，その結果，確かにその通りだと肯定的に結論づけることも，立派な批判的思考なのです。

道徳科における学習とは，道徳的に正しいことを伝達されることではなく，

正しいとされることのその「正しさ」を多面的・多角的に，そして批判的に考察し，その正しさを確認したり，修正することなのです。

▨2▨　道徳科における対話的な学び

①他者の意見を聞くために

　道徳授業において対話は，一般に話し合い活動として長い間重視されてきました。さらに言えば，学習指導要領では2008（平成20）年の改訂以降，すべての教科・領域において言語活動の充実が謳われており，話し合い活動の重視は道徳教育の専売特許でないことは周知の事実です。

　では，道徳授業において話し合い活動はなぜ必要なのでしょうか。なお，ここでは「話し合い活動」「話し合い」「対話」を同義の用語として用いています。

　道徳授業において話し合い活動が必要な第一の理由は，自分とは異なる他者の意見や価値観と出会うためです。前節の繰り返しになりますが，この社会は自分とは異なる意見をもった他者によって構成されており，その他者と共に平和で民主的に暮らすためには，そうした異なる意見を知ることが不可欠です。主体的に考えることは道徳教育にとって必要ですが，それが独りよがりの見解となってしまっては困ります。だから対話が必要なのです。

②他者と吟味をするために

　対話においては，自分とは異なる他者の意見を受け入れることが重要だと言われます。ここに，道徳授業に対話が必要な第二の理由を考える手掛かりがあります。

　私たちには自分と異なる他者の意見を尊重することが求められますが，しかし，それは他者の意見を無条件に受け入れたり無批判的に賛成することを意味してはいません。たとえば，他者の意見を聞いてそのよさを受け入れた場合，私は自分の意見と他者の意見をそれぞれ吟味し，他者の意見のよさと自分の意見の不十分さに納得したからこそ，自分の意見を修正し他者の意見を取り入れたのです。学校現場でよく耳にする，「友だちの意見を聞いて自分の意見を練り上げる」という時，そのような吟味のプロセスが立ちあがっているはずです。

また，自分の意見の方がよいと判断した場合には，その理由を相手に伝えることが対話として求められます。

道徳授業における話し合い活動において吟味するとは，ある意見に対して理由を示して賛成または反対の態度表明をすることを意味します。そうすることで，道徳授業において「より正しい意見」や「よりよい意見」をつくり出していくことが，道徳学習において不可欠なのです。

③道徳における正しさの問題

道徳には「正解がない」という説明を耳にすることがあります。筆者も道徳には「唯一の正解」はないと言っています。しかし，このことは道徳が正しさと無関係であるということを意味しているわけではありません。逆に，道徳的価値や道徳的問題を「正しさ」抜きに考えてしまえば，そこでの議論は「何でもアリ」の状態になってしまいます[*7]。

正確に言えば，正しいとされる意見が複数存在することを想定しているから「唯一の正解」はないと表現しているのであって，道徳的問題は道徳的な正しさがやはり問われるのです。ただ，そうした正しさは既にあるものではなく，教師から伝達されるものでもなくて，どのような意見が道徳的に「正しい」のかを考えることを通して追究されるものなのです。つまり，道徳的な正しさとは，授業の参加者による対話を通して獲得されたり，確認されたり，あるいは修正（再構築）されるものなのです。

道徳的価値や道徳的問題について自由に考えることが求められるからこそ，その考えを吟味する話し合いが必要となるのです。道徳科における学習が道徳的な正しさを多面的・多角的に，そして批判的に考察し，その正しさを確認したり修正したりすることだとすれば，それは必然的に上記のような意味で対話的な学びとならなければならないのです。

---

*7　上地完治「道徳的価値のとらえ方と道徳教育」林忠幸・堺正之（編）『道徳教育の新しい展開』東信堂，2009年を参照。

▊3▊　道徳科における深い学び

　学習指導要領における深い学びは，主体的な学びや対話的な学びと切り離して存在するものではないとされています。つまり，主体的で対話的な学びができていれば，それは当然深い学びにもなっているということです。[*8]

　道徳科における学びにおいてもこの理解は正しいのですが，他方で，道徳科に特有な「深い学び」の捉え方も存在しています。

　先述したように，道徳ではわかりきったことを教えるという授業がしばしば見られました。それは，学習指導要領の内容項目を授業のねらいとするから，学びのない授業となってしまっていたのです。内容項目イコール授業のゴールだと思いがちなのですが，学習指導要領ではこのことが明確に否定されています。「内容項目は指導に当たり取り扱う内容であって，目標とする姿を表すものではない」[*9]（強調点は筆者）。つまり，内容項目は子どもたちの目指すべきゴールを表したものではないのです。

　では，内容項目は何を表しているのでしょうか。別の箇所には，内容項目は，「児童自らが道徳性を養うための手掛かりとなるもの」であり，「道徳的価値を含む内容を，短い文章で平易に表現したものである」と記されています。[*10]つまり，内容項目とは一般的に道徳的価値が含まれていると考えられている行為や状況や関係性の「標識」や「ラベル」のようなものなのであり，こうした「標識」や「ラベル」自体に道徳的価値があるわけではありません。[*11]道徳学習のゴールは，そうした行為や状況や関係性のなかに埋め込まれている道徳的価値を主体的・対話的な学びによって掘り起こすことなのです。

　内容項目という「手掛かり」をゴールとしてしまうと，その授業ではわかりきったことをねらいとする「浅い学び」になってしまいます。道徳の授業では，

＊8　学習指導要領に示された「深い学び」の捉え方については，田村学『深い学び』東洋館出版社，2018年を参照。

＊9　文部科学省『小学校学習指導要領解説　総則編』東洋館出版社，2018年，p. 57。

＊10　文部科学省『小学校学習指導要領解説　特別の教科道徳編』廣済堂あかつき，2018年，p. 22。

＊11　堺正之「価値論と道徳教育」林忠幸・押谷由夫（編）『道徳教育の基礎と展開』コレール社，1998年，pp. 82-83。

内容項目を手掛かりとして道徳的な価値について主体的・対話的に学ぶ機会を
子どもたちに提供することが求められているのです。

4 道徳教育の未来予想図：シティズンシップ教育への接近

　最後に，教科化時代の道徳教育や道徳科の授業をさらに充実させるための重
要なヒントとして，シティズンシップ教育への接近を示唆しておきたいと思い
ます。

　渡邉満は「政治的な思惑はともかくとして」と断ったうえで，道徳の教科化
の意義として，これまでのような個々人の内面の枠内にとどまる学習ではなく，
「個々人が各々参画する社会の主体的な構成員として活動するために必要な力
を育成する任務」が，道徳教育に課せられていることを明示したことにあると
指摘しています。[*12]　また，渡邉は別のところで，いじめ問題を念頭に置いた時，
「問題なのは，大人社会の現実につながっていない道徳教育」なのだと断言し
ています。[*13]渡邉の指摘する道徳教育の課題を改善するためには，結果的には学
習指導要領に記載されませんでしたが，教科化の議論のなかで注目されたシテ
ィズンシップ教育から示唆を得ることができます。

　シティズンシップ教育とは，貧富の格差，社会分離，民族主義や人種差別の
台頭，投票率の低下といった民主主義社会の課題を見据えた教育で，文字通り
市民を育てることを目的としています。[*14]

　道徳教育がシティズンシップ教育へと部分的に接近するという未来予想には，
学習指導要領による裏付けもあります。学習指導要領では，教科化に伴って，
科学技術の発展と生命倫理との関係（中学校のみ）や社会の持続可能な発展
（小・中学校）といった現代的な課題の取扱いにも留意し，「身近な社会的課題

＊12　渡邉満「学校教育の基盤に位置付く道徳教育の課題──グローバル化する現代社会において教
　　　育と道徳教育をどのように考えるか」渡邉満ほか（編）『「特別の教科　道徳」が担うグローバ
　　　ル化時代の道徳教育』北大路書房，2016年，p. 7.
＊13　渡邉満「道徳の教科化とこれからの道徳教育」渡邉満・山口圭介・山口意友（編著）『新教科
　　　「道徳」の理論と実践』玉川大学出版部，2017年，p. 3.
＊14　森実「民主主義の危機とシティズンシップ教育」中山あおいほか『シティズンシップへの教
　　　育』新曜社，2010年，pp. 1-3.

を自分との関係において考え，それらの解決に寄与しよう（中学校：その解決に
向けて取り組もう）とする意欲や態度を育てるよう努めること」と明記されまし
た[15]。

　道徳教育ではシティズンシップ教育の側面が今後ますます重視されてくると
思われます。これは社会科や特別活動，総合的な学習の時間の学びと重なる部
分が多いので，その意味ではこうした教科や領域と道徳科での学びは接近する
ことになります。それぞれの教科・領域にはその固有の意義や役割があるとい
うのも事実ですが，教科や領域の区分に固執することなく教育課程として広く
捉え，そのなかでどのような学びの機会を子どもたちに提供できるかというこ
とが大事なのではないでしょうか。むしろ，平和で民主的な市民を育てるとい
う共通の目的のために，各教科・領域を関連づけて捉えること——これこそが，
道徳科を要として学校の教育活動全体を通じて行うものとされる道徳教育の真
価なのです——が今後ますます必要となってくることでしょう。

 まとめ ・・

　道徳の授業では，多面的・多角的に考えることのできる「学びの場」を提供する
ことが重要です。それは，道徳授業もまた主体的・対話的で深い学びが求められて
いることを意味しています。そのためには道徳教育や道徳授業における多様性や主
体性の重要性をきちんと認識しなければなりません。また，ある意見に対して根拠
をもって賛成または反対の態度表明をすることが，吟味としての対話（話し合い活
動）に求められています。道徳の教科化とは，この意味で道徳授業改善の試みなの
です。

・・

 さらに学びたい人のために

○奈須正裕（編集代表）守屋淳ほか（編著）『子どもを学びの主体として育てる
　——ともに未来の社会を切り拓く教育へ』ぎょうせい，2014年。
　　民主的な社会を構築するためには，民主的な主体を育てる必要があり，それ

＊15　文部科学省『小学校学習指導要領』東洋館出版社，2018年，p. 171。文部科学省『中学校学習
　　指導要領』東山書房，2018年，p. 157。

は日々の学校生活や授業のなかで，「子どもを学びの主体として育てる」ことが重要だと教えてくれます。道徳教育を「教育」として考える際に示唆的な1冊です。

○北川達夫・平田オリザ『ニッポンには対話がない──学びとコミュニケーションの再生』三省堂，2008年。

　この本を読むと，日本ではいかに多面的・多角的で批判的な思考が阻害されているか，そしてそうした思考を育むための対話（コミュニケーション）がいかに重要であるかがわかります。非常に刺激的で大変読みやすい本です。

○ガート・ビースタ，上野正道ほか（訳）『民主主義を学習する──教育・生涯学習・シティズンシップ』勁草書房，2014年。

　教育の課題とは，既存の民主主義的秩序へと社会化することではなく，民主的な存在へとなるために学習機会をどのように提供するかなのだと教えてくれる本です。

第1章

わが国の道徳教育の歴史

・・・ ● ● ●　学びのポイント　● ● ●・・・

- ・「学制」制定時に後進国として出発した日本国政府は，先進諸国の知的水準
  に追いつくためにどのような道徳教育（修身科教育）を展開したのかを理解
  する。
- ・現在の道徳教育や道徳授業と比較しながら，教学聖旨，教育勅語，修身科の
  授業，国定教科書，教育勅語の失効決議，全面主義道徳教育が意味する内容
  や影響について考える。
- ・終戦直後の道徳教育から「道徳の時間」の特設に至る経緯について整理し，
  道徳教育をどのように展開すべきか自分自身の考えをもつ。

規範の正当性について考えてみよう⑴

　私たちは「人を殺してはいけない」という規範を当然のこととして受け入れています。そして，このことは非常に重要だとも認識しています。

　しかし，「人を殺してはいけない」という規範は，「いつでも，どこでも，誰にでも」当てはまる普遍的なものだと言い切れるのでしょうか。

　たとえば，私たち日本の社会には死刑制度があります。死刑制度は「人を殺してはいけない」という規範に反してはいないのでしょうか。

　以下の問いについて，まずは個人で考え，その後グループで話し合ってみましょう。

① 死刑制度は「人を殺してはいけない」という規範の例外であり，規範とは矛盾しないと考えられるとすれば，それはどのような理由で例外として正当化され得るのでしょうか。

（　　　　　　　　　　　　　　　　　　　　　　　　　　　　　　）

② 死刑制度は「人を殺してはいけない」という規範に反しており例外とすべきではないとすれば，それはどのような理由で説明できるでしょうか。

（　　　　　　　　　　　　　　　　　　　　　　　　　　　　　　）

③ 死刑制度以外にも，「人を殺してはいけない」という規範に対する例外があるか考えてみましょう。

（　　　　　　　　　　　　　　　　　　　　　　　　　　　　　　）

● 導　入 ● ● ● ● ● ● ●

　戦後の教育は，道徳教育をどのように改革するかが最大の課題でした。その方向性には大きく2つの流れがあります。一つは，戦前の道徳教育をすべて否定し新しい民主社会の建設のための道徳教育をつくっていく立場，もう一つは，戦前の道徳教育のよい点は継承しつつ，新しい民主社会建設のための道徳教育をつくっていくとする立場です。

　道徳教育の歴史を理解することは，これからの道徳教育の意義を理解し，今後の道徳教育のあり方を考える基盤となります。本章を通して，道徳教育に対する考えを深め，どのような教育を展開すべきかを考えてください。

● ● ● ● ● ● ● ●

1 学校教育制度成立と修身科の設立

1　学制と修身

　明治維新以後に展開される学校教育の近代化は，欧米諸国をモデルとした「富国強兵」「文明開化」政策に起因しています。

　日本の近代初等学校における「修身」の成立は，1872（明治5）年の「学制」における修身科によります。学制の制定にあたり，修身と命名したのは，長い間親しまれてきた儒教の「修身」から示唆を受けたと考えられます。また，「修身」を独立の教科として設置したのは，道徳教育の時間を設定していたフランスの学制に倣ったものと考えられています。[*1]

　1872年9月，「学制」の具体的な実施方法を説明した小学教則における修身は「修身口授（ギョウギノサトシ）」として，下等小学の1，2年のみに置かれ（1週2時間），教師が児童に伝統的な「口授（くじゅ）」という方法で行われました。教材は欧米諸国の倫理や道徳関係の書物の翻訳が使われたり，儒教教典から編纂された内容が使われたりと多種多様でした。修身科の授業は，口授による説話

＊1　勝部真長・渋川久子『道徳教育の歴史——修身科から「道徳」へ』玉川大学出版部，1986年，p. 15。

が一般的であったため，教師に任される部分が多く，取り扱う内容もまちまちでした。修身科は，庶民にとって実生活に直接関連したものでなく，あまり重要視されていなかったと言えます。

2　学校教育制度と修身科

　明治政府の導入した「学制」は，西欧先進諸国の教育を模倣し，これまでにない国民皆教育の理想を掲げたものでした。文部省は，小学校教育の普及・充実に力を入れ，就学の促進，教員養成などさまざまな施策をとりました。しかし，この当時の庶民の子どもは家庭の働き手であり，生活を維持するための貴重な労働力でした。そのため，子どもを学校へ通わすことは労働力の喪失を意味しており，高い理想に基づく「学制」という理念は当時の実情と合わず，庶民から批判や不満が続出しました。

　1879（明治12）年，明治政府は画一的で統制的な「学制」を廃し，47条から成る「教育令」を公布しました。[*2]「教育令」に規定されたすべての教科のなかで修身はその末段に位置づけられ，疎略に扱われていました。

　「教育令」では，学校設置の義務，就学の督促，教員の任免権，教則制定の権限などが地方行政にゆだねられ，一見して地方分権のようにもみえます。しかし，実態としては，地方行政当局は財政負担を軽減しようとして十分な措置をとらなくなりました。また，学校教育の必要性を十分認識していない国民は労働力の確保のために，子弟を学校に通わせなくなりました。[*3]そのため，教育の量・質両面での低下を招き，学制の普及により軌道に乗りつつあった学校教育は，「教育令」により衰退が著しくなりました。「教育令」の小学校設置運営

---

* 2　「学制」はもともと欧米の教育制度を模範に定められており，当時の国力や民情，文化の異なる日本で全国的に画一的に実施することが困難で，多くの問題が生じていた。学校の運営に要する地方の経済的な負担も大きく，地方の事情が考慮されていなかったため，極力地方の事情を考慮し円滑に教育制度を進めていく必要があり，文部省は1877（明治10）年に「学制」の改正に着手し，学制に代わり「教育令」が公布された。
* 3　教育令は，小学校の就学期間を8年としたが，就学年限や年間出席日数の短縮を容認する条項，あるいは小学校以外の学塾で代理就学することを承認する条項を含んでいた。この結果，就学率を低下させてしまった。

についての自由な方針は，「自由教育令」と通称され，教育を衰退させるという厳しい批判を受け，たった1年で廃止されました。

　1880（明治13）年に制定された「改正教育令」は，小学校教育について規定し，修身科が初めて教科の筆頭におかれ重視されました[*4]。

　さらに翌1881（明治14）年5月には，「小学校教則綱領」が定められ，全学年に修身科がおかれ，「作法」も含められました。続いて文部省は，1881年6月「小学校教員心得」を公布し，徳育を知育より重視し，忠君愛国を最も重要な道徳としてあげました。

3　教学聖旨と修身科教育

　1879（明治12）年夏，教育令の公布とほぼ同じ頃，天皇から「教学聖旨」（徳育の内容などについての提案）が示されました。これは，1876（明治9）年から1878（明治11）年にかけて天皇が地方巡幸を行った際の見聞に基づく，天皇の教育に関する意見書であり，侍講（天皇に和漢洋の書を講じた官職）の元田永孚[*5]が記したものです。明治天皇は日本各地を巡幸し，当時の日本の教学について憂慮の意を示したと言われています。その内容は，当時の風俗・品行の乱れを嘆いて西洋化政策を批判し，「仁義忠孝」「道徳ノ学ハ孔子」といった儒教に基づく道徳教育の重要性を説くものでした。

　教学聖旨が示されるまでの修身は西欧主義傾向で自由なものでしたが，教学聖旨が示されてから修身教科書が統一化の方向を歩み始め，大きく儒教主義へ，そして国家主義へ転換していきました。これは，修身が強化され，国体維持の

＊4　地方の自由を認める方針であった教育令（第1次）に対し，「改正教育令」（第2次）は国家の統制・政府の干渉を基本方針としており，「干渉教育令」と言われた。改正教育令公布後，府県ごとに教育関係の諸規制が整えられ，小学校をはじめ師範学校，中学校等が次第に発達した。小学校では学年編制ができ，学年段階別に編集された教科書も使用されるようになってきた。しかし，とくに地方では経済的不況などのために就学率が停滞していたところに国庫補助金廃止がさらに深刻な経済的不況をもたらし教育費の支出に苦しむ地方が多かった。このような状況のもとに1885（明治18）年教育令は再び改正された（第3次）。

＊5　元田永孚（もとだながざね：1818-1891）：熊本藩士，儒学者。「えいふ」ともいう。『教学聖旨』（1879），『幼学綱要』（1882），『教育勅語』（1890）の起草への参加などを通じて，儒教による天皇制国家思想の形成に寄与した。

ための教科へと推し進められたことを示しています。

2 修身科教育と徳育をめぐる論争

1 開発教授法と修身科教育

　明治10年代，新しい教授法が導入され日本の各地で試みられました。高嶺秀夫がアメリカからペスタロッチ（Pestalozzi, J. H.；1746-1827）の教育思想に基づく開発教授法[*6]を導入し，東京高等師範学校で実践しました。

　これまで修身科の指導方法は，教師による一方的な口授・御談義，国語の時間のような文義の解釈，嘉言の暗誦記憶のいずれかでしたが，多くの教師が開発教授法に接し取り入れました。

　開発教授法は「修身科」について，子どもの道徳を改良するには教訓・模範・練習を必要とすると述べています。教師はこの3つを常に並行して実施しますが，模範と練習は教師に委ねられていました。

2 徳育をめぐる論争

　教学聖旨が示された後，修身科教育は西欧模倣の方針を改め，古くからの教訓と儒教を拠り所にしました。しかし，日本の近代化・文明開化を推進するには，西欧文明を摂取し西欧の水準に高めるほかないとする欧化主義的風潮も根強く，徳育の方針・方法についての論争も絶えず存在しました。

　伊藤博文は，維新以来の教育は間違っていないとし，現行の教則により，良善な道徳書を使用させ，よい教官を選んで生徒に模範を示すべきと主張しています。これは，弊害のみを見て矯正を急ぎすぎると他の弊害を生むということであり，政府が国教を建立して国民の道徳を管理統制すべきではないと述べています。

　伊藤と徳育に対する見解を異にしていたのが元田永孚です。元田は，教科書

＊6　**開発教授法**：子どもが生来もっている能力の，自力による開発を目指す教授法。

22

の問題を取り上げて伊藤を非難しています。伊藤が「西洋ノ修身学」を読ませるべきだと主張しているのに対して，元田は「道徳書は儒教の四書五経」であり国教を樹立するべきだとする考えでした。

　福沢諭吉は，儒教主義の道徳教育に反対し『徳育如何』（1882）を出版し，自主自立の精神を養うことを主張しています。幕藩時代の儒教を廃し，明治の道徳教育は「自主独立」の趣旨を教えるべきと主張しています。また，『徳育余論』（1882）では学校での道徳教育の限界を指摘し，一般人民に対して宗教（仏教）による道徳的覚醒を考えていました。

3　教育勅語

1　小学校令制定と森有礼の徳育方針

　1885（明治18）年伊藤博文内閣の文部大臣に就任した森有礼は，教育制度全般の大改革を行いました。これによって教育令が廃止され，1886（明治19）年5月に「小学校令」が制定され，小学校は尋常科4年，高等科4年の8年制で，尋常科就学を義務とし，修身を筆頭教科としました。尋常小学校の学科は，修身，読書，作文，習字，算術，体操，土地の状況により図画か唱歌のいずれかまたは両方を加えるとしました。

　森有礼は，小学生に対する徳育のあり方について，儒教から採った難しい嘉言集を修身科の教科書として用いて，児童に暗唱させたり字義の解釈をさせたりする指導法は，子どもの発達に即していないとし，批判的でした。子どもには実例をあげて心に感動を与え，正善の行為を習慣づけていくようにすべきという考えでした。しかし，結果は，教師の品性や能力に左右されることになると同時に，教師の裁量によるため修身教科書の出版を著しく減少させる弊害が生じました。

　このように，森の徳育方針は自他併立の倫理を身に付け国家に忠良なる臣民であるとともに国際社会においても敬信される人物を育てることであり，国教を制定し，それを暗唱させ信奉させる元田永孚の構想とは相反していました。

教育勅語は，大日本帝国憲法の発布による立憲制の発足（1889年）を機に，自由民権運動が再興することをおそれた山県有朋ら保守勢力が，民衆への思想統制の一環として徳育方針の一定化を求めて成立させました。

契機となったのは，1890（明治23）年2月に東京で開催された地方長官会議でした。そこで議題の一つとして徳育問題が取り上げられ，①わが国にはわが国固有の倫理の教えがある，この固有の倫理に基づいて徳育の主義を確立すること，②徳育の主義が確定したら，師範学校から小中学校に至るまで，倫理修身の教科書を選定してこの教えを全国に広げ，かつ倫理，修身の時間を増やし徳育を盛んにすることという2点が内閣に建議されました。この建議が天皇にも報告され，総理大臣山県有朋が中心となり，文部大臣芳川顕正，法制局長官井上毅，枢密顧問官元田永孚らが起草にあたりました。こうして，1886（明治19）年以降の森有礼文相による啓蒙主義的教育政策が弊害をもたらしたことを激しく批判し，その弊を一掃するために，1890年10月30日に「教育ニ関スル勅諭」（教育勅語）が渙発されました（図1-1，1-2）。

教育勅語は敬天尊神などの言葉を用いず，特定の宗教，宗派に偏しないこと，哲学上の理論を入れないこと，政治上の臭味を避けること，漢学にも洋学にも偏しないこと，等に留意して起草され，関係大臣は副署せず天皇の署名だけで，天皇から直接国民に下賜するという形式がとられました。この結果，教育勅語は明治天皇の個人的な立場から国民に道徳の拠り所を表明するというかたちをとり，論争・政争を超越して教育の方針とされました。

教育勅語は徳目という視点から考えれば，封建道徳を強調しているものではありません。五倫五常の儒教道徳が強調されているとも言えるし，キリスト教道徳が強調されている部分もあります。また，立憲国家において必要な徳目と考えることもできます。個人的な道徳や教育のあるべき姿にも言及し，当時の日本人としてのあり方も説かれています。

しかし，教育勅語が渙発されることによって，森有礼の「学校令」を中心とする学校制度の改革と巧みに適合して国教主義教育が強まりました*7。さらに，

図1-1　教育勅語の原文

出所：国立公文書館デジタルアーカイブ「勅語類・教育勅語・明治二十三年十月三十日（一部）」より。

朕がおもうに、我が御祖先の方々が国をお肇めになったことは極めて広遠であり、徳をお立てになったことは極めて深く厚くあらせられ、又、我が臣民はよく忠にはげみよく孝をつくし、国中のすべての者が皆心を一つにして代々美風をつくりあげて来た。これは我が国柄の精髄であって、教育の基づくところもまた実にここにある。汝臣民は、父母に孝行をつくし、兄弟姉妹仲よくし、夫婦互に睦び合い、朋友互に信義を以って交わり、へりくだって気随気儘の振舞いをせず、人々に対して慈愛を及ぼすようにし、学問を修め業務を習って知識才能を養い、善良有為の人物となり、進んで公共の利益を広め世のためになる仕事をおこし、常に皇室典範並びに憲法を始め諸々の法令を尊重遵守し、万一危急の大事が起ったならば、大義に基づいて勇気をふるい一身を捧げて皇室国家の為につくせ。かくして神勅のまにまに天地と共に窮りなき宝祚（あまつひつぎ）の御栄をたすけ奉れ。かようにすることは、ただ朕に対して忠良な臣民であるばかりでなく、それがとりもなおさず、汝らの祖先ののこした美風をはっきりあらわすことになる。

ここに示した道は、実に我が御祖先のおのこしになった御訓であって、皇室皇宗の子孫たる者及び臣民たる者が共々にしたがい守るべきところである。この道は古今を貫ぬいて永久に間違いがなく、又我が国はもとより外国でとり用いても正しい道である。朕は汝臣民と一緒にこの道を大切に守って、皆この道を体得実践することを切に望む。

図1-2　教育勅語の全文通釈

注：原文は旧漢字，旧仮名遣いだが，現代語に修正して掲載した。
出所：文部省図書局『聖訓ノ述義ニ関スル協議会報告書』1940年，pp. 7-8より一部改変。

＊7　勅語や御真影（天皇の肖像写真・肖像画）は「校内一定の場所を選び，最も尊重すべし」と通達し，いわゆる「奉安殿（御真影と教育勅語を納めていた建物）の設置」を義務付けた。

1891（明治24）年9月に刊行された井上哲次郎の『勅語衍義』（教育勅語の私的な解説書）などによって，日本的な思想の重要な基軸の形成がなされました。

　修身科について，教育勅語の趣旨に基づいて行われることが規定され，尋常小学校では週27時間中3時間，高等小学校では週30時間中2時間が当てられました。こうして，小学校の基本構造が確立され，教育目的は軌道に乗り，国家主義教育への方向が決定付けられました。

4 国定教科書時代

1 第1期国定教科書

　1895（明治28）年3月，日清戦争に勝利し，1899（明治32）年7月，幕末開国以来の懸案だった治外法権の撤廃が実現しました。日本は，この戦争において忠君愛国精神の強調・高揚の重要性を認識し，文部省による統一教科書を使用して忠君愛国の思想を日本中に浸透させる教育統制を活発化しました。1903（明治36）年4月，小学校令が改訂され，国定教科書（小学校）が確立されました。帝国議会で国定化の建議もありましたが，1902年に発覚した教科書採択をめぐる不正（教科書疑獄事件）を断つためでもありました。これは，全国の同年代の者が同じ教科書で教わる時代の始まりを意味しました。

　1904年4月の第1期の国定修身教科書は，平易な文章を用いて国家による教育内容の統一化が図られていました。忠孝や仁義の教えなど家族道徳や国家に対する道徳について記されていましたが，自他の自由の尊重や市民的連帯，公益活動，近代的職業倫理，外国人に対する友好的態度など，日本人としての品位維持を説く項目もありました。児童の社会性重視の傾向がうかがわれます。

　5期にわたる国定修身教科書のうち，西洋人が圧倒的に多く登場するのが第1期の修身教科書でした。この国際主義的な傾向は，1899（明治32）年に外国人内地雑居が実施されたり，日本人の海外渡航や移民が活発になったりと，外国人に対する関心が一般に強かったことが反映されていたと考えられます。

2　第 2 期国定教科書

①概　要

1907（明治40）年 3 月，小学校令の改正により，尋常小学校が 6 年，高等小学校が 2 年または 3 年の修業年限となりました。第 2 期国定教科書は，忠孝の念の涵養に重きが置かれ，日露戦争後に高まった国家主義思想を反映して編集されました。また，尋常小学校 1 年にも修身教科書がつくられました。

第 2 期の国定修身教科書では，1 学年の例話としてイソップ物語が採用され，身近な心得を教えるため仮作の物語が作成されました。また，3 学年以上には，女性が主人公の例話が多くなり，日本の歴史上の人物の例話が取り上げられ，外国人が減らされました。教師用書にある設問は必ず行う必要があるなど文部省の管理が強くなっていました。

②家族主義国家観

1904年の日露戦争前後から，国家主義的思想に対する反発が表面化しました。日露戦争に徴兵されると，忠は尽くせても孝は成り立たないという問題が出てきました。もし国に忠義を尽くしても戦死すれば，残された家族は大きな犠牲を強いられ，国家への忠義と家族（祖先・親など）への孝行とが対立することになります。教育勅語にある「君ニ忠ニ親ニ孝ニ」の忠と孝が分裂・対立し，国家と家族との間に深い溝が生じかねません。この状況を打破するために，国に対する忠と家族に対する孝とを結合させ，天皇を家長にたとえ国民社会を一大家族に擬する「家族主義国家観」が登場します。国とは家の拡大されたもの（「国家」）という原理です。国民の意識に生じつつあった国家主義と家族主義との亀裂は，この「家族主義国家観」の論理で調整されました。この家族主義国家観は，第 2 期の国定修身教科書で顕著になり，第 3 期以降へも受け継がれていきました。

3　第 3 期国定教科書

1914（大正 3）年 8 月ヨーロッパ諸国で勃発した第一次世界大戦は，結果と

してわが国の産業技術の進歩と資本主義体制を発展させました。大戦前後の一時期，わが国には好景気と自由，国際協調を謳歌する風潮，つまり「大正デモクラシー」が到来しました。

　1918（大正7）年から始まった第3期の国定修身教科書は，児童用書全巻を口語文とし，教育勅語については尋常科6年で解説されました。第3期の修身教科書は，大正デモクラシーに対応して，近代市民社会の公民倫理や国際協調・平和主義の内容を取り入れようとする意図も見えますが，本質的には国家に忠良な臣民の育成を目指していました。

　第3期は忠良な臣民の教育を否定しないものの，修身科に対する自由な発想が表れ，児童の自由や自主性を重視する授業が見られました。しかし，修身の時間を設定しない立場の人や，修身書に従う授業をしないやり方は，文部省からは認められず，児童中心主義教育への非難が続きました。このようななか，1925（大正14）年4月22日，治安維持法が制定されました。

4　第4期国定教科書

　1931（昭和6）年の満州事変の後，日本は軍部主導のファシズム体制となっていきました。そして，1933（昭和8）年3月，日本は国際連盟を脱退しました。このようななか，小学校の教科書が全面改訂されました。

　1934（昭和9）年から第4期の国定修身教科書の使用が始まりました。国定修身教科書の表紙は色刷りの「サクラ読本」が刊行され，児童に親しみやすいように挿画も色刷りになりました。教育目標は，「臣民の道」を強化することであり，「忠君愛国」の思想を鼓舞することでした。内容は，国民が模範とすべき人物を取り上げ児童に倣い従わせる方針でした。天皇や皇室を中心とする絶対主義国家を印象付け，日本人として生まれたことの幸せや喜びを，天皇に対する報恩というかたちで展開しました。

5　第 5 期国定教科書

　1937（昭和12）年12月総理大臣直属の機関として教育審議会が設置され，新たに国民学校令が制定されました。これは，戦時体制が緊迫していくなかで，日本人としての意識をもたせるための制度改革でした。

　日本は非常時局を乗り切るために，天皇の存在をさらに神格化し国家への忠誠心が求められました。文部省は，『国体の本義』（1937）を編纂したり『臣民の道』（1941）を刊行したりして，天皇を「現人神」として崇拝する国家宗教（疑似宗教）とも言える統一見解を示しました。

　国民学校は1941（昭和16）年 4 月から発足し，第 5 期の国定教科書は，新教科の発足に合わせて急遽発行されました。しかし，資材確保が困難になり，色刷廃止，用紙の紙質低下，減ページ，発行の制限または発行の停止等の非常措置が講じられました。

　修身科の時間数は，初等科 1 ・ 2 年が週 1 時間ないし 2 時間， 3 年から 6 年が週 2 時間あてられました。内容として，上級生になるに従い神話や戦争への協力などが盛り込まれました。1944（昭和19）年中等学校以上の学徒の通年勤労動員が決まり国民学校初等科児童の疎開が促進されました。

6　戦時期における道徳教育

　1941（昭和16）年12月 8 日，アジアに新秩序の建設を目指す大東亜共栄圏の確立という国家目的のために日本が戦争に突入して以降，尽忠報国や滅私奉公が謳われ，天皇のために生命を棄てること，家族を投げ打ち国に奉公することが求められました。国民は，生命・人権・財産・自由のすべてを否定されたなかで生き，「お国のため」の大合唱のもと，自分たちの欲望を抑え戦争への積極的な参加を促すことが美徳とされました。そして，国策に合致しない生き方をする者は「非国民」と呼ばれ，国を非難することは許されませんでした。

　1943（昭和18）年 6 月に「学徒戦時動員体制確立要綱」が決定され，本土を防衛し，戦力を増強するために，学徒・生徒に対して軍事訓練や勤労動員が徹

底されました。こうして，1943年に出陣学徒の壮行会が開催され，学生たちは学業を棄てて戦場へと向かいました。

　1944（昭和19）年に中等学校以上の学徒の通年勤労動員が決まり，国民学校初等科児童の疎開が促進されました。さらに，1945（昭和20）年3月に「決戦教育措置要綱」が決定され，学校教育は初等科を除いて，他は全部一年間授業を停止することになりました。さらに，1945年5月の「戦時教育令」によって学校で学徒隊が結成され，事実上学校が閉鎖されました。

　そして1945年8月15日，日本は無条件降伏を受け入れ終戦を迎えました。

5 終戦直後の道徳教育

1 戦後直後の教育改革へ向けて

　日本は，敗戦を契機として，国政全般が連合国軍最高司令官総司令部（GHQ）の占領下に置かれました。また，教育文化などを担当する民間情報教育局（CIE）が総司令部の特別参謀部の一つとして設立されました。GHQは1945年中に教育の改革に関するいわゆる四大改革指令を発しました。

　日本は，GHQから政治，経済，社会システム，教育分野の抜本的改革を迫られました。とくに，道徳教育の問題は，教育勅語と修身科をどのように評価し，戦後の道徳教育の理念と方法をいかに構築するかが大きな問題となりました。戦後の道徳教育についてはイデオロギー論が絡まり政治的意味合いで論じられ，戦前の道徳教育をすべて否定し新しい民主社会建設のための道徳教育をつくろうとする意見が強まりました。戦前の道徳教育を継承するという意味合いをもった「道徳の時間」の特設に関しては，厳しい意見とともに，教育界だけでなく国民をも巻き込んだ激しい論争が展開されました。

2 三教科停止指令と公民教育構想

　1945年の敗戦後，教育分野では，四大改革指令に沿って，修身，日本歴史，

地理の「三教科停止指令」が出されました。また，翌1946年１月１日には天皇
の人間宣言が盛り込まれ，戦前の教育を推進した思想，教師，教科書等が次々
と廃止追放され，民主主義への価値観の転換が図られました。

　公民教育刷新委員会は，当初，道徳教育の役割を担う教科として「公民科」
の設置を模索していましたが，歴史・地理を含めた広域総合教科として「社会
科」を設置することになりました。社会科は，修身・公民・地理・歴史などの
教科の内容を融合・一体として学ぶべき教科とし，民主主義社会の担い手（社
会人）を育てあげることを意図しました。しかし，社会科の導入は，道徳教育
を担う明確な教科が消えることを意味していました。

　アメリカ教育使節団は，1950（昭和25）年９月22日付の報告書のなかで，道
徳教育は社会科だけでなく全教育課程を通じて徳性を完成させるべきとし全面
主義道徳教育の展開の徹底を求めました。

３　教育勅語の取扱い

　教育勅語の問題は，戦後の教育だけでなく天皇制の維持とも結びつき対日占領
政策の根幹を左右するものでした。当初，文部省は「日本的民主主義」の概念と
教育勅語の考えは共通であるとしていましたが，見直す必要性に迫られました。
　戦後の民主的教育体制の確立と教育改革の実現にとって最も重要な意義をも
つものは「日本国憲法」とこれに続く「教育基本法」の公布でした。憲法の改
正準備は1945年秋から開始されました。1946年第90回帝国議会での審議を経て
同年11月３日，日本国憲法として公布され，翌年５月３日に施行されました。
明治憲法では教育に関する条項は独立に規定されていませんでしたが，この日
本国憲法では第３章「国民の権利及び義務」中の第26条において，国民の基本
的人権の一つとして「教育を受ける権利」が規定され，「保護する子女に普通
教育を受けさせる義務」と義務教育の無償原則とが明文化されました。
　この憲法の規定を受けて，教育の基本となるべき理念および原則を法律をも
って定めようとする意向が，文部省から表明されました。その結果，教育刷新
委員会で審議され，1946年12月の第１回建議に「教育基本法」要綱として採択

されました。その後，1947（昭和22）年3月に公布されました。この教育基本法は，国の教育に関する基本的な理念と原則を，戦前のように天皇の名において詔勅の形式により確定するのではなく，国民の代表により構成される国会において法律として定めたこと，日本国憲法の理念をふまえて教育の理念を宣言した前文を付していること，および今後制定される各種の教育関係法の理念と原則とを規定することの3点において，教育関係法一般の上位に立つ基本法の性格をもっていました。

　この教育基本法の制定をめぐり従前の教育勅語の取扱いが問題となりました。そこで文部省は，1946年10月文部次官通牒「勅語及び詔書等の取扱について」を発し，教育勅語をもってわが国の教育の唯一の淵源とする考えを排し，学校儀式でのその奉読の慣例をやめることを明らかにしました。さらに，1948（昭和23）年6月，国会の衆議院と参議院が，教育勅語などの排除ないし失効確認を決議したことを受けて，文部省は全国の学校からそれらの謄本類の回収を通達しました。

6 「道徳の時間」特設までの経緯と社会的背景

　日本では，戦前の教育課程において道徳教育を担う筆頭教科として修身科が位置付けられていましたが，敗戦後，GHQが出した「修身，日本歴史及ビ地理停止ニ関スル件」の指令により修身科は姿を消しました。新教育制度においては，修身科のような固有な教科を置かずに，教育活動すべての面で進めるという「全面主義道徳」の立場をとりました。第2次アメリカ教育使節団の報告書（1950年9月）でも，全面主義道徳教育の徹底を求めています。そのため，新設された社会科が，合理的な社会認識を育成することを通して，道徳教育の中心的な役割を果たすと考えられていました。

1 天野貞祐をはじめとした文部大臣と道徳教育

　1950（昭和25）年11月，文部大臣天野貞祐は，全国都道府県教育長協議会において，修身科とも社会科とも異なる新しい道徳教育の必要性について言及し

ました。1951（昭和26）年，天野貞祐文相が教育勅語に代わる国民道徳の基本として国民実践要領の大綱を発表しました。この修身科復活を主張した背景には，終戦から1950年代にかけて，青少年の犯罪や不良行為が増加したことが大きな要因と考えられます。

しかし，天野は教師を中心として言論界や教育界から猛反発を受けて，発言を撤回しました。天野発言は戦後の道徳教育史において混乱を招き，世論の四面楚歌の反撃のなかで挫折・頓挫した結果となりました。

天野文相の修身科復活は挫折しましたが，後任の岡野清豪文部大臣や大達茂雄文部大臣も，愛国心を尊ぶ道徳教育を強調していました。この背景には，時の政権の道徳教育の振興策の考えが大きく影響していました。その後も，4代にわたる文部大臣へと，考えは共有され引き継がれていきました。

２　道徳の時間の特設をめぐる論議の展開

1950年9月の第2次アメリカ教育使節団の報告書で全面主義道徳教育の徹底を求めていることは先に述べた通りです。

1951年1月，教育課程審議会は修身科復活を求める天野文相の諮問に対して「道徳教育振興に関する答申」を提出し，そのなかで「道徳教育を主体とする教科あるいは科目を設けることは望ましくない」と述べ，全面主義道徳教育を主張しています。同年7月に学習指導要領一般編，社会科編が改訂されましたが，道徳教育を学校教育のあらゆる機会をとらえて行うという，いわゆる全面主義道徳教育の方針は維持されました。

1952（昭和27）年4月対日講和条約が発効し，日本は占領体制から解放されました。この頃から，道徳教育の充実・徹底を望む声は強くなっていきました。

３　道徳の時間の特設と道徳教育の充実

1953（昭和28）年8月の教育課程審議会答申は，道徳教育は社会科だけが行うように考えることは誤りであり，学校教育全体の責任であり，社会科が道徳

教育に対して確実に寄与するように指導計画および指導法に改善を加えるべきとしました。この答申に基づき，文部省は「社会科の改善についての方策」を出し，社会科改訂の方向を進めました。

1956（昭和31）年３月，教育課程審議会に，教育課程の改正，とくに道徳教育のあり方について諮問し，1957年11月教育課程審議会は道徳教育の強化徹底を図るため，道徳教育の時間を特設するべきという中間発表を行い，「道徳教育の基本方針」を発表しました。

1958（昭和33）年８月学校教育法施行規則が一部改正され，「道徳の時間」は小学校，中学校において，教科ではないが，各教科，特別教育活動，学校行事と並ぶ一領域として教育課程のなかに位置づけられ，同年９月からの授業が義務づけられました。また同日，文部省から小学校，中学校学習指導要領が出され，道徳教育は学校の教育活動全体を通じて行うという全面主義道徳教育の考えは維持しつつ，週１時間の「道徳の時間」を新たに特設し，目標，内容，指導計画作成および指導上の留意事項が示されました。

4 道徳の時間の特設をめぐる議論

1950年，当時の天野貞祐文部大臣が修身科の復活を主張し，これをきっかけに道徳教育のための教科設置を求める議論が始まり，1950年代を通じて盛んに議論されていきました。この背景には，青少年の不良化や犯罪の増加に伴い，国民の子どものしつけに対する要求と政治が絡まっていました。

1950年代初頭，日本を取り巻く国際的・政治的状況は大きく変わりました。米ソ間の緊張が拡大するなか，アメリカは日本のアジアにおける防衛の地位を再認識して占領政策を緩和し，1951年サンフランシスコ講和条約が締結されました。日本政府はさまざまな対応を迫られていました。このような状況において，当時の吉田茂首相が愛国心の涵養や道徳教育の振興を唱え，そのなかで教育政策，教育内容も大きな転換を迫られていました。このような考えは，吉田首相から鳩山一郎首相，岸信介首相へと引き継がれていきました。

天野文部大臣の修身科復活論に対して，教師を中心に反対の声が非常に多く，

日教組や日本教育学会等による反対論が展開されました[*8]。その一方で，国民世論の反応は「昔の修身のようなものも，ある程度教える必要がある」という者が70％を占め，さらに「親を大切にすること」については64％，「愛国心」については55％の者が教育の必要性を認めていました[*9]。

　修身科を批判または肯定するにしても，修身科をどの年代で捉えるかで大きく異なります。とくに，教育勅語の発布と共に修身科の内容も大きく変化していきます。1948年衆議院の「教育勅語等排除に関する決議」により失効した教育勅語の捉え方についても，批判派，肯定派（一部肯定派含む）の意見があり，その見解についても分かれています。

　天野文部大臣以降の歴代文部大臣は一貫して道徳教育のための「教科」の設置を主張しましたが，結果として「教科」化は実現せず，「道徳の時間」として特設されました。文部大臣の主張した「教科」の設置ができなかったのは，日教組を中心とした反対意見，国民世論への配慮，そして教科にする場合の法律の改正など現実的な問題も多々あったと考えられます。

7　「道徳の時間」から「特別の教科道徳」へ

■1　「道徳の時間」の役割

　戦後の日本の道徳教育は，学校教育の全体を通じて行うという方針のもとに進められてきました。1958年の学習指導要領において設置された「道徳の時間」が，学校における道徳教育の要として，各教科等における道徳教育としては取り扱う機会が十分でない内容項目に関わる指導を補うことや，児童生徒や学校の実態等をふまえて指導をより一層深めること，内容項目の相互の関連を捉えなおしたり発展させたりすることを指導する時間としての補充・深化・統

＊8　『朝日新聞』（1950年12月15日）によると，6割以上が修身科の復活に反対の傾向があった。
＊9　押谷由夫『「道徳の時間」成立過程に関する研究──道徳教育の新たな展開』東洋館出版社，2001年，p. 108。なお，本書内の調査では，調査方法や集約方法などもまちまちで，場所や時期などによっても結果が異なるのも事実である。

表1-1　指導過程

導 入		ねらいとする価値への方向づけ，資料への導入，学習の雰囲気づくり
展 開	前段	ねらいとする価値の中心資料における追求・把握（資料活用） ＊中心発問や基本発問を通して，道徳的価値の自覚を深める段階
	後段	ねらいとする価値の一般化 ＊前段で追求し把握を深めた価値について，子ども自身の生活全体と 　結びつけ，道徳的実践力を育成する段階
終 末		ねらいとする価値の整理・まとめ

出所：筆者作成。

合の役割を果たしてきました。しかし，確固たる成果を上げている学校がある
一方で，歴史的経緯に影響されて未だに道徳教育そのものを忌避しがちな風潮
があること，他教科に比べて軽んじられていること，主題やねらいの設定が不
十分な単なる生活経験の話合いや読み物の登場人物の心情の読み取りのみに偏
った形式的な指導が行われるなど，多くの課題が指摘されていました。

❷　道徳の時間の指導方法の蓄積と課題

　1958年の「道徳の時間」の特設以降，研究や指導の蓄積のなかで，道徳の時
間の特質をふまえた指導過程[10]も提唱され，広く実践されてきました。この指導
過程は，表1-1のように「導入・展開・終末」の3段階で構成されています。
　「導入・展開・終末」のそれぞれの段階における教師の発問や指導のあり方
を示すことによって，新任の教師であれ，ベテランの教師であれ，一定水準の
道徳の授業を展開できるという意味において大きな役割を果たしてきました。
　道徳教育に熱心に取り組んできた教師は，上記の「指導過程」を参考にしな
がら目の前の児童生徒の実態や状況に応じた道徳の時間の工夫や改善を行い，
質の高い道徳教育の実現に向けて取り組んできました。
　その一方で，実際の指導場面で指導過程の型に固執し，かえって指導の効果
を低下させることも見受けられてきました。たとえば，主題やねらいの設定が
不十分なまま指導過程に過度に固執したり，読み物の登場人物の心情の読み取

＊10　青木孝頼（1968年文部省初等中等教育局小学校教育課教科調査官，1980年文部省初等中等教育
　　　局視学官，1983年主任視学官，1985年筑波大学教授　等）が提唱した道徳授業の「基本過程」。

りのみに偏ったり，望ましいと思われることを言わせたり書かせたりする指導
に終始したりして，形式化，固定化を招いているとの指摘もされてきました。

3　新設された「特別の教科道徳」

　2015（平成27）年3月に「道徳の時間」を「特別の教科道徳」（道徳科）とし
て新たに位置づける学習指導要領の一部改正が行われました。

　小学校は2018年度から，中学校は2019年度から「特別の教科道徳」として実
施されました。

　新設された「特別の教科道徳」は，子どもが多様な価値観を前提にして，他
者と対話したり協働したりしながら，主体的に考え，議論する道徳科への転換
を意図しています。

　道徳科が目指すものは，学校の教育活動全体を通じて行う道徳教育の目標と
同じく道徳性を養うことです。そして，道徳科が学校の教育活動全体を通じて
行う道徳教育の要としての役割を果たすべく，計画的・発展的な指導を行うと
いうことです。とくに，各教科，外国語活動，総合的な学習の時間及び特別活
動における道徳教育としては取り扱う機会が十分でない道徳的価値に関わる指
導を補ったり，子どもや学校の実態等をふまえて指導をより一層深めたり，相
互の関連を考えて発展させ，統合させたりする指導が求められています。

　道徳科の特質は，道徳科以外における道徳教育と密接な関連を図りながら，
計画的，発展的な指導によって，これまで通り，補充，深化，統合し，道徳的
諸価値についての理解を基に，自己を見つめ，物事を多面的・多角的に考え，
自己の生き方についての考えを深める学習を通して，道徳性を養うことです。

まとめ

　本章の前半では，明治期の修身科の成立から，第二次世界大戦が終結するまでの
道徳教育の歴史を振り返るとともに，戦前の修身教科書の変遷について概観しまし
た。国定教科書の根底には，一貫して国体重視を基調とする国家主義がありました。
修身科が果たそうとした役割と課題について整理し，これからの道徳教育を考えて
ほしいと思います。

また，本章後半では戦後の流れを概観しました。戦後の道徳教育は，修身科を廃止し，新設された社会科を中心に「全面主義道徳教育」として出発しました。
　その後，さまざまな経緯と議論を経て「道徳の時間」が特設されました。今，特設から70年が経ち，「特別の教科道徳」が設置されることになりました。改めて道徳教育の歴史について考察し，学校における道徳教育の意義について考えてほしいと願っています。

 さらに学びたい人のために

○文部省（編）『学制百年史』帝国地方行政学会，1972年。

　　本書は，1872年の学制頒布以来，100年間の教育の発達の軌跡を，制度を中心として概述したもので，記述編と資料編の2部からなっています。記述編は，年代史的構成をとり，第1編（1872-1945年）と第2編（1945-1972年）の2つに分かれ，第1編は5章，第2編は3章からなっています。現在，ウェブサイトから全文を読むことができます（http://www.mext.go.jp/b_menu/hakusho/html/others/detail/1317552.htm）。

○勝部真長・渋川久子『道徳教育の歴史――修身科から「道徳」へ』玉川大学出版部，1984年。

　　著者である勝部真長は，東京帝国大学文学部倫理学科を卒業後，ボン大学，ロンドン大学，ハーバード大学で学んだ日本の哲学者です。お茶の水女子大学名誉教授，日本倫理学会長などを歴任しています。本書では，明治における修身科の成立から，教学聖旨や教育勅語と修身科教育の関わり，国定教科書の成立，大正デモクラシー期の修身科教育，第二次世界大戦下の修身科教育，大戦後の道徳教育について根拠に基づいて整理し，わかりやすく解説しています。

○押谷由夫『「道徳の時間」成立過程に関する研究――道徳教育の新たな展開』東洋館出版社，2001年。

　　戦後の教育は，戦前の教育（修身）をふまえ，道徳教育をどのように改革するのかが最大の課題でした。本書は，終戦から「道徳の時間」特設に至る道徳教育確立の過程を社会的・論理的背景を中心に教育論としての側面から捉えなおし，「道徳の時間」特設の教育的意味を整理しています。

第 2 章

学習指導要領における
道徳教育と道徳科の規定

●　●　●　●　　学びのポイント　　●　●　●

- 学校の教育活動全体を通じて行う道徳教育と道徳科との関係について理解する。
- 学習指導要領に示された道徳教育の目標を理解する。
- 学習指導要領に示された道徳科の目標を理解する。
- 学習指導要領に示された道徳教育および道徳科の内容について，内容構成の考え方を理解するとともに，具体的な指導場面を想定しながら内容の取扱い方を考える。

規範の正当性について考えてみよう(2)

　私たちは「人を殺してはいけない」という規範を当然のこととして受け入れています。その理由の一つとして，誰も他人の命を奪う権利はないからだと考えることができます。では，人間は自分の命であればそれを自由に終わらせる権利があるのでしょうか。

　以下の問いについて，まずは個人で考え，その後グループで話し合ってみましょう。

① 自分の命を自由に終わらせる権利があるとするなら，それはなぜでしょうか。

② 自分の命を自由に終わらせる権利はないとするなら，それはなぜでしょうか。

③ 上記①②の立場から，安楽死や自殺について考えてみましょう。

● 導　入 ● ● ● ● ● ● ●

　本章では，主に小・中学校学習指導要領および学習指導要領解説に示された道徳
教育と道徳科について概説します。

　学校教育法第33条および学校教育法施行規則第52条の規定に基づき，学習指導要
領は各学校の「教育課程の基準を大綱的に定めるもの」として告示されており，
「公の性質を有する学校における教育水準を全国的に確保する」役割を果たすべく
法的な拘束力を有します。一方，学習指導要領解説にそうした拘束力はありません
が，学習指導要領に記載された事項に含意されていることや背景などを詳説してく
れます。

　公教育を担う教師として，学校における道徳教育や道徳科の授業を行うには，学
習指導要領の記載事項を的確に理解したうえで，具体的な指導に生かす見通しをも
つことが求められます。まずは学習指導要領の規定を確認しましょう。

● ● ● ● ● ● ● ●

1 学校における道徳教育の全体像

1　道徳教育の目標

　小学校における道徳教育の目標は，「小学校学習指導要領」の「第 1 章　総
則」に次のように示されています[*1]（下線は筆者）。

> 道徳教育は，教育基本法及び学校教育法に定められた教育の根本精神に基づき，
> 自己の生き方を考え，主体的な判断の下に行動し，自立した人間として他者と共
> によりよく生きるための基盤となる道徳性を養うことを目標とすること。

　中学校における道徳教育の目標もほぼ同文ですが，下線部分が中学校では
「人間としての生き方」となります。

　この規定からわかるのは，まず，道徳教育の目標は教育基本法や学校教育法

＊1　文部科学省『小学校学習指導要領』東洋館出版社，2018年，p. 17。

に定められた教育の目的や目標から導出されていることです。言い換えるなら，学校での道徳教育ないし道徳科のみにあてはまる目標ではなく，人格の形成という，すべての教育活動に通底する目標が掲げられているのです。

　次に指摘できるのは，学校段階によって子どもに考えさせたいことが変化することです。つまり，小学校では子どもが自身のよいところや伸ばしたいところを肯定的に捉えて「自己の生き方」を考えます。中学生になると，人生の意味を考えることも増えます。悩んだり葛藤したりする経験を通して「人間としての生き方」を考え，それぞれが自分の存在価値を見出していきます。付言すれば，「高等学校学習指導要領」の「第1章　総則」において道徳教育の目標は次のように規定され，「人間としての在り方生き方」を考えるとされます。[*2]

> 道徳教育は，教育基本法及び学校教育法に定められた教育の根本精神に基づき，生徒が自己探求と自己実現に努め国家・社会の一員としての自覚に基づき行為しうる発達の段階にあることを考慮し，人間としての在り方生き方を考え，主体的な判断の下に行動し，自立した人間として他者と共によりよく生きるための基盤となる道徳性を養うことを目標とすること。

　道徳科は設けられておらず，公民科（公共，倫理）と特別活動を中心的な指導場面としながら道徳教育を展開するところが高等学校の特徴ですが，小・中学校の目標との連続性が保たれていることが読み取れるでしょう。

　こうした目標を掲げた道徳教育は，週に1時間（年間35時間，ただし小学校第1学年は34時間）の道徳科だけでなく，小学校から高等学校に至るまで，学校教育のあらゆる場面で行われることとなっています。学校における道徳教育の要は道徳科の授業ですが，道徳科の学習を充実させるには，教科等の学習，あるいは日常生活のなかでの道徳教育が重要です。なお，教科等における道徳教育の内容は，後述する道徳科の指導内容と同一であることが「第1章　総則」に示されています。

＊2　文部科学省『高等学校学習指導要領』東山書房，2019年，p. 17。

2　各教科等における計画的な指導

　各教科，総合的な学習の時間，特別活動にはそれぞれの目標や特質があり，それを重視した指導が行われます。が，一方ですべての教科等の指導は教育基本法に掲げられた「人格の完成」を目指すものでもあり，その意味で，人格の基盤である道徳性の育成に通じています。そのため，学習指導要領ではすべての教科・領域において「第 1 章総則の第 1 の 2 の(2)に示す道徳教育の目標に基づき，道徳科などとの関連を考慮しながら，第 3 章特別の教科道徳の第 2 に示す内容について，○○科［あるいは外国語活動，総合的な学習の時間，特別活動］の特質に応じて適切な指導をすること」を求めています。

　実際に各教科等の指導のなかで，いつ，どのように道徳教育を行うかは各学校で工夫して決められます。学習指導要領に定められた道徳教育の内容を，各学校の教育目標や子どもの実態に即して計画的かつ発展的に指導していくことが求められるからです。各教科等での道徳教育を具体的に考えていく手掛かりは，学習指導要領解説にあげられています。[*3]

　一つは「道徳教育と各教科等の目標，内容及び教材との関わり」です。たとえば総合的な学習の時間の目標には「自己の生き方を考えていくための資質・能力」の育成が謳われています。社会科，生活科，家庭科などの学習内容には道徳の内容項目との関連を指摘できるものが多くあります。また，国語科の教材や音楽科の歌唱教材の選定にあたって配慮する観点には，道徳の内容項目との親和性が読み取れます。こうして見ると，各教科等の目標，内容，教材という側面では，道徳教育との接点や関連の度合いは教科等によって差異があると考えられます。

　もう一つは「学習活動や学習態度への配慮」です。これは，学校教育が集団での学習を基本としているため，どの教科等であっても同じように計画し実践することができます。子どもが自分の考えや意見をもち，それを相手に伝えようとする場面，子どもたちが話している相手に傾聴する場面，グループないし

＊3　文部科学省『小学校学習指導要領解説　総則編』東洋館出版社，2018年，pp. 133-138。文部科学省『中学校学習指導要領解説　総則編』東山書房，2018年，pp. 137-141。

学級で協力しながら真摯に取り組む場面などが学校では毎日見られます。これは学習課題から必然的に引き起こされる姿でもありますが，教師の指導によって引き出される子どもの姿だと言えます。

　道徳教育という視座から捉えなおした時，教科等の学習の別の意義が浮かび上がります。教科等の学習内容に関連するものもあれば，特定の教科に限らず，すべての学習活動にあてはまるものもあります。それらを適切に整理し，意味づけたうえで，道徳教育の全体計画に記載することが求められます。

▊3▊　日常生活における指導

　各教科等における指導のようにあらかじめ計画しておくことは難しいのですが，日常生活のなかでの具体的な場面に即した指導も道徳教育として重要です。歴史的経緯を見ると，こうした個別具体的な指導だけでは不十分という考え方から，学校の教育活動全体を通じて行われる道徳教育を補充・深化・統合するために道徳の時間が置かれました。この役割は道徳科にも引き継がれています。とは言え，自分自身のリアルな問題状況や文脈のなかで指導されるからこそ，子どもは納得できますし，必然性の高い学びとなるでしょう。

　教師による明示的な指導にとどまらず，学級・学校内の環境や雰囲気も，子どもたちの道徳性の育成に影響を与えます。教室の物品の整理整頓，掲示物や日常的な言葉遣いなどの言語環境に対して，子どもも教師も恒常的に配慮することは，落ち着いた学習環境の構築につながります。もちろん，こうした環境の整備と同時に人的環境の充実も欠かせません。子ども同士の関係や教師と子ども（たち）との関係をつくりあげていくには，学級担任教師として日々の学級経営に心を配る必要があります。さらに言えば，特別活動などで他学級や他学年との関わりを深めたり，地域社会での体験活動に参加したりすると，具体的な体験を通して道徳性を養う機会となります。学校教育に積極的に体験活動を取り入れる傾向は今後も続くでしょうから，道徳教育の観点から事前にその意義を捉えて指導に生かしていくことができます。

2 道徳科に関わる基本的事項

▓▓ 1 ▓▓ 道徳科の目標

　道徳科の目標は学習指導要領の第 3 章「特別の教科道徳」の冒頭に示されています。中学校の道徳科の目標は次の通りです[*4]（下線は筆者による）。

> 　第 1 章総則の第 1 の 2 の(2)に示す道徳教育の目標に基づき，よりよく生きるための基盤となる道徳性を養うため，道徳的諸価値についての理解を基に，自己を見つめ，物事を広い視野から多面的・多角的に考え，人間としての生き方について の考えを深める学習を通して，道徳的な判断力，心情，実践意欲と態度を育てる。

　下線を付した語句のうち，波線部分は小学校には記されていません。また，実線部分は小学校では「自己の生き方」となっており，道徳教育の目標と符合することがわかります。

　この規定では道徳科が道徳教育の目標に基づくことを確認し，道徳科で育成しようとする資質・能力が「道徳的な判断力，心情，実践意欲と態度」であると詳説されています。学習指導要領解説によれば，道徳的判断力とは，具体的な場面で何がよいことであり，どのように振る舞うことが適切かを判断する能力を意味します。道徳的心情とは，よいことを喜ぶ一方で，よくないことを憎んだり避けようとしたりする感情です。道徳的実践意欲と態度とは，道徳的判断力や道徳的心情によってよいとされた行動をしようとする構えを意味します。これらは道徳性の諸様相と示されており，それぞれ別の独立したものではありません[*5]。具体的な行動の場面では複合的に作用しますが，このような様相に分類すると，1 時間の学習の重点を定めやすくなることが見込めます。

　道徳科の学習対象は「道徳的諸価値についての理解を基にすること」と記さ

---

* 4　文部科学省『中学校学習指導要領』東山書房，2018年，p. 154。
* 5　文部科学省『小学校学習指導要領解説　特別の教科道徳編』廣済堂あかつき，2018年，pp. 20-21。文部科学省『中学校学習指導要領解説　特別の教科道徳編』教育出版，2018年，pp. 17-18。

れています。この規定で含意されていることは，単によいことや大切なことを観念的に理解する学習では不十分だということです。もちろん，何がよいことかを理解することは重要です。けれども実際には，よいとわかっていても，できない場合が多くあります。その時，悩んだり，反省したりするのが人間の特性でもあります。また，よいことを実現できる場合，あるいは実現できない場合に何を感じたり考えたりするかは人それぞれです。道徳的価値が実現される場面は個別的であると同時に，その捉え方も個別的なのです。

　価値についての具体的な場面に即して，何が大切でよいことかを実感的に理解できるようにするために，道徳科では「自己の生き方（中学校：人間としての生き方）についての考えを深め」ることが重視されます。人間は，自分で自分の生き方を考え，自分の人生を生きていく存在です。道徳科の学習においても，一人ひとりの子どもが自らの体験を思い出したり，まわりの人の考えを聞きながら自分の感じ方や考え方の特徴を見出したりすることで，小学生は自己の生き方を考え続ける姿勢を培っていくことができます。さらに中学生になると，人間理解を深め，それと照らし合わせながら自分の人生を引き受けていくようになります。

　「道徳的諸価値についての理解」に基づいて，自己ないし人間としての「生き方についての考えを深め」ると表記されてはいるものの，実際の学習活動では両者は循環的に捉えられます。そして，これらの学習活動をより充実させるにあたり，「自己を見つめ」たり「物事を（広い視野から）多面的・多角的に考え」たりする学習活動が展開されます。たとえば道徳的価値の理解に際して，自分自身と関わらせて考えるようにすると，自己理解が深まります。さらに自己を内省することにより，改めて道徳的価値の意義を捉えなおしたり，自らの生き方に展望を拓いたりすることができるのです。また，道徳的な場面は多様に存在し，そこに関わる人々の考え方も多様です。そうした場で臨機応変に判断し，行動できるようになるには，立場を変え，見方を変えるレッスンが有効でしょう。学級という集団のなかで学習しているのですから，道徳科では，自分の考えを話し，まわりの人の考えを聞き，その異同を確認し認め合う活動や，違いを尊重しつつそれぞれに納得できる考えを探っていく話合いができます。

こうした活動を通して，子どもたちの主体的な学習が展開されるのです。

2　道徳科の内容構成

　学習指導要領には小学校低学年，中学年，高学年，中学校の4つの学年・学校段階に分けて道徳の内容として19〜22項目が示されています。これらは「内容項目」と呼ばれます。どの教科等の学習指導要領解説にも付録として道徳の内容の一覧表が掲載されているので参考にしてください。[6]

　内容項目は教師と児童生徒とが「人間としてのよりよい生き方を求め，共に考え，共に語り合い，その実行に努めるための共通の課題」と説明されます。[7]道徳科では，児童生徒が知らないことを教師が教えるのではありません。大人である教師は子どもたちより人生経験を重ねていますし，学校での教育活動は教師による計画的指導によって展開されることは確かです。けれども，道徳の内容は教師にとっても「課題」であり，子どもたちと共に考え，語り合うような授業づくりが求められるでしょう。内容項目は「人間として他者とよりよく生きていく上で学ぶことが必要と考えられる道徳的価値を含む内容を，短い文章で平易に表現したもの」ですから，内容項目ないしそれを表すキーワードを教え込むことや，知的な理解にとどまるだけの指導は避けられねばなりません。[8]

　学習指導要領において内容項目は4つの視点から分類されています。「A　主として自分自身に関すること」は理想とする自分の姿を（現在の自分と照らし合わせて）考える内容，「B　主として人との関わりに関すること」は望ましい人間関係を築いていくための内容，「C　主として集団や社会との関わりに関すること」は家族，学校，地域社会，国などさまざまな社会集団の一員としての自分の生き方に関する内容，「D　主として生命や自然，崇高なものとの関わりに関すること」は生命を尊重すると共によりよく生きようとする人間のあ

＊6　内容項目（キーワード）については，本書表14‐1も参照。

＊7　文部科学省『小学校学習指導要領解説　特別の教科道徳編』廣済堂あかつき，2018年，p. 22。
　　　文部科学省『中学校学習指導要領解説　特別の教科道徳編』教育出版，2018年，p. 19。

＊8　同上書。

り方に関する内容と言えます。いずれも自己と対象との関わりを示しており，道徳教育の目標が自己の（人間としての）生き方を掲げていることに連なっています。

　これらの内容項目はそれぞれに，A〜Dの視点の枠も越えて，互いに関連するものです。そもそも現実世界のなかの道徳的な問題は，複数の内容が絡み合ったところで生じます。したがって，内容項目を一つずつ順番に指導していくのではなく，子どもの発達段階や教材の特性などを考慮しつつ，どのように扱うかを考えていく必要があります。

3　内容の取扱い方

　多様な指導内容を扱うにあたって，第一に留意されるべきことは内容間の関連性をもたせることです。道徳の内容が19〜22項目に分けられていて，それらが4つの視点で分類されていることは上述の通りです。が，それらは独立した別々のものではありません。ですから，指導にあたっては，内容項目間の関連性を見極めることが必要です。内容項目を通覧して，どの内容項目が関連するかを考えてもいいですし，指導者としてではなく子どもの目線で教材を読んだ時に想定できる内容項目を抽出してみてもいいでしょう。また，関連する内容項目を年間指導計画上，続けて扱うのが望ましいか，あえて時期をずらして扱うのがいいか，を考えるのは道徳科のカリキュラム・マネジメントにつながります。

　第二は内容の発展性を考慮することです。内容項目の一覧表を見ればわかる通り，道徳の内容は小学校から中学校まで同じキーワードでまとめられます。しかし，学習指導要領解説に示された各内容項目の「指導の要点」を見ると明らかなように，まったく同じように指導することが望まれているわけではありません。たとえば，思いやりや親切について，小学校低学年での優しい心や温かい心の発露が，高学年では相手の立場に配慮することへとつながり，中学生になると親切と感謝の双方向性や人間愛にまで広がることがわかります。キーワードは変わらずとも指導内容は確実にスパイラルアップしているのです。こ

の発展性（系統性）を見逃すと，「わかりきったことを言わせる」授業になりかねません。子どもたちの学習履歴をきちんと見極め，発達課題に応じた授業を構想することが求められます。

　そして第三は重点的な指導を工夫することです。学習指導要領に示された道徳の内容は各学年の道徳科の学習において，すべてを取り上げて指導しなければなりません。けれども，すべてに同じ比重をかけて扱うのではなく，学校・学年段階に応じて重点を置くものがあることは，学習指導要領に示されている通りです。加えて，各学校で育てたい子ども像に即して，学校としての指導の重点を定めることも重要です。学校が設定する教育目標や道徳教育の重点目標をふまえつつ，自らの教育観や子どもの実態，保護者の願いなどを考慮しながら，各学級における道徳教育の方向性を明確化することが，一人ひとりの教師に望まれるのです。

4　指導過程の構成と指導方法

　学習指導要領では道徳科授業の具体的な進め方についてはあまり示されていません。けれども，すべての教科等において「主体的・対話的で深い学び」が要請されるなか，道徳科に関しては子どもの「発達の段階や特性等を考慮し，指導のねらいに即して，問題解決的な学習，道徳的行為に関する体験的な学習等を適切に取り入れるなど，指導方法を工夫すること。その際，それらの活動を通じて学んだ内容の意義などについて考えることができるようにすること」が求められています[*9]。

　また，これまでの道徳の時間の実践をふまえて，学習指導要領解説では道徳科授業が導入・展開・終末から構成されることが一般的であると示されています。道徳科における学習方法には話合い，書く活動，動作化や役割演技などの表現活動があり，それを支える教師の指導に際して発問をはじめ教材提示，板書，説話などの工夫も例示されています[*10]。子どもたちの学習がスムーズに展開

＊9　文部科学省『小学校学習指導要領』東洋館出版社，2018年，p. 171。文部科学省『中学校学習指導要領』東山書房，2018年，p. 157。

するよう，教師には，これらの学習方法や指導方法のなかから適切なものを選択し，授業に生かしていくことが求められます。

3 道徳科の授業づくりに向けて

1 子ども理解を深める

　学習指導要領に示された道徳の内容を見ると，それぞれの学年・学校段階で望まれる子どもの姿を浮かび上がらせることができます。道徳の内容は，すべての子どもが同様に考え，振る舞うことを求める指標ではありません。けれども，各内容項目を手掛かりに一人ひとりの子どもの姿をていねいに捉えていくと，道徳科において子どもたちが課題意識をもちながら学習を進めるには事前・事後にどのような活動があるとよいかや，教材のどの場面を取り上げて，どのような発問をすると子どもの学習が促されるかなどを構想することができるでしょう。

　授業を考える時にはじめて子どもの様子を思い返すのではなく，子どもたちと日々接するなかで，具体的な言動をもとに子ども理解を深めておくとよいでしょう。学級担任教師には，日常的で継続的な関わりを通して個別具体的な子どもを理解し，学級としての子ども集団を指導することが求められます。だからこそ，小学校のみならず中学校においても，学級担任が道徳科の授業を原則として担当することになっているのです。

2 道徳科の特性を生かす

　学習指導要領解説によれば，道徳科の特質は，子ども「一人一人が，ねらいに含まれる一定の道徳的価値についての理解を基に，自己を見つめ，物事を多

＊10　文部科学省『小学校学習指導要領解説　特別の教科道徳編』廣済堂あかつき，2018年，pp. 82
　　-83および pp. 84-86。文部科学省『中学校学習指導要領解説　特別の教科道徳編』教育出版，
　　2018年，pp. 80-81および pp. 83-85。

面的・多角的に考え，自己の生き方（中学校：人間としての生き方）についての考えを深める学習を通して，内面的資質としての道徳性を主体的に養っていく」ことにあります。[11]自分の思いや考えを素直に伝え合い，時には違いを認め合い，時には折り合いをつけながら，互いに学び合う学習は，学級という学習集団のなかでこそ成立するものです。子どもたちの主体的な学習を充実させるために，綿密な子ども理解や教材研究をふまえた授業づくりが望まれます。

 まとめ

　道徳科では「考え，議論する」ことが求められます。けれども，何のために，何について，どのように「考え」たり「議論」したりするのかを明らかにしておかなければなりません。その指針を与えてくれるのが学習指導要領であり，学習指導要領解説です。ただ，学習指導要領とその解説に示されるのは全国のすべての学校に適用される事柄に限定されます。それぞれの学校で，それぞれの教師が向き合う子どもは一人ひとり異なります。扱う内容によって，また，教材の特性によって，どのような学習指導が有効かも異なります。学習指導要領の規定を適切にふまえつつ，1 時間の学習指導を個別具体的に構想することが教師に課せられた重要な仕事なのです。

 さらに学びたい人のために

○「考え，議論する道徳」を実現する会『「考え，議論する道徳」を実現する！──主体的・対話的で深い学びの視点から』図書文化社，2017年。
　「考え，議論する道徳」というキーフレーズが何を意味し，どのような授業を求めているかを論じた本です。道徳の教科化や「主体的・対話的で深い学び（アクティブ・ラーニング）」をめぐる議論の整理としても参考になります。

［付記］本章の内容は，筆者が所属する機関の公的見解ではなく，筆者の個人的見解を取りまとめたものである。また今後，筆者の所属機関の見解に何ら影響を与えるものでもない。

---

*11　文部科学省『小学校学習指導要領解説　特別の教科道徳編』廣済堂あかつき，2018年，p. 78。
　　　文部科学省『中学校学習指導要領解説　特別の教科道徳編』教育出版，2018年，p. 76。

第 3 章

子どもの道徳性の発達

● ● ● 学びのポイント ● ● ●

- 道徳性の芽生えを支える広い発達的基盤について理解する。
- 幼児期から児童期，それ以降の道徳性の発達を連続的に理解する。
- 道徳生の芽生えを培う要因について理解する。

WORK ハインツのジレンマ

次の文章を読んで，以下の問いを考えてみましょう。

ヨーロッパで，ある婦人が重い病気にかかって今にも死にそうでした。医者は，彼女を救うにはただ1種類の薬しかないと言いました。それは，同じ町の薬屋が最近発見した薬でした。しかし薬屋は製造費用の10倍の値段をつけていました。彼は単価200ドルの薬を，2000ドルで売っていたのです。

この病人の夫，ハインツは，薬を買うためにお金を借りようとして，知人を何人も訪ねましたが，必要なお金の半分しか借りられませんでした。

そこでハインツは薬をつくった人に，妻が死にそうだとわけを話し，薬を安く売ってくれるか，後払いにしてくれるように頼みましたが，薬をつくった人は，「だめだね，この薬は私が発見したんだ。私はこれで金儲けをするんだ」と言うのでした。

悩んだ末に，ハインツは店に押し入り，薬を盗みました。

（出所：ローレンス・コールバーグ，アン・ヒギンズ，岩佐信道（訳）『道徳性の発達と道徳教育——コールバーグ理論の展開と実践』広池学園出版部，1987年，p. 20を一部改変。）

---

① ハインツは薬を盗むべきだったのでしょうか。それとも，薬を盗むべきではなかったのでしょうか。なぜそう判断するのか，理由も考えてください。

② 4～5名のグループをつくって，そこで自分の下した判断とその理由についてそれぞれ発表し，ハインツはどうすべきだったのかグループで話し合ってみましょう。

　子どもが社会のなかで，人々と尊重し合いながら主体的に生きていくためには，人々にとって何が大切なのかという社会‐道徳的な価値や，多くの人に共有された行為の基準である規則あるいは規範を学ばなければなりません。これらは，子どもが生まれる前から社会に存在すると考えられますが，他者との関わりを通して，次第に子どものなかに取り込まれ，内なる声として子どもの行動をコントロールするようになっていきます。この過程を道徳の「内化」と言います。道徳性は，道徳が内化され，道徳的に振る舞う際の，その人の特性となったものです。どのような教育の営みも子どもが自ら考え，判断し，学び取っていく内化の過程を導かない限り，人格特性としての道徳性の発達を導くことはできません。

　道徳性の発達というと，認知的側面が強調されがちですが，道徳性の発達の基盤は広く，とくに発達の初期には社会‐情動的発達が欠かせません。本章では，まず，道徳性の初期の芽生えを支える愛着関係，記憶や表象，自己意識，気質の発達について見てみましょう。さらに，それらを基盤として，社会‐道徳的価値や規則を自覚的に学んでいく幼児期の終わりから児童期以降の道徳判断や向社会的行動の発達について見ていきましょう。

1　道徳性の芽生え

　人が生得的に道徳への指向性や道徳的感情をもっているのか否かについては動物行動学や進化心理学，赤ちゃん学等の領域において議論されています。近年の赤ちゃん研究は，ある種の道徳的基盤は生後の学習によって獲得されるのではなく，生得的にもって生まれてくることを示唆しています。ハムリン（Hamlin, J. K.）らは，赤い丸が坂を登るのを黄色い三角が助けたり，青い四角が邪魔をしたりするアニメーションを，生後 6 か月児と10か月児に見せた後，どちらに手を伸ばすかを見たところ，赤ちゃんは，ほぼ全員が黄色の三角に手を伸ばしました。このことから，ハムリンらは，ある種の道徳的感情はヒトの生物学的な進化の産物であり，親切なものに惹きつけられ，意地悪なものに反感をもつような道徳的感情を，赤ちゃんは生得的にもって生まれてくることを

示唆しました。*1

　しかし，教育や子育てという視点からは，子どもがこの社会に生まれ出てから，どのように道徳的価値や規則を学び，道徳性が芽生えてくるのかが重要であることは言うまでもありません。発達心理学研究の知見からは，生後直後から養育者との間に形成される「愛着関係」や，最も初期の規則の取り込みとも言える「社会的参照」，子ども自身の感受性や認知発達，自己意識などが影響し合いながら道徳性は芽生えてくることが示されています。*2 それでは，以下で詳しく見ていきましょう。

1 愛着関係および社会的参照

　生後直後から乳児は人と結びつくためにいろいろな力を発揮します。自分を取り巻くさまざまなもののなかでも，とくに人をじっと見つめたり，目で追ったり，人の声を聞き分けたりします。また，泣くことによって人に自分の感情を知らせ，抱いてもらったり，世話をしてもらったりしています。このように乳児は何も教えられなくても生まれつき，人に対して特別の注意を向ける指向性をもっています。また，養育者も乳児に対して特別な愛情と指向性をもって関わり，そこに相互的な愛着関係や指向性が生まれてきて，それが自分の外側にある道徳や慣習の規則や価値を内化する源となるのです。

　養育者は乳児の身体，意図や心情の状態を理解して，敏感に対応し，応答的に関わっていきます。この敏感で応答的な関わりを繰り返していくと，乳児は養育者に対して自分が必要な時には必要な援助をしてくれるという信念やイメージを形成するようになります。このような養育者に対する信頼感をもとに，乳児はより一層，養育者に関わりを求めるようになり，養育者と乳児との間に安定した愛着関係が芽生えてきます。この愛着関係のもとに，自己と他者につ

＊1　Hamlin, J. K., Wynn, K., & Paul, B. (2007). Social evaluation by preverbal infants. *Nature*, **450**, Nov. 2007, pp. 557-559.

＊2　Kochanska, G., & Thompson, R. A. (1997). The emergence and development of conscience in Toddlerhood and early childhood. In Grusec, J. E. & Kuczynski, L. (Eds.), *Parenting and children's internalization of values*. New York: Wiley.

いての肯定的なイメージがつくられ，その結果，乳児は養育者の行為や態度をよく観察するようになります。信頼できる人というイメージは，養育者以外の人に出会った時に，その人を判断する内的ワーキングモデルとなり，信頼関係が広がっていくと考えられています。この関係は，周囲の信頼できる人たちがもつ，社会道徳的価値を子ども自らが取り込む基盤となるのです。

0歳台後半になると，乳幼児が未知のものや状況に出会った時に，養育者を見て，その表情や行動・声の調子に基づいて自分の行動をコントロールしようとします。これを「社会的参照」と言います。乳幼児はどのような行動が認められるのか，認められないかを養育者を見て理解します。養育者はやや大げさにしかめっ面で「ダメ」という表情や，微笑んで「いいよ」という表情をして乳幼児にサインを送り，行動をコントロールしようとします[*3]。

このように乳幼児が親のもつ行動の基準や価値に敏感になり，それらを自ら自分のなかに取り込んでいくと，やがては，養育者が見える所にいなくても，内化された行動の基準や価値によって自分の行動をコントロールするようになります。また，その基準や価値に反することで，自分と養育者との好意的な関係が壊れることに不快を感じるようになるのです。

その後，乳幼児は自分と養育者との良好な関係のイメージ（内的ワーキングモデル）を養育者以外の親密な他者，たとえば，友だちなどとの関係に当てはめ，良好な関係を生み出していくようになります。このように安定した愛着関係の形成やそれに基づく社会的な参照などによって，社会道徳的な行動基準となる規則や価値を自発的に取り込むことは，道徳性の芽生えにとって重要です。

2 初期の認知，記憶，表象

子どもが大人の言うことに応じるためには，行為の基準を理解したり，思い出したりすることによって大人の禁止に対して反応するなど，さまざまな場面で基準を行動に適用するために必要な知的な能力が必要です。乳児も大人が禁

---

*3　深津さよこ・岩立京子「ルールの違反場面における乳児の罪悪感の芽生えと表出方法——保育所での自然観察を通して」『東京学芸大学紀要　総合教育学系』**70**(1)，2019年，pp. 63-72.

止すると，それに応じることがありますが，乳児自身のもつイメージや基準によって自ら応じるというよりは，禁止へ思わず反応したり，否定的な情動を感じ取ったりするものと考えられています。

　社会‐道徳的な行動の基準は，子どもの知識構造が発達するにつれて1歳台後半から2歳台にかけて理解されていきます。この頃，子どもは日常的に繰り返される経験を表象（イメージ）し，理解し，また，結果を予測しようとします。多くの場面から一般化された出来事の時系列的な表象，いわゆるスクリプトは出来事を具体的に思い浮かべる基礎となるものです。行動基準が知識全体の構造へと組み込まれていくことはとくに重要で，そのような構造化された知識を用いて，ルールを守らないとどうなるのか，それに従うと何が起こるかなどを理解することも道徳性の芽生えを支えるものとして重要です。

3　自己意識

　1歳台に入ると，大人からしかられたりほめられたりすることや失敗・成功といった結果を得ることによって，子どもは自分を他者から評価される対象として見るようになり，正しいとか間違っていると評価される活動を生み出す者として自分を見るようになります。つまり，ある結果を導く原因となる自己に気付くのです。2歳台になると，過去の経験を現在や未来の結果と結びつけたり，現在の状況で過去の経験を評価し始めます[*4]。たとえば，「今，叱られたのは以前にもふざけて同じことをしてしまったからだ」や，「今の失敗は以前にもしたから，今度する時も失敗してしまうだろう」などという意識です。このような自己意識が幼児期を通して発達していくにつれて，幼児は直接の経験をより広いイメージ，たとえば自分の能力（うまくできない自分），特徴（ふざけて失敗してしまう自分）や過去の経験（以前に同じようなことをしてしまったこと）へと結びつけながら，自分史や自伝的記憶を構築していきます[*5][*6]。こうした自己意識が自己制御を導くにつれて，また，道徳的社会化の経験（大人の示す規則や価

---

* 4　Nelson, K. (1993). The psychological and social origins of autobiographical memory. *Psychological Science*, **4**, pp. 7-14.

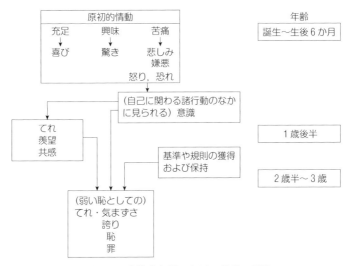

図3-1　生後3年間における情動の発達

出所：遠藤（1995）を一部改変。

値に従ったり，従わなかったりする経験）が自己概念や自伝的記憶に統合されるに
つれ，さまざまな場面で自己意識は道徳性の発達に影響を及ぼしていきます。

　自己意識の発達が道徳性の芽生えを支えるうえで重要なもう一つの理由は，
道徳性の情動的側面である自己意識関連感情を生み出すからです。共感は道徳
性の芽生えとして重要な側面ですが，これは，外的事象と情動表出，自分と他
者の主観的情動体験を分けたり，つなげたりし始めるにつれ，高まってくるも
のです。また，1歳台に罪悪感，恥，てれ，プライドなどが芽生え，自分の行
為をより洗練されたかたちで評価するようになります[*7]（図3-1）。とくに罪悪
感（guilty：後ろめたさ）は，悪いことをされた人が傷つき，心を痛められたこ

＊5　**自伝的記憶**：出来事の記憶のなかで，その人にとってとくに重要なもので，アイデンティティ
　　　の形成に大きな意味をもつ記憶。
＊6　Welch-Ross, M. K.（1995）. An integrate model of the development of autobiographical
　　　memory. *Developmental Review*, **15**, pp. 338-365.
＊7　Lewis, M.（1993）. The emergence of human emotions. In Lewis, M. & Haviland, J. M.
　　　（Eds.）, *Handbook of emotions*. New York: Guilford Press, 遠藤利彦「乳幼児期における情
　　　動の発達と働き」麻生武・内田伸子（編）『人生への旅立ち——胎児・乳児・幼児前期』金子
　　　書房，1995年，pp. 129-162。

とを知らせ，それを癒やす適切な言葉と行為を私たちに考えさせる機能をもちます。罪悪感は悪い行為に対して他者から外的に与えられる罰への恐怖ではありません。責任を取るということを私たちに気付かせる罪悪感の機能は，人格の成長や心理的成長を促進すると言われています。[*8]

4 気 質

　気質は，生まれた時から見られる個性，とくに情動面の個性を言います。これまで道徳の内化において，気質にはほとんど注意が向けられてきませんでした。道徳性の発達における恐れや不安という情動の基本的役割はフロイト等による古典的な精神分析学モデルによって示唆されてきましたが，恐れの個人差やその他の気質的な基礎については，体系的な研究が行われてこなかったのです。

　行動基準となる規則や価値の内化がうまく進行すると，欲した行為や禁止された行為を抑制し，社会的に望ましい行為を生み出し，維持できるようになります。そこには，規則に反することへの不安や恐れの生起という抑制システムと，実際に禁止し，コントロールするという抑制システムが機能しています。違反行為が罰せられたりすると，不安や恐れ，他者の嫌悪状態を経験し，それらと，実際の違反行為あるいはこれから生じうる違反行為とを結びつけます。[*9]気質的な恐れや不安傾向は，逸脱行為を抑制するという点で道徳の内化に影響します。ある研究では，赤ちゃんの時に，実験室で恐れの反応が比較的強いと評定された子どもの方が，6，7歳になった時に親によって道徳的傾向が高いと評価されたことが示されています。[*10]

　子どもの気質と親のしつけの相互作用については，気質的に恐れが強く生じる子どもは穏やかなしつけ方略でも「自分が悪かった」などと原因を内的帰属

---

* 8　Izard, C. E. (1991). *The psychology of emotion*. New York: Plenum Press.（荘厳舜哉（監訳）比較発達研究会（訳）『感情心理学』ナカニシヤ出版，1996年。）
* 9　Mowrer, O. H. (1960). *Learning and Behavior*. New York: Wiley.
*10　Rothbart, M. K., Ahadi, S. A., & Hershey, K. L. (1994). Temperament and the development of personality. *Journal of Abnormal Psychology*, **103**, pp. 55-66 et al..

60

し，反省したりします。ホフマン（Hoffman, M. L.）は，親のしつけを，理由づけ（その行為がどのような結果を導くのか，なぜいけないのかという理由を説明する），愛情の除去（子どもを無視する，子どもの話を聞かない，子どもを置き去りにするなど，子どもに対する怒りや不承認を直接的に体を用いずに行う），力中心（身体的な強制，物や権利の剥奪，直接的な命令や脅かしなど）の3つに分けており，親の理由づけのしつけによって，高いレベルの罪悪感に特徴づけられる道徳的指向性が生まれるとしています。気質的に恐れが弱い子どもは，理由づけだけでは反省につながりにくく，逆に力中心のしつけでも効果がありません。この場合，相互の指向性や応答性，協力的な関係を築くようにしたり，子ども自身の価値へ向かう動機づけを高めたり，利用することが重要です。調和的な相互指向性を形成するという点では，安定した愛着関係がとくに重要です。

2 幼児期から児童期以降の道徳性の発達

　幼稚園や保育所といった施設への入園や学校への入学後は，子どもの生活空間が家庭外へと広がり，新たな人や場所，ものとの出会いやそれらとの関わりが生まれ，道徳性がさらに発達していきます。幼稚園や保育所といった施設や学校という新しい場所で繰り返される集団生活において，日々，道徳的，慣習的規則や価値に触れ，それらが子どもの既存の知識構造や自己意識に統合されていきます。教師や仲間との相互的な関わりが深まり，自己を安心して表現できるようになると，互いの欲求がぶつかったり，葛藤したりすることも生じますが，それらを通して，新たな規則や価値の内化が行われていくのです。

1 規則の認識

　マーブルゲーム（おはじきやビー玉を使った遊び）は多くの文化に見られ，い

＊11 Hoffman, M. L. (1983). Affective and cognitive processes in moral internalizeation. In Higgins, E. T., Ruble, D. N., & Hartup, W. W. (Eds.), *Social cognition and social development*. Cambridge University Press, pp. 236-274.

ろいろなルールがあります。ピアジェ（Piaget, J.; 1896-1980）は，それぞれの地域の既存のルールではなく，新たなルールを子どもにつくってもらうことによって，幼児から児童の規則の知識・用い方・認識などを調べました。その古典的な研究では，①規則に関する意識や関心はまったくなく，個人の欲求に従って行動する段階から，②規則を絶対的なものとみなし，絶対に変えることはできないと考える段階を経て，③規則をみんなの同意に基づく一規則であり，誰もが規則を尊重し，守らなければならないが，みんなが同意すれば修正してもよいと考える段階へと発達するとしています。①の段階では，子ども同士で協同的なやりとりがなく，規則を意識したり，それに基づく行動は見られませんが，ある決まりに基づくやり方にこだわって何度も繰り返す行動などが見られ，規則の認識の芽生えらしきものがうかがわれます。②の段階では，大人に対する一方的な尊敬の念をいだき，大人のする通りに真似しようとする段階です。ただし，この段階で自己中心性という思考の特徴により，自己と他者の区別がつきにくいために，しばしば自分の思い通りに行動したりします。③の段階では，仲間同士の相互の尊敬に基づき，自己中心性を脱して，他者の視点に立つようになります。このように規則の認識は，外から拘束するものから協同的に遵守していくものへ，他律的なものから自律的なものへと変化していくのです。

　世の中にはさまざまな規則が存在しています。チュリエル（Turiel, E.）はそれらの規則は，正義や公平，責任や権利といった道徳に関するもの，仲間集団や学校，会社などそれぞれの社会において成り立つ慣習に関するもの，自分自身の信念など個人的なものに区別され，人々に認識されるとしました[13]（表3-1）。3つの各領域の規則の認識は，「それに反した場合は，（明示された）規則があってもなくても悪いか」という規則随伴性や，その他の次元（権威依存性，一般性，規則可変性，個人決定権）による道徳判断において区別されて認識されると言います。スメタナ（Smetana, J. G.）は3歳と5歳の子どもにおいて，研

＊12　Piaget, J. (1930). *Le jugement moral chez l'enfant.* （大伴茂（訳）『児童道徳判断の発達』同文書院，1954年。）
＊13　Turiel, E. (1983). *The development of social knowledge : Morality and convention.* Cambridge University Press.

表 3 - 1　社会的領域理論による領域の定義と基準

| | 領　　域 | | |
	道　徳	慣　習	心　理
知識の基盤	正義，福祉，権利といった価値概念	社会システムに関する概念	自己概念，他者の思考・感情に関する理解
社会的文脈	行為に内在した情報（他者の身体，福祉，権利に与える直接的な影響）	社会的関係を調整するための，恣意的ながらも意見の一致による行動上の一様性	行為が行為者自身に与える影響
標準判断			
規則随伴性	無関係	随伴	・・・・・
権威依存性	独立	依存	・・・・・
一般性	あり	なし	・・・・・
規則可変性	不可能	可能	・・・・・
個人決定権	なし	なし	あり
理由づけカテゴリー	他者の福祉，公平・不公平，絶対に許されない行為，義務感，権利	期待・規則，社会秩序，常識・習慣からの逸脱，無礼行為	自分自身の問題，規則の拒否，許容範囲の行為，規則存在の不公平

出所：長谷川真里「道徳性の発達」日本発達心理学会（編）根ケ山光一・仲真紀子（責任編集）『発達の基盤——身体，認知，情動』新曜社，2012年を一部改変。

究対象となった子どものおよそ70%が，道徳領域の規則に反した場合には「規則がなくても悪い」と判断したのに対し，慣習領域の内容に反した場合，明示された規則がなくても悪いと判断したのは，わずか 3 ％の子どものみであることを見出しました。[*14] このような一連の研究から，子どもは幼い時から道徳と慣習，そして個人に関する規則を区別していることが示唆されています。

　以上，幼児期からの規則の認識について見てきましたが，幼児期から児童期は周囲の人々と相互に関わりながら，さまざまな規則と出会い，それらの性質を認識し，他律的判断から自律的判断へ移行し始める時期です。幼児でさえも，ある規則がどんな領域（道徳，慣習，心理・個人）の規則であるかについて，ある程度，わかっていることが研究によって示唆されています。この時期には，規則に基づいて自律的に判断し，行動をコントロールしていくのはまだ難しいのですが，身近で親しい人との愛着や信頼関係のなかで，道徳関連感情が芽生

*14　Smetana, J. G. (1981). Preschool children's conception of moral and social rules. *Child development*, **52**, pp. 1333-1336.

え，道徳性や規範意識が芽生えていきます。これらの発達をよく理解し，てい
ねいに芽生えを育みたいものです。

2 道徳判断

　ピアジェは，過失，盗み，嘘についての例話を 5 ～13歳の子どもに聞かせて，
善悪の判断を調べました[*15]。過失については，知らずにドアを開けてそれが原因
で15個のコップを割ってしまったジョンと，ジャムを取るという禁止されてい
た行為を敢えてして，1 個のコップを割ってしまったヘンリーという 2 人の子
どもの例話です。例話を聞かせた後に，「どちらの子が悪いか」「それはなぜ
か」と質問したところ，「コップをたくさん割ったジョンが悪い」という物理
的な結果から評価する判断と，「ジャムを取ろうとしたヘンリーが悪い」とい
う意図や動機から評価する判断に分かれました。目に見える結果に基づいて判
断する前者の判断を「客観的判断」，意図や動機などに基づいて判断する後者
の判断を「主観的判断」と呼びました。ピアジェは，幼児は目に見える結果に
着目し，意図や動機といった内面に着目できにくいこと，違反行為の理由づけ
も「パパがいいと言ったから」などというように他律的な道徳の段階にとどま
っているとしました。そして，幼児が表面的な客観的判断から主観的判断へ移
行するためには，自己中心性からの脱却，仲間との相互作用，大人からの管理
や統制から解き放たれることが必要であるとしました。
　ピアジェの研究が11，12歳ぐらいまでの子どもを対象としたのに対して，コ
ールバーグ（Kohlberg, L.；1927-1987）は，青年期以降までを含めて，道徳的価
値（生命，法律，良心など）の葛藤するジレンマ（WORK の「ハインツのジレンマ」
参照）を解決しようとして用いる判断者の理由づけをもとに，3 水準 6 段階の
発達段階を提唱しました。6 つの段階は，3 つの水準に分けられており，第 1
段階と第 2 段階が「前慣習的水準」，第 3 段階と第 4 段階が「慣習的水準」，第
5 段階と第 6 段階が「脱慣習的水準」です（表 3-2）。これは，主観的な見方

＊15　Piaget, J.（1930）. *The Moral Judgement of the Child*. The Free Press, A Division of Mac-
　　millan, Publishers.

表 3 - 2　コールバーグの道徳性発達段階

前慣習的水準	第 1 段階　罰と服従への志向（他律的道徳性） 　　物理的な結果によって行為の善悪を判断し，結果のもつ人間的な意味や価値を無視する。罰を避け，力のある者に対して盲目的に服従することは，それ自体価値のあることとされる。 反応の例：「薬を盗むのは，泥棒をすることで悪いこと」
	第 2 段階　個人主義的，道具主義的な道徳性 　　正しい行為とは，自分の欲求や，場合によっては他人の欲求を満たすための手段である。公平，相互性，平等な分配という要素は含まれているが，相互性は，「君が僕の～～～をしてくれたら，僕も同じことをしてあげる」といったもので，忠誠，感謝，公正といった事柄ではない。 反応の例：「ハインツは自分の価値観に従うべきだ」
慣習的水準	第 3 段階　対人的同調，「よいこ」志向 　　善い行為とは，他者を喜ばせたり，助けたりすることであり，他者から肯定されるようなことである。多数派の行動，慣習化されたイメージに自分を同調させる行為は，しばしば，その意図の良し悪しによって判断される。 反応の例：「世間の人々は，そのようなことを望んでいないと思う」
	第 4 段階　「法と秩序」志向 　　権威や固定された規則，社会秩序を維持することが指針となる。正しい行為とは，義務を果たすこと，権威への尊敬を示すこと，既存の社会秩序を維持することである。 反応の例：「社会が成り立っていくためには，法律を守らねばならない。もし，簡単に法を破ることを認めてしまえば，社会はばらばらになる」
脱慣習的水準	第 5 段階　社会法律的な法律志向 　　正しい行為とは，一般的な個人の権利や，社会全体によって批判的に吟味され，一致した基準によって定められる。「法的な観点」が強調されるが，社会的利益についての合理的な考察によって，法を変えることができることも，同時に強調される。 反応の例：「法律を破ってもよいのは，人間としての基本的な人権が侵される時である。この場合には，そのように考えられない」
	第 6 段階　普遍的な倫理的原理の志向 　　正しさは，倫理的包括性，普遍性，一貫性に訴えて，自分自身で選択した「倫理的原理」に従う良心によって定められる。「公正」，人間の権利の「相互性」と「平等性」，「個々の人格」としての人間の尊厳の尊重という，普遍的な諸原理である。

注：「反応の例」は，すべて「ハインツのジレンマ」において「盗んではいけない」とした場合の例である。なお，第 6 段階では「盗んではいけない」という見解は成立しないとされている。
出所：長谷川真里「道徳性」渡辺弥生・伊藤順子・杉村伸一郎（編著）『原著で学ぶ社会性の発達』ナカニシヤ出版，2008年，荒木紀幸「道徳性の発達」山内光哉（編）『発達心理学（上）──周産・新生児・乳児・幼児・児童期』ナカニシヤ出版，1989年，より筆者作成。

や具体的な問題状況を超えて，誰にとっても正しい普遍的な判断を下すことができるようになる過程を表しています。コールバーグは，道徳判断の発達は，役割取得の発達を前提とし，道徳的原則がより広い範囲の立場に対して適用で

きる公正な原則になる過程であるとしました。WORK に示したようにコール
バーグ理論をもとにした「モラルジレンマ」等の授業が日本においても多く実
践されています。[16]一方，ギリガン（Gilligan, C.：1936-）は，道徳判断の発達に
ついて，コールバーグが，伝統的な発達論の中核を成す自立性の獲得や個人主
義的な自己の確立に基づく正義の判断能力の指標によって評価しており，人間
関係の文脈に沿った理解や他者への配慮（ケア）という重要な指標を見落とし
ていると批判しました。さらに，ジレンマを用いた道徳判断能力の評価におい
て，多くの女性に見られた他者への配慮に基づく判断や葛藤が道徳判断の低い
段階とみなされてしまうことを指摘し，多くの議論を巻き起こしました。[17]

3　役割取得能力

　役割取得能力とは自己と他者の視点の違いを意識し，他者の見方や感情を推
測する能力を言います。セルマン（Selman, R. L.）は，道徳のジレンマ課題を
用いて，子どもがその事態や他の登場人物の感情などをどの程度推論できるか
を面接法で調べました。[18]ジレンマ課題の概要は「木のぼりが好きなホリーが，
ある日，木から落ち，木登りをしないことを父親と約束しましたが，のちに，
ホリーの友だちのジョーンの子猫が木の上から降りられなくなっている場面に
出会います。子猫を下ろせるのはホリーしかいませんが，ホリーは父親との約
束を思い出しています」というものです。例話の後には，ホリーは木に登るか
否か，それはなぜかという質問が子どもに与えられ，ホリーの立場から見た父
親の視点や，その場にいた登場人物の視点にどの程度立てるのかが調べられま
した。その結果，5つの発達段階が示されました。役割取得は自分の視点しか
取れない状態（レベル 0：自己中心的役割取得）から，自己と他者が分化して（レ

＊16　荒木紀幸「兵庫教育大学方式によるモラルジレンマ授業の研究——コールバーグ理論に基づく
　　　モラルジレンマ授業と道徳性の発達に及ぼす効果について」『道徳性発達研究』9(1)，2015年，
　　　pp. 1-30。
＊17　C. ギリガン，岩男寿美子（訳）『もうひとつの声——男女の道徳観のちがいと女性のアイデン
　　　ティティ』川島書店，1986年。
＊18　Selman, R. L.（1976）. Social-cognitive understanding. In Lickona, T.（Ed.）, *Moral develop-
　　　ment and behavior*. New York: Halt, pp. 299-316.

ベル 1：主観的役割取得），他者の存在を理解するようになり（レベル 2：2 人称相応的役割取得），他者の気持ちや自分とは異なる第三者の理解（レベル 3：3 人称相応的役割取得）や，一般化された他者としての理解（レベル 4：一般化された他者としての役割取得）へと発達していきます。幼児期は，レベル 0 の自己中心的役割取得，あるいはレベル 1 の主観的役割取得能力段階にあたり，一般的には他者の視点に立って自分の考えや行動について自発的に内省できない段階です。役割取得の発達には，体験を通した生きた学びへの支援や指導が，養育者や教師によって行われることが重要だと言えます。

 まとめ ・・

　　この章では，まず，道徳性のルーツについて，人が道徳的感情や指向性を生まれつきもっている可能性があることが示唆されつつあること，そして，人生の最初期に養育者やその他の人々との関わりから学ぶ愛着や信頼が，乳児や幼児自身の社会的参照による道徳的価値の取り込みを促進することを示しました。また，初期の記憶や表象，自己意識の発達や気質などが，他者との関わりによる道徳的価値の基盤となることを示した研究について見ました。さらに，ピアジェやチュリエル，スメタナなどによる規則の認識や，ピアジェ，コールバーグ，ギリガンによる道徳判断に関する理論や研究から，幼児期から児童期，さらにそれ以降の道徳性の発達や，それを促す要因について述べました。これらの知見から，人の道徳性の一般的な発達やその要因を理解することが，一人ひとりの乳幼児，児童生徒の道徳性の発達の具体的で豊かな道筋を理解することにつながることがわかるでしょう。

・・・

 さらに学びたい人のために

○ポール・ブルーム，竹田円（訳）『ジャスト・ベイビー──赤ちゃんが教えてくれる善悪の起源』NTT 出版，2015年。
　　人間に生得的，かつ普遍的な道徳が備わっているかどうかという問いを探求するために，近年，蓄積されてきた赤ちゃんを対象とした多くの実証的な研究を引用し，道徳性の起源や初期の発達について示唆しています。

○渡辺弥生・伊藤順子・杉村伸一郎（編）『原著で学ぶ社会性の発達』ナカニシヤ出版，2008年。

多くのテキストに示される社会性の発達の知見は，結果だけが引用されることが多々あります。この本では，実験，調査，観察などを用いた研究の原著論文が引用されており，発達の知見がどのように導かれたのかを知ることができます。

○キャロル・ギリガン，岩男寿美子（監訳）『もうひとつの声──男女の道徳観のちがいと女性のアイデンティティ』川島書店，1986年。
　伝統的な発達の指標である自立や個人主義的な権利の主張等による評価では見落とされがちで，女性に多く見られる他者との人間関係の理解や配慮（ケア）という指標の重要性を，ジレンマ課題に対する多くの回答事例から示唆し，モラルジレンマに対する批判を展開しました。

第4章

道徳学習指導案の作成例（1）
——小学校——

● ● ● ● 学びのポイント ● ● ● ●

- すべての児童が授業に参加することができるように配慮するための，指導方法の基本的な考え方について理解する。
- 指導案の前半部分（主題，主題設定の理由など）の項目のそれぞれの意味と役割について理解する。
- 本時案の各項目（ねらい，学習過程，評価など）のそれぞれの意味と役割について理解する。
- 「学習指導案例」にしたがって，具体的な授業をイメージできるようになる。
- 教師の授業評価と児童に対する評価の違いを理解し，児童に対する評価の具体的な方法や視点について理解する。

「生命」とは一体何なのでしょうか。

『中学校学習指導要領』では，道徳の内容項目「生命の尊さ」について，「その連続性や有限性なども含めて理解し，かけがえのない生命を尊重すること」と書かれています（東山書房，2018年，p. 156）。また，『中学校学習指導要領解説 特別の教科道徳編』では，「ここで言う生命は，連続性や有限性を有する生物的・身体的生命に限ることではなく，その関係性や精神性においての社会的・文化的生命，さらには人間の力を超えた畏敬されるべき生命として捉えている」と説明されています（教育出版，2018年，p. 62）。この説明は，生命という価値が有する多様な側面について示したものだと言えます。

これをふまえて，以下の問いについて，まずグループで考えてみて，それから全体で発表してみましょう。

① 生命の連続性や有限性とは具体的にどのようなことを指すのでしょうか。

② 連続性や有限性のほかに，生命という価値にはどのような側面があるのでしょうか。

● 導　入 ● ● ● ● ● ● ●

　本章では，小学校における道徳科の学習指導案の作成方法について，指導案作成
の基本的な考え方，本時案より前の指導案に必要な項目とその意味，本時案に必要
な項目とその意味，指導案例に分けて解説します。

　とくに，指導案作成の基本的な考え方においては，すべての児童が学習に参加で
きるようにするため，どのように指導を工夫すればよいのか，その基本的な考え方
を 4 つの観点から整理します。そして，その具体的な実現方法として，指導案をど
う作成すればよいのか，その記述内容や留意点を述べます。

　また，児童の評価の視点をどう設定するのかも指導案作成の重要な役割と言えま
すので，少し詳しく述べています。

● ● ● ● ● ● ● ● ●

1 学習指導案作成上の基本的な考え方

　学習指導案は，指導者が考えている「よりよい指導のねらいと内容と方法」
を具体的に表現する手段です。したがって，まずは，指導案作成上の基本的な
考え方を確かにすることが重要です。

■1■　すべての児童が学習に参加できるようにするために

　授業をつくっていくうえで何よりも重要なのは，すべての児童が学習に参加
することです。そのために，授業づくりの基本的な原則があります。道徳科で
は，以下の 4 点が重要です。

　①焦点化

　授業のねらい，学習内容（考える事柄），発問，学習活動，評価，を一層具体
的にすることが大切です。とくに，道徳科の場合は，他教科，とくに学習内容
が積み重なる算数や理科などと比べると，学習内容（考える事柄）があいまい
になりがちです。そのため，これまで以上に，それらを明確化，焦点化する必
要があります。

さらに，授業の最初に，学習内容（考える事柄）や活動の時間的な見通しなどを示す方が，児童は学習に取り組みやすくなります。これを「時間の構造化」と言います。時間の構造化によって学習活動も焦点化されます。

②視覚化

　視覚的情報を効果的に活用し，興味・関心，理解，思考，話合いなどを「見える化」することが大切です。とくに，道徳科が扱うものは，判断や心情，意欲など目に見えにくい事柄が多いため，発表している児童本人さえも何を表現しようとしているのかわからなくなることがあります。そのため，これまで以上に，視覚化を大切にした授業づくりを行います。

③共有化

　児童がそれぞれの考えや自己の振り返りを交流し合い，互いに尊重し合ったり，一層前向きな気持ちを高め合ったりすることが大切です。道徳科では，自分なりの価値理解や他者理解，人間理解ができるように，お互いがどのようなことを考えているのかを知り合い，自分なりの理解につなげる必要があります。そのため，これまで以上に，互いの考えを共有することが欠かせません。単なる読書による思考と違うのは，集団で学びそれらを共有して自分の思考に生かすことです。

④身体表現化

　2017年に告示された学習指導要領でも，これまで以上に，身体を活用することの重要性が強調されています。従前の動作化や役割演技はもとより，この度の改訂では，「道徳的行為の体験的な学習」の一例として，実際にあいさつやていねいな言葉遣いなど具体的な道徳的行為を行い，礼儀のよさや難しさを考えることなどが例示されています。文字言語や音声言語だけではわからない事柄が身体表現を通すことで理解，実感されていくと考えられるからです。

▌2　学習の過程で考えられる困難さへの配慮

　以上の4点を大切にしつつ，たとえば，発達障害等のある児童に対する指導上の配慮を行うことが欠かせません。『小学校学習指導要領解説』（以下，『解

説』）には，「他者との社会的関係の形成に困難がある児童の場合であれば，相手の気持ちを想像することが苦手で字義通りの解釈をしてしまうことがあることや，暗黙のルールや一般的な常識が理解できないことがあることなど困難さの状況を十分に理解した上で，例えば，他者の心情を理解するために役割を交代して動作化，劇化したり，ルールを明文化したりするなど，学習過程において想定される困難さとそれに対する指導上の工夫が必要である[*1]」とあります。

　さらに，「海外から帰国した児童や外国人の児童，両親が国際結婚であるなどのいわゆる外国につながる児童について，一人一人の児童の状況に応じた指導と評価を行う上でも重要である」とも述べられています。

　このような学習の「困難さの状態」に応じた指導の工夫は，前述の焦点化，視覚化，共有化，身体表現化を行うことでかなりの効果があると考えられますが，さらに，個に応じた指導の工夫，配慮を行うことが求められていると言えます。したがって，そのような配慮も学習指導案に記述することが効果的です。

2　学習指導案の各項目の意味と役割(1)：本時案よりも前の部分

　第4節に掲載する学習指導案の記述項目や内容がどのような意味と役割で書かれているのかをあらかじめ理解しておくことが重要です。一般に指導案は，本時案とその前の部分に分けることができます。ここでは，本時案よりも前の部分について説明します。

1　主題名

　授業の内容が概ねわかるような短い言葉で表します。道徳科の年間指導計画に，授業のねらいと教材をふまえて既に記述されています。たとえば，「親切について考える」「本当の親切とは」など児童がわかりやすい言葉であることが一般的です。

---

*1　文部科学省『小学校学習指導要領解説　特別の教科道徳編』廣済堂あかつき，2018年，pp. 113 -114。

①価値観

ねらいや学習内容についての指導者の捉え方です。該当する内容項目のどの部分に焦点を当ててねらいを設定しているのか，また，同様に，どのような学習内容を保障しようとしているのか，この授業ならではのねらいや学習内容について端的に述べます。ここがしっかり焦点化されていることが重要です。

②児童観

①に関わって，現在およびこれまでの児童の学習状況や実態，またそれをふまえた指導者の願いなどをまとめる部分です。あくまでも①の観点から児童の実態を焦点化して述べることが目的ですから，一般的な児童の様子を概括する必要はありません。

③教材観

使用する教材内容の概要や特質を端的に指摘します。はじめに教材のあらすじなどを述べたうえで，そのよさなどをまとめることが一般的です。

④指導観

指導観は，①どのような道徳的価値をふまえ，②どのような児童に対して，③どのような教材を，④どのように工夫して指導するのかという文脈で書きます。

一般に，本時案における「指導の工夫」や「個別の配慮」をそのまま，あるいは少し抽象化して書いたり，導入，展開，終末の順にまとめて書いたりします。この授業における指導者の指導の基本的な考え方を表します。

3　学習指導案の各項目の意味と役割⑵：本時案の部分

次に，本時案の部分の説明をします。本時案は，それまでの記述を一層具体的にするため，一般に「ねらい」「準備」「学習過程」「評価」「板書計画」などに分けられます。とくに，学習過程では，児童の活動，教師の発問や具体的な支援などを書くことが求められます。

1 ねらい

　道徳科の内容項目を基に，ねらいとする道徳的価値や道徳性の様相を端的に表したものがねらいです。

　さまざまな書き方が提唱されていますが，時間の構造化（授業の見通し）や展開の構造化（論理的な授業展開）を図るため，次の 4 つの要素で書くことが効果的です。すなわち，①主たる学習活動，②そのなかで考える（あるいは気付く）事柄，③育みたい道徳的価値理解や内容項目，④道徳性の様相（道徳的判断力，心情，実践意欲と態度のいずれか）です。

　たとえば，小学校 1 年生「はしの上のおおかみ」では，次のようなねらいの設定が可能です。あらすじは，「一本橋で，うさぎと出会ったおおかみは，『こら，こら，戻れ，戻れ。俺が先に渡る』と怒鳴ります。うさぎは，びっくりして後戻りします。この意地悪が面白くなったおおかみは，きつねやたぬきも追い返します。ある日，くまが来たので，慌てて戻ろうとするおおかみに対して，くまは，『ほら，こうすればいいのさ』とおおかみを抱き上げ後ろにそっと下ろします。おおかみは，くまの後ろ姿をいつまでも見送ります。次の日，橋の上で慌てて戻ろうとするうさぎをおおかみは抱き上げ，後ろにそっと下ろします。おおかみは，なぜか，前よりずっといい気持ちになったのでした」となっています。

　この教材のねらいは次のように設定することができます。「意地悪および親切にする動機や心情を対比して話し合うことを通して（①学習活動），親切は相手が喜ぶだけではなく自分の喜びにもなることなどについて考え（②考える事柄，学習内容），身近な人のために親切にしようとする（③育みたい道徳的価値理解や内容項目），実践意欲（④道徳性の様相）を培う」。①の活動のなかで，②について考え，あるいは気付き，③の道徳的価値の理解を広げ深め，④のような道徳性の様相を育む，という順にまとめます。このようにねらいを焦点化して書くことは，学習指導過程の骨格を既にねらいのなかで表現していると言えます。

　なお，③と④だけでねらいを書く場合も少なくありませんが，その場合，同

じ内容項目を別の授業で扱う場合，教材は違うのに，ねらいがほぼ同じになってしまうことになります。また，②の「考える事柄」を明確にしてねらいを構想することが焦点化の基本ですが，それを理解事項や指導内容（理解させる，わからせる）にしてしまうと，道徳的価値，見方・考え方の押しつけにつながりやすくなるため，十分な注意が必要です。

2　準　備

　教材名や出典（教科書出版社名など），児童に配布するもの（プリント類など），教師が全体に提示するもの（場面絵など）を書きます。ICTの活用などを意識して準備する場合は，視覚化や共有化が促進できます。

3　学習過程

　学習過程は導入，展開，終末という3つの部分から構成されていることが一般的です。それぞれ，以下のようなことを書きます。
　①学習活動・学習内容（考える事柄，予想される児童の反応・意識等）
　学習活動は，導入，展開，終末それぞれに一つ以上あります。展開においては，前半と後半に一つずつの場合もあるでしょう。外から見える児童の活動を書く方が指導に有効です。すなわち，「……について考える」ではなくて，「……についてプリントに書く」や「……について2人組で話し合う」などです。児童は，何かをすることによって考えるのであって，単に「考えなさい」と言っても考えることは難しいからです。
　道徳科において，学習内容という言葉を用いない場合も多く，先ほどのねらいの②にある「考える事柄」あるいは，考えた後の「予想される児童の反応・意識」を書く場合もあります。本来，学習は，ねらいを達成するために必要な学習内容があり，それを児童が獲得するのにふさわしい学習活動を仕組む，というのが基本的な流れです。「何のために，何を，どのように学ばせるか（考えさせるか）」という文脈で授業づくりを行います。

②指導の工夫，個別の配慮

　学習活動を行わせる時に，教師が行う指導の工夫，配慮を，主として指導案の右側の欄に書きます。指導の工夫がクラス全体への投げかけであることに対して，個別の配慮は，学びの「困難さの状態」が表れている児童数人に対して個別に行う投げかけです。

　「（指導者が）○○をすることによって，（児童に）△△ができるようにする」あるいは，その逆で「（児童が）△△ができるようにするために，（指導者が）○○をする」という文章構成で書くと，指導の工夫や配慮のねらいと具体的な行為が明確になります。

　また，指導の工夫の一つとして，学習活動それぞれにおいて，指導者の発問を書くことがあります。道徳科において，発問は重要な観点であることから，あらかじめ決めておく方が，円滑な授業になります。たとえば，発問と指示を一緒に書く（「おおかみはどんなことを考えているでしょうか。吹き出しのなかに書きましょう」など）ことでより一層具体的な発問にすることができます。

③評　価

　評価は，指導の工夫，個別の配慮の欄に書くこともありますし，指導案の一番最後に項目を新たに設定して書くこともあります。

　評価の視点は，2つあります。一つは，「学習活動において児童が道徳的価値やそれらに関わる諸事象について他者の考え方や議論に触れ，自律的に思考する中で，一面的な見方から多面的・多角的な見方へと発展しているか」[2]を本時の授業の児童の具体的な姿として書きます。もう一つは，「道徳的価値の理解を自分自身との関わりの中で深めているか」[3]を本時の授業の児童の具体的な姿として書きます。これら2つは，道徳科の学習状況の評価であり，学習内容や学習の結果を評価するものではありません。

　なお，ねらいの文末に書く「道徳性の諸様相（道徳的な判断力，心情，実践意欲と態度）」が育ったかどうかを児童対象の評価としては行いません。なぜなら「それぞれについて分節し，学習状況を分析的に捉える観点的評価を通じて見

＊2　文部科学省『小学校学習指導要領解説　特別の教科道徳編』廣済堂あかつき，2018年，p. 110。
＊3　同上書，p. 110。

取ろうとすることは，児童の人格そのものに働きかけ，道徳性を養うことを目標とする道徳科の評価としては妥当ではない[*4]」からです。したがって，ねらいの文末は，達成目標としてではなく，成長目標，方向目標的に捉えるとよいでしょう。

　また，児童がどの程度道徳的価値の理解や内容項目の理解ができたのかを評価することも行いません。内容項目は，道徳性を養う手掛かりになるものであり，認知的な理解事項を児童の評価内容や対象にすることは，道徳科の目標や趣旨，特質から考えて適切とは言えないからです。

　④板書計画

　最後に，板書の計画を書くと一層授業が焦点化，視覚化されます。「板書型指導案」といって，板書中心の指導案もよく書かれるようになりました。

4 指導案例

　ここまでは，指導案の各項目の内容を一般化して示してきました。ここでは，具体的な事例について考えてみましょう。

第6学年　道徳科学習指導案

指導者　○年○組　担任○○○○

1　主題名　　生きる喜びとは

2　主題設定の理由

①価値観

　本主題は，内容項目Dの「よりよく生きようとする人間の強さや気高さを理解し，人間として生きる喜びを感じること」に関するものである。本時は，自身のよさや可能性を信じ，困難ななかでも目指す生き方を実現するうえで必要な3つの事柄（強い志，具体的な努力，周囲の支えに応える態度）のよさを話し合い，人としてよりよい生き方を考えることができるようにする。

②児童観

＊4　文部科学省『小学校学習指導要領解説　特別の教科道徳編』廣済堂あかつき，2018年，pp. 109
　　-110。

この学級の児童は，自分自身に十分に自信がもてず，劣等感や人をうらやんだりする心をもっている者が少なくない。一方，自分自身を人としてより高めたい，誇りある生き方をしたいという願いも同時にもっている。そのような児童を含め，この時期の児童にとって，目指す生き方や夢や希望など喜びのある生き方について考えることは価値あることである。

③教材観

この教材は，「主人公佐藤真海が，右足膝下を病気で失い，失意のなかで悩みながらも，パラリンピックに出場したいという強い意志をもち，それを支える周囲の人々の期待に応え，具体的な努力を続け，見事パラリンピックに出場し，さらなる夢をもつ」という実話である。この主人公の気高い生き方に寄り添い，そのよさを考えることは，この時期の児童にとっては，大変意味深いことだと考える。

④指導観

・教材理解を図るため，補助的な資料を合わせて，教材を段階的に提示する。

・「生きる喜びについて考える」という主題を提示し，学習の見通しを示したうえで，中心発問「限界のふたを外せた理由は何か」について話し合う。

・3つの理由を自分に当てはめて，3色の心情円盤で表し，自己を振り返る。

・自分の学びを2つの視点（多面的・多角的に考える，自分との関わりで考える）で自己評価する。

3　本時案

①ねらい

目指す生き方を実現するために必要な事柄を多様に話し合うことを通して，強い志，具体的な努力，周囲の支えに応える態度が「生きる喜び」につながるということについて考えを深め，人間としてよりよく生きようとする態度を培う。

②準　備

「真海のチャレンジ――佐藤真海」（文部科学省『私たちの道徳　小学校5，6年生』2014年，pp. 194-199），道徳プリント，3色の心情円盤（画用紙でできた直径20センチメートル程度の赤，青，黄色の3枚の円盤それぞれに半径で切り込みを入れた後，3枚を組み合わせ1枚に重ねた円状小道具，それぞれの円を滑らし，ずらすことによって，円グラフのように「色の割合で心情の大きさ」を比べられるようにしたもの。赤と青は，朱色と水色に近い色にするなど「見えやすさ」に十分な配慮を行う），佐藤真海さんの写真等。

③学習過程

	学習活動・学習内容	指導の工夫(○), 個別の配慮(★)
導入	1 写真を見て, 自由に感想を発表する。 ・価値への関心 ・読み物教材への関心	○めあてや教材名などを示すことで, 学習の見通しを得させる。 ★注意が逸れがちな児童には, 目を見て話し, 頑張りを認める。
	よりよく生きることについて考えを深めよう	
展開	2 教材を読み, 限界のふたを外せた理由(原因)を話し合う。 ・教材のあらすじ ・外せた理由(よりよく生きようとする理由) 　○強い志(円盤色:赤色) 　○具体的な努力(同黄色) 　○周囲の期待に応える態度 　　　　　　　　(同青色) ・自分が最も重要だと考える事柄とその理由	○パラリンピック, 佐藤真海, 骨肉腫, 義肢装具士等を補足しながら段階的に教材を提示する。 ○発言を3分類し, キーワード化することで違いを理解しやすいようにし, よさを比較させる。 ○明るい赤や青にするなど色の見えやすさに配慮する。 ★視覚化と簡単な動作化などにより学習に参加しようとする意欲の向上を図る。
	3 自分が努力していることを3色の心情円盤で表現し, 席を立ち, 2, 3人で理由を紹介し合う。 ・自分が努力している事柄 ・自分なりの志の強さ, 具体的な努力, 周囲の支えや期待に応えることのイメージ化など	○自分が努力していること一つを想起させ, 3色で表し理由を明確にさせることで, 自己の生き方についての振り返りを図る。 ★集中できない児童には, 個別に色の割合を例示したり, 具体的に「○人と話そう」などと促したりする。 ★活動が停滞するペア等には, 教師が寄り添い, 活動を調整する。
終末	4 自分が努力していることについて授業で考えたことをノートに書き, 2視点(①多面的・多角的, ②自分自身との関わり)で学び方の振り返りをする。 ・学習内容と方法の振り返り ・自分なりに納得した事柄 ・学び方の自己評価 　・多面的・多角的な学びか 　・自分に関わらせた学びか	○この授業で自分の宝物となったこと(納得したこと, わかったこと)をノートにまとめさせ, 内容の振り返りをさせる。 ★文が書きづらい児童には, 書き出しを示したり, 板書から選んで書くよう促したりする。 ○いろいろ考えたか, 自分自身ならどうかと考えたかの2視点で学び方の振り返り(4種類の大きさのハート選択)をさせる。

④評 価
　○よりよく生きるうえで大切な3つの事柄(①求めるものを実現するための強い志をもつこと, ②そのための具体的で継続的な努力や取組をすること, ③

80

支えてくれている周囲の人の期待に応えようとする態度や感謝の気持ちをもつこと）について，友だちの意見を聞きながら，いろいろ考えたり，それぞれのよさを比べたりしている。

○よりよく生きるうえで大切な3つの事柄を自分自身の生活や活動に当てはめて考えようとしている。

※児童自身が振り返りで「いろいろ考えたか」「自分ならどうかと考えたか」の2視点の自己評価をしたこと（ハートの一つに○をつけること）を教師の評価とするのではないことに留意する。

⑤板書計画

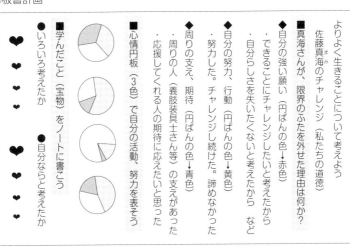

よりよく生きることについて考えよう

佐藤真海のチャレンジ（私たちの道徳）

■真海さんが，限界のふたを外せた理由は何か？

◆自分の強い願い（円ばんの色→赤色）
・できることにチャレンジしたいと考えたから
・自分らしさを失いたくないと考えたから　など

◆自分の努力，行動（円ばんの色→黄色）
・努力した。チャレンジし続けた。諦めなかった

◆周りの支え，期待（円ばんの色→青色）
・周りの人（義肢装具士さん等）の支えがあった
・応援してくれる人の期待に応えたいと思った

■心情円板（3色）で自分の活動，努力を表そう

■学んだこと（宝物）をノートに書こう

●いろいろ考えたか

●自分ならと考えたか

まとめ

　本章では，小学校における道徳科学習指導案について，その基本的な考え方，項目ごとの意味や役割について具体例を示しながら説明しました。とくに，すべての児童が学習に参加し，「考え，わかる」授業を目指すため，授業づくりにおける「ねらい，内容，方法，評価」の「焦点化，視覚化，共有化，身体表現化」などをふまえて学習指導案例を示しました。

　これらの具体例を実際の自分自身の指導案づくりに生かすことで，よりよい授業を実践してください。

さらに学びたい人のために

○坂本哲彦『「分けて比べる」道徳科授業』東洋館出版社，2018年。

　　本書は，現行の学習指導要領の目標，内容，方法などについて，「分けて比べる」ことをキーワードにして述べたもので，とくに，すべての児童が学習に参加するための指導の工夫や，学びの「困難さの状態」に応じた子どもの学習を保障するための個別の配慮などがまとめられています。

○坂本哲彦『小学校学習指導要領　道徳の授業づくり』明治図書出版，2018年。

　　本書は，現行の学習指導要領について，教科書・教材，主体的・対話的で深い学び，多様な指導方法，評価について具体的に述べたものとして，各校の校内研修，授業研究，指導計画作成などさまざまな場面で活用できるようまとめられています。

○坂本哲彦（編著）『教科書教材でつくる道徳科授業のユニバーサルデザイン』東洋館出版社，2019年。

　　本書は，すべての子どもが楽しく「考える・わかる」道徳科授業にし，学習の過程で考えられる「困難さの状態」に対応するため，ユニバーサルデザイン化した道徳科授業を36事例（各学年6例）紹介しています。教科書に多く掲載されている教材を選んでおり，さまざまな学級で活用できるようになっています。

第 5 章

道徳学習指導案の作成例（２）
――小学校――

● ● ● 学びのポイント ● ● ●

- 授業の実際の姿をイメージして道徳学習指導案を立てる。
- 授業のゴールは道徳的行為ではなく，行為を支える考え方にあることを理解する。
- 「教材を読む」力を身に付ける。
- 『学習指導要領解説　特別の教科道徳編』が指導案を立てるための基礎知識であることを理解する。
- 年間指導計画を変更できる力を身に付ける。

WORK 「泣いた赤鬼」の友情を考える

泣いた赤鬼の話を読んで，以下の問いを考えましょう。

出所：浜田廣介，梶山俊夫（絵）『泣いた赤お
に』偕成社，1992年。

〈あらすじ〉

　村人と仲良くなりたいと願っている赤鬼は，だれでも遊びに来てくだ
さいと村人を誘いますが，村人は赤鬼のことを信用していないため誰も
遊びに行きませんでした。嘆き悲しむ赤鬼のために，友だちの青鬼は村
人にわざと悪さをして，その村人を赤鬼が救うという芝居をすることで
赤鬼の願いをかなえてあげました。その後青鬼は，人間と仲良くなった
赤鬼のことを思って，青鬼が赤鬼の友だちだということがばれないよう
に，赤鬼に黙って旅に出てしまいました。

　青鬼のとった行動は本当に友情だと言えるのでしょうか。なぜ友情だと
言えるのか，あるいはなぜ友情だとは言えないのかという理由に着目して
話し合ってみましょう。

● 導　入 ● ● ● ● ● ● ● ●

　道徳科の特徴は，計画的発展的に指導するところにあります。そのために，各学校では，年間指導計画を作成します。普段の道徳授業は，その年間指導計画に従って行われているのです。年間指導計画は，各学校が，地域の特性や児童の発達段階，学校の特色などを加味してつくっています。しかしそれは，前年度の児童の実態に基づくものです。ですから，毎年実際に授業をしながら，さらによりよいものとなるように改善を加えていくことになります。教師の授業力を向上させ，児童がより望ましい道徳性を身に付けていくためには，年間指導計画に基づきながらも，現在の学級の実態に即した授業を構想することが必要になります。それでは，1時間の道徳授業をどのようにつくっていけばよいのでしょうか。

● ● ● ● ● ● ● ● ● ●

1 ねらいとする道徳的価値

　道徳科で，他の教科より曖昧になるのはねらいの設定です。ねらいが曖昧なままで，指導案を作成するということはできません。しかし，道徳科の場合，「この時間で児童に何を考えさせようとしたのですか」と指導者に尋ねると，はっきりと答えられなかったり，曖昧であったりする場合があります。それでは，きちんとした授業を行うことは難しいでしょう。

　では，どのようにして，ねらいとする道徳的価値を理解すればよいのでしょう。それは，『学習指導要領解説　特別の教科道徳』の「内容項目の指導の観点」を熟読するところから始まります。

　たとえば，中学年A-3「節度，節制」を見てみましょう。[*1]

> 自分でできることは自分でやり，安全に気を付け，よく考えて行動し，節度のある生活をすること。

＊1　文部科学省『小学校学習指導要領解説　特別の教科道徳編』廣済堂あかつき，2018年，p. 32。

この内容項目は，２つのことから成り立っています。１つめは基本的な生活習慣です。２つめは，基本的な生活習慣を自分自身でコントロールすることです。規則正しい生活が，自分にとって大切なことは，誰もがわかっていることです。しかし，自ら節制し，程よい生活をすることはなかなかできないものです。自分の生活を見直し，よりよいものにしていくことは，自己の確立のうえで大切なことです。自己を確立することは，自分だけでなく，他の人の快適な生活にもつながっていくのです。

この内容項目の大切さを全体的に理解したうえで，次に，中学年の発達段階に即して考えてみましょう。この段階になると，低学年の自己中心的な見方から視野が広がり，仲間意識が芽生えて，仲良しグループができあがっていきます。そうすると，仲間の考えに流されたり，よいところを見せようとしたりして，行きすぎた行動をしてしまうことがあります。このような時期だからこそ，他の人に言われるのではなく，自ら考え，節度ある生活ができるように自立を重視した指導が必要になります。

２　　他の学年とのつながりを見る

「節度，節制」という内容項目は，低学年や高学年にも示されています[*2]。

低学年	健康や安全に気を付け，物や金銭を大切にし，身の回りを整え，わがままをしないで，規則正しい生活をすること。
高学年	安全に気を付けることや，生活習慣の大切さについて理解し，自分の生活を見直し，節度を守り節制に心掛けること。

指導内容は，発達段階に即して書かれています。中学年を指導する時，その内容が低学年からどのように発展し，高学年ではさらにどのような点が付け加

＊2　文部科学省『小学校学習指導要領解説　特別の教科道徳編』廣済堂あかつき，2018年，p. 32。

わっているのかを考える必要があります。その内容を理解しておくことは，児童の価値観形成の流れをつかむばかりでなく，実際の授業場面での児童の反応にも適切に対処する力ともなります。

　この場合，低学年では，基本的な生活習慣を形成する必要があることから，わがままをしないで規則正しい生活をすることに力を入れます。これをふまえて中学年では，自分のことは自分で行い自ら考えて節度のある生活ができるようにするのです。そのうえで，高学年での自分だけでなく周囲の人の安全にも気を付けることができるような指導へとつなげていくのです。

　以上のように，その時間で学習する内容をその学年，学年間の流れの面から理解しておくことによって，自分の学級の児童たちの実態からそれをより具体的なめあて，学習内容として設定することができるようになるのです。

2 道徳的価値から見た児童の道徳性の実態

1 児童の実態をつかむ

　授業で扱う指導内容や教材が，児童の発達段階や興味関心，課題などから大きく離れていれば，学習の深まりは期待できません。児童はそれまで育ってきた環境や生活体験が異なっていますから，考え方や感じ方，またその傾向が違って当たり前です。それらをいくつかの方法で把握し，学級全体の傾向をつかむことで授業構成を考えることができるようになるのです。

　実際には，以下のような方法で実態を把握していきます。

　まず，観察があります。日頃の児童の言動，生活・学習態度，交友関係などからその児童の特徴をつかむということです。観察を積み重ねていくことで，その児童の考え方や行動の傾向を捉えます。児童の作文や日記などからも児童の考え方や感じ方の傾向をつかむことができます。

　家庭訪問や教育相談の機会も大切です。児童の実態をよく知っているのは，やはり保護者です。学校での体験だけでなく，児童は家庭でも豊かな体験をしています。その情報を的確につかみましょう。

道徳のためにアンケートを行うこともあります。これは，その内容に関する直接の意識を探るのに役立ちます。さらに，その授業だけではなく，児童の道徳性を示す一つの資料としても役立てることができます。

　また，授業で使うワークシートやノートなども児童の考え方の変容を知るために活用しましょう。赤ペンなどを入れて，教師からコメントを付けるのも大切な手立てです。児童のさらなる思考を促すと共に，教師の資料ともなるからです。アンケートやワークシートなどは散逸しないように一人ひとりの児童がファイルできるようにしておきます。児童にとっても自分自身の考え方の変容や学習履歴を知るうえでの大切な資料となるからです。

　以上のような方法により児童一人ひとりの実態をつかみ，さらには，学級全体の傾向をつかみます。学級全体の傾向については，学級における指導計画や学級経営誌等に記録しておくことが大切です。

　ここで気を付けておかなければならないことは，このような実態把握が，その児童やクラスのレッテル貼りになってはいけないということです。人は，ある行動から，あの人はこういう人だと一度レッテルを貼ってしまうと，安心してしまい，その人の全体像や別の面を見なくなってしまうことがあります。人は日々変わっていくものであり，条件が変われば，別の行動をとることもあるのです。児童を観察する時にも，一つの出来事からすべてを決めてしまうのではなく，常に新しい目で見直していくことが必要になります。

2　道徳的価値と学級の実態

　次に，道徳的価値の面から学級の実態を捉えなおしてみましょう。
　再び，中学年A-3「節度，節制」で考えてみます。[*3]

> 自分でできることは自分でやり，安全に気を付け，よく考えて行動し，節度のある生活をすること。

＊3　文部科学省『小学校学習指導要領解説　特別の教科道徳編』廣済堂あかつき，2018年，p. 32。

「自分でできることは自分でやり」は，中学年としてとても大切なことです。低学年の時は，親もていねいに見てくれていますが，中学年ともなると，親もだんだんと手を離し，自分自身でさせることが多くなります。今までできていたからと安心してしまうために，忘れ物が多くなったり，起きるのが遅くなったりします。児童にしても，手伝ってもらっていたという意識が低かった児童ほど基本的な生活習慣が崩れてしまうものです。

「安全に気を付け」も同様に，1年生の時のような緊張感がなくなり，学校生活にも慣れてくるため，注意力が散漫になってしまうことがあります。あわせて行動範囲が広くなることも，気を付けなければならないことです。今までに行ったことのない場所で，注意すべきことがわからないために思わぬ事故に遭ってしまうことも考えられます。だからこそ，「よく考えて行動し，節度ある生活をすること」が大切になるのです。今まで親や教師の助けがあり，言うことを聞いていればできていたことも，活動範囲の広がりによって，対人関係も含め，自分自身でよく考える必要が出てくるのです。その時，大切になるのが「節度」という「ものさし」です。どこまでやってよいのか，正しいものさしを自分自身でつくる必要があります。

　以上のように，児童の姿として理解した道徳的価値からもう一度学級の実態を見直すことで，自分の学級には，今，何ができていて，何が足りないのか，どんなことをさらに考えさせていかなければならないのかが見えてきます。

　既に多くの児童がわかっていること，できていることを学習させようと思っても，児童の意欲は高まりません。「わかっているつもりだったのに理解が足りなかった」「そんなことは初めてわかった」というような内容があればこそ，意欲的に学習に取り組むのです。

　学習内容である道徳的価値をしっかり理解し，その価値から児童の道徳性を見直すことで，授業の方向が見えてきます。

　発達段階が似ているとはいっても，各クラスごとにそれぞれの特徴があります。だからこそ，児童の実態を的確につかむ必要があり，道徳的価値からの見直しが必要なのです。

3 児童の道徳性の実態からの教材分析

1 なぜわかりきった授業となるのか

　道徳教育を実施する時の課題として「効果的な指導方法が分からない」ということがあげられています[*4]。それは，「効果的な教材がない」「先が見えている，わかりきったことをなぜ授業するのか」ということなのでしょう。これは，教師が教材を読む時に，主人公の行動から，「こういう時には親切にしよう」「悪いことを見た時には勇気をもって注意しよう」など，その教材に描かれている行為を教えようとしていることに問題があるのです。つまりは，教材に表れている行為を教えるのではなく，その行為を支える考え方（価値理解）や，正しいとされる行為をする難しさ（人間理解），さらに同じ行為でもする人や見る人によって考え方が異なる（他者理解）ということを児童に考えさせなければならないのです。効果的な指導をするうえで「教師が教材を正しく読むことができていない」ことにこそ課題があります。

　たとえば，中学年A-3「節度，節制」の学習をする時，「よく考えて行動する」ことや「節度ある」生活が，よく理解されていない実態があるとします。このような実態をふまえたうえで，以下の教材を取り上げる時には，どのような授業が考えられるでしょうか。

2 教材分析の実際

　「金色の魚」で考えてみましょう。以下にその内容を示します[*5]。

---

*4　文部科学省「道徳教育実施状況調査結果」2012年，p. 10。
*5　文部科学省『わたしたちの道徳　小学校3・4年生』2014年。

　昔，まずしい漁師のおじいさんが漁をしていると，金色の魚がかかりました。魚はおじいさんに，好きなものをあげるからにがしてくださいとたのみました。
　おじいさんは，何もいらないと言ってにがしました。

　家に帰っておばあさんに話すと，おばあさんは，おけがこわれているので，おけをもらうようにと言いました。
　おじいさんは，海にもどって，おけがほしいと金色の魚にたのみました。
　おじいさんが家に帰ると，おばあさんが新しいおけを持って立っていました。

　次に，おばあさんは，新しい家がほしいと言いました。
　おじいさんは，海へ行って金色の魚にたのみました。
　おじいさんが帰ってみると，そまつな小屋が，新しい家に変わっていました。

　その次に，おばあさんは，お金持ちになりたいと言いました。
　おじいさんは，海へ行って金色の魚にたのみました。
　おじいさんが帰ってみると，りっぱな家の入り口に，きれいな服を着たおばあさんが立っていました。

　今度は，おばあさんは女王様になりたいと言いました。おじいさんはよくばりすぎだと言いましたが，おばあさんは聞きません。
　おじいさんは，海へ行って金色の魚にたのみました。
　おじいさんが帰ってみると，りっぱなごてんで，おばあさんは女王様になっていました。

　とうとう，おばあさんは，海の王様になりたいと言い出しました。
　おじいさんは，海へ行って，金色の魚をよんで，こまったような顔をしてわけを話し，たのみました。

　金色の魚は，だまって海の底へかくれてしまいました。
　おじいさんが，おばあさんのところへ帰ると，元のようなそまつな小屋の前で，おばあさんがぼんやりすわっていました。

このように，「金色の魚」は，8つの場面からなっています。
　　場面1（起）　金色の魚を逃がすおじいさん
　　場面2〜6（承）　おばあさんに言われ，金色の魚にお礼を求めるおじいさん

場面7（転）　黙って海に隠れる金色の魚を見つめるおじいさん

場面8（結）　元の姿に戻ったおばあさんを見るおじいさん

発端は金色の魚を捕まえたおじいさんがお礼はいらないと言ったことです。ところが，おばあさんの指示により，おじいさんは次々に金色の魚にお礼を求めることになるのです。

主人公はおじいさんです。金色の魚ではありません。

場面1で，おじいさんは，何もいらないと金色の魚を逃がします。この時，おじいさんは自分自身を節制することができているのです。

この場面1と場面5を比較してみましょう。おじいさんは，おばあさんの言いなりになりながらも女王様になるのはさすがに度を越している（節度）と考え，おばあさんをいさめますが，おばあさんの欲に負けてしまいます。つまり，この段階までおじいさんは，おばあさんを喜ばせたいと考え，自分なりの節度をもっていましたが，自分の弱い心に負け，おじいさん自身も度を越してしまうのです。

おじいさんが節度を守れず，自分を節制できなかったとして終わってしまったのでは，「節度を守れないと損をしますよ」という話で終わってしまいます。

そこで，「おじいさんは呆然として魚が消えるのを見ています。金色の魚はどうして黙って海の底に隠れてしまったのでしょう」と発問します。おじいさんは，金色の魚から信頼されていたはずです。ところが，おばあさんという欲の塊を制することができずに度を越してしまったために，金色の魚から見放されてしまったことを押さえます。そしてそのうえで，最終場面とこれまでの場面を比較させます。児童には，金色の魚のことを考えさせているようですが，金色の魚は節度という「ものさし」です。そのものさしを通して，おじいさんがどんなことを考えてきたのかを，考えさせます。

一見悪いのはおばあさんのようですが，一番反省しなければならないのはおばあさんという欲望を抑えられず節度を超えてしまったおじいさんです。ぼんやりすわっているおばあさんを見ながらおじいさんはどんなことを考えたのか，欲がなかった1の場面，自分を制しようとした5の場面と比較しながら，ただ反省するのではなく，これからどうしようと考えているのかというところまで

考えさせたいものです。

　このように，教材を読むということは，道徳的価値をふまえた児童の実態を基にその資料に表されている学習内容を的確につかみ，児童に考えさせることを明らかにしていく作業なのです。児童の実態をふまえて教材を読むと，授業の姿が見えてきます。

4　板書構成と授業展開例

1　板書予想図と授業づくりのポイント

　指導案を考える時，板書予想図をつくることがあります。ここでは，板書をつくることから授業をつくることを提案します。その理由は，①授業全体を一目でつかむことができる，②授業の流れが見える，③児童の反応をどのように授業に生かすのかを考えることができる，④授業が大きく別の内容へ変わるのを防ぐことができる，⑤事前の板書計画と実際の板書を比べることで，授業評価の時の資料となる，といった点にあります。「金色の魚」では，図5-1のような板書計画が考えられます。

図5-1　「金色の魚」板書計画

出所：筆者作成。

　教材分析したことを基にどのように授業案を作成するのか。授業の導入，展開，終末について，一つの例を提示します。

　①学習課題を意識できる導入をつくる

　導入は，教材へ円滑につなぐことや学習内容である価値への方向付けなどが主な役割です。学習課題をいかに短時間につかませるのかを考えます。今回は，誰もが，楽しいことやうれしいことがあると，つい時間を忘れたり，やり過ぎてしまったりして，失敗した経験をもっていることを確かめ，教材と価値への導入を図ることにしました。児童にとってあまりに遠い話だと考える意欲を損ないます。身近な問題と捉えさせることが大切です。

　②児童に考えさせたいことを基に展開部分をつくる

　展開は，学習の中心となる段階であり，児童に何を考えさせるのかを明確にします。

　この資料を使って児童に考えさせたいことは，金色の魚が，何の見返りも求めず逃がしてくれたおじいさんだからこそ，ここまでしてあげたが，おばあさんの言うままになり，よく考えなかったことを反省させようとして，黙って消えたことです。そこで，中心発問は「金色の魚は，どうして黙って海の底に隠れてしまったのでしょう」とします。

　このことを考えさせるためには，その前提として，おじいさんが金色の魚を逃がしてあげたのは，お礼をもらいたいからではないということ，おじいさんが自分の考えによって行動しているということをおさえる必要があります。そこで，基本発問として「おじいさんは，どうして何もいらないと言って魚を逃がしてあげたのでしょう」と問います。

　さらに，おじいさんが欲望に負け，おばあさんを止めることができなかった，節度を超えてしまったことを捉えさせるために，基本発問2「おばあさんに欲張りすぎだと言っても聞いてもらえなかった時，おじいさんはどんな気持ちだったでしょう」を用意します。

　ここで終わってしまうと，反省しただけで終わってしまいます。自分の生き

方に生かすことができるようにするため，最後に「ぼんやり座っているおばあ
さんを見て，おじいさんはどんなことを考えていたでしょう」と問います。

　おじいさんがこれからどうすべきかを提示することで，児童自身が「よく考
えることとはどうすることか」「節度を守るとはどういうことか」を考えるこ
とができます。

③これからの生活につなげる終末

　児童の意欲を高めたり，本時の学習内容をより印象づけたりすることが終末
の主な役割です。今日学習したことをこれからの生活にどのように生かしてい
くのかを考えさせます。それは，この授業で自分がどんなことがわかったのか
を児童に確かめさせるだけでなく，この授業の評価にもつながります。

④学習過程例

　これらの導入・展開・終末の学習過程の例を以下に示します。

	学習活動	主な発問と予想される児童の反応	指導上の留意点
導入	1　度を越した行動をした結果，失敗した経験を振り返らせる。	○ついやり過ぎて，失敗したことはありませんか。 ・おいしいからといって，調子に乗って食べてしまい，お腹をこわしてしまった。 ・ゲームに夢中になりすぎて，時間が過ぎてしまい，約束に遅れてしまった。	○誰もが，楽しいことやうれしいことがあると，つい時間を忘れたり，やり過ぎてしまったりして，失敗した経験をもっているはずである。そのことを思い出させて，教材と価値への導入を図る。
	2　教材「金色の魚」を読んで話し合う。	①おじいさんは，どうして何もいらないと言って魚を逃がしてあげたのでしょう。 ・見たこともない魚だったので，とってはいけないものだと思ったから。 ・金色の魚のことをかわいそうに思ったから。 ・逃がしてあげるのは簡単なことだから，わざわざお礼をもらうほどのことではないと思ったから。 ②おばあさんに欲張りすぎだと言っても聞いてもらえなかった時，おじいさんはどんな気持ちだったでしょう。 ・逃がしてあげたお礼にここまですることを求めるのは欲張りすぎだ。	○おじいさんが金色の魚を逃がしてあげたのは，お礼をもらいたいからではないということをここで押さえておく。さらに，この時は，おじいさんがおじいさん自身の考えによって行動しているということを確かめておく。 ○おばあさんを欲張る心とするとおじいさんはそれを止めようとする心と考えられる。一人の人間のなかの葛藤として考え，この段階では結局，お

展開		・おばあさんが喜ぶ顔を見てうれしかったが，聞いてもらえなくて悲しい。 ・しかたがないな。おばあさんの言うことを聞くしかないか。 ③金色の魚はどうして黙って海の底に隠れてしまったのでしょう。 ・お礼をすると言ってもきりがなくなってしまっているから。 ・欲張りすぎてだめになっていってしまったから。 ・欲張りすぎてしまったおじいさんを見るのは悲しい。 ④ぼんやり座っているおばあさんを見て，おじいさんはどんなことを考えていたでしょう。 ・おばあさんに悪いことをしたな。私がきちんと考えなかったからだ。 ・元に戻っただけだ。これからはよく考えて生きよう。	じいさんが欲望に負け，止めることができなかったということを考えさせる。 ○何の見返りも求めず逃がしてくれたおじいさんだからこそ，ここまでしてあげたが，おばあさんの言うままになり，よく考えなかったことを反省させようとして，金色の魚が黙って消えたことを考えさせる。 ○おばあさんの姿を見て，自分の行動を省みるおじいさんの思いを考えさせることにより，節度というねらいに迫る。
終末	3　これからの生活について考える。	○度を越さない生活をするために大切なのは何でしょう。 ・その後どうなるかを考えて行動すること。 ・人に言われてするのではなく自分でしっかり考えて行動すること。	○度を越さない生活をするために，どんなことが大切なのか，自分の言葉でまとめさせる。

5 理解を基にした授業評価

　授業を評価する時，ねらいが具体的でないと，正しく評価することはできません。従来の道徳の時間のねらいには「自分でできることは自分でやり，安全に気を付け，よく考えて行動し，節度のある生活をしようとする心情を育てる」といったようなものが多く見られました。

　これは，当該内容項目に道徳性の諸様相の一つである道徳的心情を付け加えたものです。このようなねらいでは，学習内容が多岐にわたり，1時間の道徳授業で評価できるものとはなっていません。

　1時間の道徳授業を評価するためには，より内容を具体化する必要がありま

す。そこで本時では「人の言いなりになるのではなく，自らよく考えて行動し，度を越さない生活をしようとする心情を育てる」というねらいを立てました。

　この授業で児童に考えてほしいことは何かを明確にすることによって，授業をより具体的に評価することができます。本時では，おじいさんを主役とし，自らの行動で自分だけでなくおばあさんも幸せにできなかったことを反省することで，自ら節度ある生活をしようとしていることに気付かせようと考えました。以上のようにねらいを定め，授業終末で児童に今日の授業でわかったことを書かせると，今回の道徳授業が児童にどのぐらい理解されたのかを評価することができます。また，板書案と実際の板書を比較することで，授業の全体の流れ，児童の反応などを反省することができます。これらのことをふまえて授業全体を評価し，それを基に次の授業を構成していくことが大切なのです。

　具体的には①内容項目の理解が甘くなかったか，②児童の実態をつかむことができていたのか，③教材が読めていたのか，④授業構成に問題はなかったのか，といった４つの観点で，指導案と実際の授業のずれがどこから起きたのかを考えます。

　授業評価は，ねらいを明確にすることから始まります。そして，授業評価を的確に行うことで，教師は授業力をより磨くことができるのです。授業評価は何のために行うのか。それは，教師の授業力を高めることで児童をよりよく導くためなのです。

 まとめ

　学習指導案をつくるのは，授業の計画を立てるというだけではなく，授業をよりよいものとするためなのです。だからこそ，授業の後の反省，そして次の指導案づくりが大切になるのです。そのためには，①ねらいとする道徳的価値を児童の姿として具体化し，②児童の姿として具体化した道徳的価値から，児童の道徳性の実態を明らかにして，③教材のどこを中心に据えて，ねらいとする内容項目に迫るのか分析し，④板書構成を基にして発問を組み立て，指導案を組むこと，が必要なのです。そして，⑤児童が何を理解したのかを基に，内容項目の理解，指導法，指導の流れなどの授業評価をして，次の授業に生かしていきましょう。

さらに学びたい人のために

○心の教育研究会（監修）櫻井宏尚ほか（編著）『あなたが道徳授業を変える
　──ベテラン小学校教師からの8つの提言』学芸みらい社，2013年。
　　心の教育研究会という現場教師中心の研究団体が，10年間の研究の集大成と
　して「ひとりひとりの教師が道徳授業づくりのために理解すべきこと，実践す
　べきことを学ぶ指南書」として刊行した本です。道徳授業づくりの基礎から応
　用まで総合的に学ぶことができる本です。

○公益財団法人上廣倫理財団（企画），上地完治ほか（編著）『道徳科Q＆Aハ
　ンドブック』日本教育新聞社，2018年。
　　道徳授業研究をリードする小中学校教師および研究者による編集委員会を中
　心に全国33名の執筆者が道徳授業づくりの基礎である教材，発問，子ども，評
　価などあらゆる疑問にQ＆A方式で答えるつくりになっています。どこから
　読んでも大丈夫，あなたの疑問に答えることができる本です。

第6章

道徳学習指導案の作成例（３）
───中学校───

● ● ● 　学びのポイント　 ● ● ●

- 道徳科の目標を基に，３つの視点「教材」「展開」「活動」にも触れながらこれからの中学校道徳科に求められることを理解する。
- 導入・展開・終末等の実際の道徳授業のイメージをつかむ。
- 学習指導案に何を書くのか理解する。
- 学習指導案の実際を理解する。
- 学習指導案のポイントおよび留意点を理解する。
- 学習指導案の作成手順を理解する。

WORK 「嘘」の定義

　「嘘をついてはいけない」ということは誰でも知っています。でも，嘘とは何かということをあなたは正確に説明できますか。

1．嘘とは何か，嘘の定義を考えてみましょう

　その際，定義を具体的で厳密に考えてみてください。たとえば，「嘘とは，事実ではないこと」と定義づけるのであれば，「事実が1％でもあれば嘘にはならないのか」とその定義を吟味してみてください。

2．「嘘」と「大げさな話」は何が違うのでしょうか，それとも同じことなのでしょうか。みんなで考えてみましょう

　両者が違うものであれば，その違いが明確にわかるように説明してください。「ある程度」とか「度を越したら」という説明では曖昧です。また同じことであれば，なぜそう言えるのかという理由も説明してください。

参考文献：北川達夫・平田オリザ『ニッポンには対話がない——学びとコミュニケーションの再生』三省堂，2008年。

● 導　入 ● ● ● ● ● ● ●

　本章では，中学校道徳学習指導案づくりを通して，中学校における道徳授業のねらいや構成要素，その計画の立て方など全体像をつかむことを目指します。その過程において，中学校道徳科がそもそも何を目指して行われるのか，中学校道徳で求められている資質・能力は何かが理解できると思います。また，「道徳的な内容をどう教えるのか」という指導者のあるべき姿勢を考えることで，「考え，議論する道徳」への改善がより中学校道徳科に求められていることが理解できるはずです。

　以上のことを，学習指導要領や解説に記されたことが実際の道徳授業においてどう具現化されているか説明することを通して，明らかにしたいと思います。

● ● ● ● ● ● ● ● ● ●

1　これからの中学校道徳科に求められること

1　道徳科の目標から道徳授業に求められること

　中学校において2019年度から，「特別の教科道徳」（以下，道徳科）が全面実施されています。学習指導要領[*1]の道徳科についての内容はとても改善されましたが，とくに重要視したいのが道徳科の目標です。まとめると次のようになります。

---

① 　道徳教育の目標と同様，道徳性を養うことを道徳科の大きな目標としました。
② 　道徳的諸価値についての理解は授業づくりにおいて基盤になります。
③ 　「自己を見つめ」「物事を広い視野から多面的・多角的に考え」という，2つの学び方を取り入れた授業像が示されました。
④ 　道徳科の学習は人間としての生き方についての考えを深める学習です。
⑤ 　道徳的な判断力，心情，実践意欲と態度を育てることが道徳科の目標であり，それが道徳性を養うことと捉えています。

---

　②から④は「4つの学び」と言われることもありますが，注目すべきは，③

＊1　文部科学省『中学校学習指導要領』東山書房，2018年。

であげられた2つの学び方が授業に求められたことです。

　一つは，教材の登場人物を自分に置き換えて考えさせたり，取り得る行動を考えさせたり，自分を振り返らせたりする「自己を見つめる」学習活動が求められています。もう一つは，判断の根拠やその時の心情について考える場面や，取り得る行動を考えさせる場面で「多面的・多角的に考えさせる」ことなどです。

　以上のことが学習指導要領や解説に記されており，この目標が達成されるように道徳科授業づくりを進めていきます。

2 「中学生の実態から」中学校道徳科に求められること

　次に，中学生の実態や発達段階を考慮するとどのような授業が求められるのか，「教材」「授業展開」「活動」の3つの視点から述べます。この3つを意識することは道徳科の目標が達成される鍵となるものだと考えます。

　①生徒を本気にさせるような魅力や問題提起力が「教材」にあるか

　教材に何を使うかは道徳科の目標が達成されるか否かの大きな要因になります。教科書教材は，教科書検定を受け地方自治体が採択したものですから，当然主たる教材になります。しかし同じ市町村でも地域や家庭の実態，教育課題はさまざまです。そのなかで校長が掲げた学校教育目標達成や道徳教育目標の重点項目達成のためには，学習指導要領や解説にあるように，魅力ある教材の開発や活用が求められています。「この教材群であれば生徒の心に迫るような授業ができる」と，教師が信頼できる教材を整えること，また年度途中でもまわりと調整・協力しながらよりよい教材を求めていくことも大切です。

　②生徒が本気で考えたくなる「授業展開」なのか

　教材の各場面で「この時の○○さんはどんな気持ちでしょう」と，気持ちを問う場面発問があります。「共感的理解」が大切だという理由もあって道徳の授業では定番の発問でした。一方で，気持ちを問う発問のオンパレードになってしまい，生徒からは「気持ちについてばかり問われる私たちの気持ちも考えてください」という悲鳴が聞こえていました。「どう解釈してほしいと先生は

思っているのだろうか」と，教師の意図を当てようとしてしまうこともあります。その意味では，「気持ちを問う発問」を制限することも必要でしょう。

　もちろん，気持ちを問う発問が効果的な時もたくさんあります。その教材の状況に自己投与し感情移入が十分できるようであれば，本気になって推測して答えるでしょう。また，答えにくいことを登場人物の気持ちになぞらえて発表することもできます。要はその使い分けなのです。

　③思考を活性化させるような「活動」が適切に行われているか

　小集団による班活動などを用いて対話的な学びを入れたり，思考を可視化してお互いの考えを学びあったりすることで道徳科の学習が多面的・多角的な学びへと進み深い学びになっていきます。教師との一対一の学びよりも発言の機会の増加や複数意見への対処から思考は大いに活性化します。適切に対話や活動を取り入れていくことで中学生の段階での道徳科は非常に充実したものへとなっていきます。

2　道徳科の学習指導過程：導入・展開・終末

　1958（昭和33）年に道徳の授業が教育課程に位置付けられましたが，長い間，「道徳の時間をどのように進めればよいか」ということが考えにくく，多くの教師にとっての悩みでした。そこで道徳の時間に一般的には，導入，展開，終末の各段階を設定し，それぞれでどのようなことをしていくのかが学習指導要領やその解説で示され，広く行われるようになりました。ここではよく普及したこの学習指導過程（以下，普及型）について学びましょう。

　ただし，「普及型でなければならない」という限定的な考えが生じてしまい，道徳の時間が形骸化したとまで批判されてしまうこともありました。「質の高い多様な指導法[*2]」では問題解決的な学習や道徳的行為に関する体験的な学習等さまざまな形態が示されています。教育現場にも多様な指導法にトライする積極性が求められます。

＊2　道徳教育に係る評価等の在り方に関する専門家会議「『特別の教科　道徳』の指導方法・評価等について（報告）」2016年。

1 導 入

　授業の初めでは，生徒の心にある道徳的価値を教材に触れさせる前に自覚させたり，その授業で扱う道徳的価値や教材に対する生徒の興味や関心を高め，学習意欲を喚起することを目指すことが多くあります。ここでは，それぞれ「価値への導入」「教材への導入」と称しました。具体的には以下のようなイメージです。

価値への導入	「努力してよかったなと思うことはありませんか」 「思いやりって何だろう」
教材への導入	「今年の5月13日は何の日でしょう」 「このポスターを見て何か気付きませんか」

　とくに昨今は，「本時のねらい」「めあて」を板書して授業を進めることも多く見られるようになりました。生徒の思考が拡散せずに同じ方向へと向かいやすくなることから，授業のねらいを達成しやすくなると考えられます。一方で，発達段階が上がったり思春期にあったりする中学生にとっては，結論がわかってしまうと，学習意欲を損なう一因にもなりやすいので，めあてに書かれたことがそのまま授業の結末になってしまうことは避けましょう。また，めあてを明示する場合でも生徒の問題意識を引き出した段階ではじめて示すことで，教師主導の授業から生徒主体の授業への質的転換が図られます。

2 展 開

　授業のねらいを達成するための中心となる段階です。多くは教材を用いて，道徳的諸価値の理解を基に，物事を広い視野から多面的・多角的に考え，自己を見つめ，道徳的価値を生徒が自分のこととして捉えながら主題に迫る，授業の中心的な段階です。

　その構成をどうするかについては，生徒の実態と教材の特質を押さえたうえで，最も考えさせたいことや感じ取らせたいことをどのように印象深く出会わ

せるか，そして生徒がわくわくしながらそれに気付いていくような発問や活動
をどのように配置していくかを検討しながら考えていきます。

　生徒がどのような問題意識をもち，どのようなことを考えながら人間として
の生き方について主体的に考えられるのか，対話的な学びをどのように取り入
れるのかが深い学びになるポイントです。

　教材から学んだ道徳的価値を自分に照らし合わせるパターンも多いのですが，
中学生の段階では，教材での学びであっても十分自分事として考えることがで
きていると考えて，あえて自己を見つめる問いを置かないことも多くあります。

■3　終　末

　導入から展開にかけて追求した道徳的価値に対する思いや考えをまとめたり，
温めたり，さらに深めたりする段階です。生徒一人ひとりが，自らの道徳的な
成長を感じたり，自分の課題を克服していこうという勇気をもったり，希望を
見出せるようにします。プラス思考の温かい雰囲気を醸し出すような雰囲気づ
くりが必要です。

3 学習指導案の書き方

　道徳学習指導案とは，道徳の授業を行うにあたって，何を，どのような順序
で，どのような方法で指導し，評価し，さらに，主題に関連する本時以外の指
導にどのように生かすのかなど，学習指導の構想を説明する具体的な学習指導
計画の案のことです。

　教師が計画に位置付けられた主題を指導するにあたって，生徒や学級の実態
に即して，教師自身の創意工夫を生かして作成します。

　各学校の年間指導計画のなかに簡単に記された案（略案）を載せたり，各教
科書出版社が指導書のなかで例示したりします。また，研究授業の際に学習指
導案を作成し，参観者が「授業者は生徒がどのように学んで生かせるように計
画しているのか」を事前に把握しておくことで，参観者により正確に授業者の

意図や思いを理解してもらえます。

　ねらいや指導内容を教師がどう捉えているのか，それに関連する生徒のこれ
までの学習状況や実態と教師の生徒観，教材の特質やその教材を取り上げた意
図および教材を生かす具体的な活用方法などを記述します。

　学習指導案に記載する一般的な内容としては，「1　主題名」「2　主題につ
いて」(「(1)主題設定の理由」「(2)教材観」「(3)生徒観」「(4)指導観」)「3　指導計画」
「4　本時の学習」(「(1)本時のねらい」「(2)本時の展開」「(3)本時の評価の観点」) 等を
項目として記述します。[*3]

　1　主題名
・本時の授業を行うにあたって，何をねらいとしてどのように教材を活用するか
　を構想する指導等のまとまりを記載します。内容項目の言葉そのままではなく，
　その意図を含んだ言葉での表現になります。
　2　主題について
(1)主題設定の理由
・その主題を設定して授業を実施する道徳教育的な価値等を記載します。
(2)教材観
・教材の内容や教材がもつ魅力を説明し，本時の授業にその教材を活用すること
　が適している理由等を記載します。
(3)生徒観
・本時の授業を受ける生徒の学習内容に対する道徳性がどのような状況なのか，
　どのような学びを必要としているのか等，主題に対する生徒の状況を記載しま
　す。
(4)指導観
・主題設定の理由，教材観，生徒観などを受けて，生徒が主題に迫るためにこの
　ように指導をしたいという教師の授業における方策を記載します。
　3　指導計画
・本時の授業の主題と関連する道徳科授業群の指導計画や教育活動等，道徳教育
　全体の指導計画の一部を掲載することが多いです。
　4　本時の学習
(1)本時のねらい

＊3　文部科学省『中学校学習指導要領解説　特別の教科道徳編』教育出版，2018年。

・道徳性を養うきっかけとする内容項目のどの部分を目指しているのか，教材を
用いてどのような学習活動をするのかを記載します。その結果，道徳的判断力
など資質・能力のなかの何を高めようとするのかを示します。

(2)本時の展開

・学習指導過程は，導入，展開，終末の3つの段階に区分する例が多くあります。
以前は展開をさらに2つに分けて，前段では教材のなかでの道徳的価値の追求，
後段で自己を見つめるパターンが普及していましたが，形式化の弊害が見られ
てこれにとらわれないようになってきました。

・記載内容は，生徒の学習活動や学習形態（一斉，6人班，ペア等），時間配分，
主な発問と生徒の予想される反応，支援の計画，指導上の留意点などです。

(3)本時の評価の観点

・授業のなかで生徒の道徳性の高まりや学びに向かう力を評価する観点（評価方
法を含む）を記載します。「本時の展開」のなかにはどこで評価するかだけ示
し，その欄外に観点と評価方法について記載する例が多くあります。

　さらに教材分析や板書計画などを記述する場合もあります。教材分析につい
ては後にまたみていきましょう。

4　学習指導案の具体例

　第42回九州地区道徳教育研究大会（2016年11月28日）において熊本市立白川中
学校の角田美香教諭が公開した学習指導案を例示します。[*4]
　まず，事例で扱われた教材資料の概要は以下の通りでした。

　動物園の模範的な職員であった「元さん」は，幼い姉弟への同情心からきまり
を破り，保護者同伴でなく，しかも入園時間を過ぎていたのに入園させてしまう。
その後，幼い姉弟は一時行方がわからなくなるが無事に見つかる。「元さん」は
姉弟の親から感謝の手紙を受け取るが，同時に動物園からは懲戒処分を受けてし
まう。「元さん」は晴れ晴れとした顔で職場を去るのであった。

＊4　角田美香「第42回九州地区道徳教育研究大会・第57回熊本県道徳教育研究大会」『熊本県道徳
　　教育研究会研究紀要』2016年。

それでは，道徳学習指導案の具体的な事例を以下で見ていきます。

○○中学校○年○組　道徳科学習指導案

指導者　○年○組　担任○○○○

1　主題名　　きまりの意義　C10【遵法精神，公徳心】

　　　教材名「二通の手紙」（出所：文部科学省『私たちの道徳　中学校』pp. 140
-141。)

2　主題について

(1)人間がそれぞれの幸福を追求し，よりよい生き方を実現させていくためには，
社会の秩序の維持が前提になる。一人ひとりが自他の権利を尊重し，義務を果
たすからこそ個人の自由が保障される。法やきまりは社会の秩序を保ち，摩擦
や衝突を最小限にするためにつくられた人間の知恵でもある。中学3年生にな
ると，きまりを守る大切さを理解しつつも，自分たちの自由な行動を縛るもの
と考えている生徒も多い。迷惑をかけないならこれくらいいいだろうという自
分勝手な判断で行動することもある。きまりの意義を考えることを通して，自
分たちが規律ある安定した社会をつくっていく担い手になるという意識を高め
たい。

(2)模範的な職員であった元さんが，幼い姉弟への同情心からきまりを破り，その結
果懲戒処分を受けてしまうという話から，きまりの意義を考えさせる。姉弟の
真剣な表情に心動かされ，入園を許可する元さんの行動は多くの生徒の共感を
得ると思われる。しかし，親の同伴がない幼い姉弟の安全をどこまで本気で考
えたのか，一時の感情から自分の判断できまりを破った結果は，時として個人
の責任では背負いきれない場合があることを押さえ，きまりを遵守することが
幼い姉弟を思いやることだということに気付かせることができる。また，自ら
職場を去っていく元さん自身が，「晴れ晴れとした顔」で「また新たな出発が
できる」と言う場面も生徒はさまざまな捉え方ができる。友だちの考えを聞き
合いながら，元さんの生き方と自分と対比させ，道徳的価値の自覚化を図らせ
ることができる教材である。

(3)本学級の生徒（34人）は道徳の授業に積極的に参加し，話し合い活動や協働的
な学びにもスムーズに取り組める。教材の文章を理解するのが苦手な生徒が2
名，発問や指示を理解するのが苦手な生徒が1名いるのでフォローが必要である。

　　本主題に関するアンケートによると，「きまりは大切であるか」という問い
に対して，日頃学校のルールを守れている生徒が7人も否定的な回答をしてい

る。また，「ルールを守らなくてもよいこともあるか」という問いに対して，半数以上の生徒が肯定的な回答をしている。このような内面を引き出し認めながらねらいに迫っていく工夫が必要である。

(4)導入では，身近なアンケート結果から自分のきまりに対する意識を自覚させる。本時のそれぞれの学習テーマに関わるので，ていねいに行うようにする。展開では，元さんの判断について賛成・反対の立場を全員が表明することで，全員参加の意識をもたせる。また，元さんが職場を去ることについてはさまざまな捉え方をすると思われる。班で意見を交流することで，自分の考えを深めさせる。さらに，これまでの元さんの行動から学んだことをもとに，自分が動物園の入園係になったことを想像し，自分の行動や判断を考えさせる。問題解決型の学習を取り入れ，よりよい解決方法について前向きな思考を促したい。

3　指導計画

	各教科・その他	主な指導内容	体験活動等
事前	学級活動「SNS ルールについて」	情報機器の使用について，生徒会を中心につくったルールが守られているか話し合う。	生徒集会
本時	道徳　主題名　きまりの意義について考える　C10【遵法精神】　　教材名「二通の手紙」（出所『中学校私たちの道徳』文部科学省）		
事後	学級活動「中学校生活の振り返り」	卒業後の生き方を考える。	卒業式練習

4　本時の学習

(1)ねらい

対話的な学びを通して，元さんの判断や行動について規則の遵守を中心に他の視点からも考え，人の命も守る規則遵守の意義を理解し，よりよい社会をつくろうとする態度を育てる。

(2)学習過程

過　程	学習活動	主な発問と予想される反応	指導上の留意点	備　考
導入（3分）	1　アンケートから，きまりを守る時の葛藤を確認する。	きまりを守るということをどう思うか。 ・きまりを守ることは大切。 ・守れない時もある。	・本時の学習課題をつかむ。	PC TV
展開（37分）	2　教材前半を確認し，元さんの	元さんの判断に賛成ですか，反対ですか。	・資料の前半を事前に把握させておく。	PC TV

	判断について話し合う。 (1)立場決め (2)理由発表 3 教材後半を読み，元さんの言葉や行動の意味について考える。 個人→班 4 自分ならきまりを守るか考える。	【賛成】特別な状況だから。 【反対】例外で崩れる。 なぜ元さんは職場を去って行ったのだろう。 ・もし事故に遭ったら大変だったと気づいた。 ・辞めることで職場の人にもこの大切さを示したい。 あなたが入園係だったらどうしますか。 ・安全のためにも入れない。 ・まわりに相談や協力依頼する。	・視聴覚教材であらすじの確認をする。 ・「規則遵守」と「思いやり」の間での葛藤を確認する。 評価① ・職を自ら辞したことに疑問を感じさせる。 ・元さんの行動から学んだことを生かして，自分事として考えさせる。	教材① ワークシート（WS） ネームカード 教材②
終末 (10分)	5 本時の振り返りを行う。	本時の学習を通して，きまりについて考えたことを書く。	評価② ・小集団で話し合う。	

(3)本時の評価

評価① きまりの意義について多面的・多角的に考えることができたか（観察・ワークシート）。

評価② きまりの意義について自分なりの考えをもち，これからの自分の生き方を考えて書くことができたか（ワークシート）。

5 学習指導案作成のポイントおよび留意点

　授業者の意図がわかりやすい学習指導案を作成するポイントは，授業者が「生徒の実態に合わせて，この目標に向けてこの教材のよさを生かすため，このように指導する」という流れをしっかりともっていることです。学習指導要領や解説にある難解な表現を使うだけではなく，自分の思いを綴ることです。

　本節では，教材の内容や特徴を理解して授業に生かすための教材分析，この教材で何を考えさせることができるのかという本時のねらいの設定，この教材

の世界や問題にどのように出会わせ，子どもの思考を刺激するための発問づくりについて述べます。

　そのほかの全体的な留意点として，記述が抽象的にならないようにします。たとえば「生徒観」の記載では事前アンケートなどの分析結果を数値で明記します。また本時の展開のところでは，生徒の思考や学習活動を予想したり，それに対して教師がどのような支援をするのかを案として明記したりします。

1　教材分析

　教材分析とは，教材の内容や特徴を理解し，活用方法について検討するための分析です。その具体的な方法には，以下の3点があります。

①教材を読解・視聴する

　・読み物教材の場合，教師による範読が必要になる場合もあるので音読ですらすら読めるように読み込みます。読みや語句の意味等も正確に理解します。

　・教材内容については，5W1Hや人間関係を理解します。

　・歴史的な背景などの知識が必要な場合は教材研究が必要になります。

②教材を段落に分ける

　・教材を書き手の趣旨のもとにいくつかの段落にまとめます。そして，導入の段落・終末の段落，状況を説明する段落，葛藤や判断がある段落，感動を与える段落など，構成上の位置付けを捉えます。

　・教材にある挿絵なども分析の対象とします。導入にもよく使えます。

③道徳的価値を追求する生徒の反応（思考）を予想し，発問を設定する

　・生徒の反応（思考）を予想する際，道徳的価値に向かって前向きな反応（思考）なのか，不安を感じて前向きになれない反応（思考）なのか，など分類する視点があるとよいでしょう。

　・この授業で伝えたいこと，考えさせたいことに迫る発問はどれか絞ります。この絞り込みが不十分だとねらいがわかりにくくなります。

　本時の授業において，「この教材で何を考えさせることができるか」を本時
のねらいとして設定します。どのような学習活動を通して，内容項目で示され
た「道徳性を養う手掛かり」のどの点を中心に考えさせ，道徳的判断力，道徳
的心情，および道徳的実践意欲と態度のなかのどれを養いたいのか，書かれる
ことが一般的です。

　この時に，この授業だからこそこのように書けるというねらいにしたいもの
です。「規則を遵守する大切さについて多面的・多角的に考え，道徳的判断力
を高める」というようなねらいでは抽象的すぎてぼんやりとしてしまい，授業
のイメージがわきません。先の学習指導案の例のように，「対話的な学びを通
して，元さんの判断や行動について規則の遵守を中心に他の視点からも考え，
人の命も守る規則遵守の意義を理解し，よりよい社会をつくろうとする態度を
育てる」と，この授業だからこそ書けるねらいを書きましょう。

３　発問づくり

　教材をそのまま与えても，そのなかの道徳的価値に気付いたり自分を振り返
ったりすることは難しいので，教師側から生徒の意識を考えさせたいことへ焦
点化するため，ねらいに基づいた発問が行われます。教材の世界や問題にどの
ように出会わせ，子どもの思考を刺激するかが大きく関わってきます。発問に
関する語句の種類としては，以下のような５つがあります。

　・場面発問：教材の場面ごとに登場人物の気持ちや行為の理由を問う発問。
　・テーマ発問：テーマそのものを直接問う発問。
　・中心発問：本時の授業の目標に迫る，最も重要な発問。
　・補助発問：発問を補足してねらいへ向かわせる発問。
　・基本発問：中心発問を考えるにあたってその前提を整える発問。
　　　　　　　教材分析の際，各段落ごとに設定する発問。

4　学習指導案の作成手順

　学習指導案の作成の手順にきまりはありませんが，学習指導要領解説から，[* 5] 概ね次のように作成していく方法が考えられます。この手順も順序通りには進まずに飛んだり戻ったりしながら進んでいきます。

手順1　ねらいを検討する

　年間指導計画をふまえて，ねらいに関する生徒の実態等を検討し，何を中心に指導するのか，主題をどう具現化するか，内面的資質である道徳性の様相である道徳的判断力，道徳的心情，道徳的実践意欲と態度の何に迫るのか表現します。授業づくりを進めるうえで，途中微調整が必要になる時もあります。

手順2　指導の重点を明確にする

　ねらいに関する生徒の実態等を検討して，何を中心に指導するのか，その要点を明確にします。これは次に示す「教材を吟味する」ことでより明らかになり微調整が必要になることもあります。

手順3　教材を吟味する

　使用する教材に対して，生徒に考えさせたい道徳的価値に関わることがどの程度，どのようなかたちで含まれているのかを分析的に検討します。また，もし不足するならばどの教材で補うか，より教育効果が上がる教材があればどの教材を活用するかという教材の変更を検討することもあります。

手順4　学習指導過程を構想する

　ねらい，指導の重点，教材の内容などを基に，授業全体の展開について発問や指示を考えます。また，生徒が生徒同士，生徒と教師との議論のなかで学びを深めることができるよう，どのような学習形態でどのような活動を取り入れて授業を進めるのか検討していきます。

　その際，生徒が問題意識をもって学習に臨み，ねらいとする道徳的価値を理解し，自己を見つめ，多様な感じ方や考え方によって学び合うことができるのかを構成していくことが大切です。

＊5　文部科学省『中学校学習指導要領解説　特別の教科道徳編』教育出版，2018年。

手順5 評価の観点を明確にする

　生徒の学習状況や道徳性にかかる成長の様子を，本授業ではこの手段で評価するという場面を設定します。多面的・多角的な学びと自己を見つめる学びの2つはとくに評価をしたい観点です。

手順6 他の活動との関連をつかむ

　道徳科は1時間の授業で完結することなく，さまざまな教育活動を補充しており，それらを深める効果があったりします。全体的な指導計画も本時の授業に関わるところは表記が必要です。

　学習指導案の作成にあたっては，これらの手順を基本とすることでわかりやすい学習指導案になるでしょう。さらに，重点的な指導や問題解決的な学習を促す指導，体験活動を生かす指導，複数時間にわたる指導，多様な教材の活用，校長や教頭などの参加，ほかの教師との協力的な指導，保護者や地域の人々の参加や協力などの工夫が求められることから，学習指導案も多様になり，そこには授業者の創意工夫が求められます。

　このように，学習指導案は誰が見てもよくわかるように形式や記述を工夫すると共に，研修等を通じてよりよいものへと改善していくことも大切です。

6 学習指導案の作成手順の実際

　先述した「二通の手紙」の学習指導案が，上記で示した手順によるとどのように作成されるのか，実際の手順例を示します。

　まず，「手順1 ねらいを検討」します。この教材でどのような道徳性を養うことができるのかを把握するため，教材分析から始めます。「手順3 教材を吟味する」ことを通して，「手順2 指導の重点を明確にする」ことを追求することと交互に進めていきます。

　この教材の概要は，動物園に勤める「佐々木さん」が，入園時間などの規則を破って懲戒処分を受け職場を去った「元さん」のことを回想するという内容です。「元さん」が取った行動は，親の同伴がない幼い姉弟の安全を考えると，時として個人の責任では背負いきれない場合があります。きまりを遵守するこ

とが幼い姉弟を思いやることにも気付かせることができる教材です。

　一方で，幼い姉弟に心動かされ，入園を許可する元さんの行動は多くの生徒から共感を得ますし，その保護者からは心温まるお手紙までもらいます。多くの生徒は「寛容」「思いやり，親切」「生きる喜び」の視点から，「規則を守らなくてもよい場合があるのではないか」と思うことでしょう。

　しかし，「寛容にも範囲があり，危険なことにまで寛容であってはならない」「規則がその人を守るのであればそれこそ思いやりではないか」「幼い姉弟がルールを破ることになりよい生き方とは言えない」等，多面的・多角的に考えさせながらも深い学びを誘えると考えました。

　そうして主題は，「きまりの意義」にきまります。本時のねらいは，「元さんの判断や行動について規則の遵守を中心に他の視点からも考え，人の命も守る規則遵守の意義を理解し，よりよい社会をつくろうとする態度を育てる」にしました。

　続いて，「手順4　学習指導過程を構想」します。導入は，きまりについての意識に触れるため最初にアンケート結果を示して，自分たちが規則についてどう思っているか知らせました。このことは教材への自我関与を促進する効果があります。展開では，「元さん」が抱いた姉弟のことを思いやる気持ちをしっかり理解させたうえでねらいに向かわせるため，保護者からの手紙が届くまでの前半と，最後までの後半に分け，それぞれ「元さんの判断に賛成か反対か」「なぜ元さんは職場を去ったのだろう」という発問をします。そこでの多面的・多角的かつ深い学びの後に，自分が入園係だったらどうするかと問い，ねらいに近づいた考えを共有させたり，規則を守りながらも他の行為が取れなかったか考えさせたりします。

　論理的思考が続く展開のため，終末はじっくりと自分の学びを振り返る場としました。きまりについて考えたことを振り返らせます。そのことと，導入で考えたことと比べることで，自分の学びを実感することができます。

　次に，「手順5　評価の観点を明確」にします。多面的・多角的な学びと自己を見つめる学びの2つはとくに評価をしたい観点です。

　評価①として，元さんが職場を辞めて行く時の理由を考えさせることで，

「きまりの意義について多面的・多角的に考えることができたか」を観察とワークシートから評価します。

　評価②として，終末で自分がきまりについてどのような学びをしたかを振り返ることで，「きまりの意義について自分なりの考えをもち，これからの自分の生き方を考えて書くことができたか」をワークシートで評価します。

　最後に，「手順6　他の活動との関連」を考えました。生徒から終末の活動のなかで出てくるのが一番望ましいものです。受験の書類提出などを控えている時期ならば，例外なく手続きの締め切りは守らないといけないことなどをあげて，きまりの意義や重要性について，とくにその場でも関連付けて話せます。しかし生活指導上の注意に使ったと思われると，道徳の授業を重荷に思ってしまう生徒が出てくるかもしれません。それよりも，終末で考えたことを生徒同士で対話させて共有させた方が押しつけにはならず，受け止めやすいと考えます。

7　教材開発の奨励

　道徳科が始まることで大きく変わることは，教科書の給与が始まることです。それでは，教科書会社が作成した年間指導計画を大いに参考にしながら，指導書で示された通りにその教科書で授業をしていけば，道徳科は充実するのでしょうか。たしかに量的確保はできても質的向上はまだ物足りません。学校の道徳教育重点項目や生徒の実態，教師集団の経験や指導力等，道徳科の指導計画にはいくらでも創意工夫の余地があります。

　その創意工夫の一つに「多様な教材の活用と開発」があります。学習指導要領の本文のなかで「生徒の発達の段階や特性，地域の実情等を考慮し，多様な教材の活用に努めること」と努力義務が示されています。「教科書しか使わないと決めている」のは努力義務を怠っているのです。また，今までと変わりがない読み物教材で登場人物の心情理解にとどまっていると，「考え，議論する道徳」にほど遠いものになります。教師自身が，より積極的な姿勢で魅力ある教材を活用した道徳科が展開されることは必ず道徳科の活性化を促し，生徒の道徳性の育成につながります。

 まとめ

　中学校道徳科に求められるこれからの道徳科では，学習指導要領「道徳科の目標」を押さえたうえでそれが実現できるよう「教材」「展開」「活動」を工夫することが必要です。道徳科の学習指導過程（導入・展開・終末）のイメージをつかみ，何を学習指導案に記載するのか理解しましょう。実際の学習指導案を掲載しているのでイメージはつかみやすいと思います。さらに，教材分析の手順，ねらいの設定の仕方，発問の特性，作成手順を理解して学習指導案を作成します。

 さらに学びたい人のために

○桃﨑剛寿（編著）『中学校編　とっておきの道徳授業』（全14巻）日本標準。

　このシリーズは，道徳科を活性化させる開発教材35本の実践紹介を中心に，これから求められる道徳科のあり方を示しています。

○桃﨑剛寿『スペシャリスト直伝！　中学校道徳授業成功の極意』明治図書出版，2016年。

　本書は，魅力ある教材開発の方法とその実際を，とくに中学生という発達段階を考慮して執筆されています。

○桃﨑剛寿『中学校「特別の教科 道徳」の評価 通知表所見の書き方＆文例集』日本標準，2019年。

　本書は，子どものよさが伝わり，子どもが自分を好きになるような評価を目指す教師の参考になるよう，豊富な文例を具体的に提示しながら，その先生の授業改善を考慮して執筆されています。授業の主題やねらいを考えるうえでも大いに参考になります。

第7章

道徳科の教材分析，教材研究

・・・　●　●　学びのポイント　●　●　・・・

- 道徳科の授業で教科書が使用されることの意義について理解する。
- 指導者が教材観，指導観をもつことの大切さを理解する。
- 道徳科の教材を分析する際の視点について理解する。
- 道徳科の教科書に掲載されている教材を取り上げて分析し，仲間と意見交換しながら授業を構想する。

以下の文章を読んで，考えたことを話し合ってみましょう。

「大人になる」ための要件というと，ひとは責任感を持つだの，社会的役割（選挙）を引き受けるだの，とかく「きれいごと」を語りがちだが，私見では多くの場合，大人になるとはすなわち感受性も思考も凝り固まっていくことである。

これは，さまざまな要素に目配りをして総合的判断を下せる能力と表裏一体をなしているが，現実的で円熟した判断とは，往々にして因習的で定型的な判断，共同体の一員として生きていける「賢い」判断であることが多い。
（中略）

サルトルは，感受性や思考が型通りになってしまった人間を「くそまじめな精神」と呼んで最も軽蔑した。「くそまじめな精神」は，自分や他人の「本質」から何もかも引き出そうとする。Ａは「信用のおける男」だから信じていい，Ｂは「卑劣な男」だから付き合ってはならない，Ｃは「軽薄な男」だから用心しなければならない，というように。

だが，じつは一人の人間がなぜあるときある行動を実現するのかのメカニズムは，まったくわからないのだ。ある行為の「原因」はほぼ無限大であり追跡不可能であるのに，われわれは行為の「あとで」その一握りの要因を「動機」として選び出し，「それらが行為を動かした」というお話をでっち上げているだけなのである。

動機ばかりではない。じつは世の中で解決済みとみなされている因果律，意志，善悪，自由，存在など，いったいこれらの概念が何を意味するのか，いまだに全然わかっていない。哲学をしてよかったことは，世の中のほぼすべての事柄は厳密に考えれば何もわからないのだ，ということが身体の底からわかったことである。

（出所：中島義道「大人になる君へ」『朝日新聞』2009年4月16日朝刊。）

● 導　入 ● ● ● ● ● ● ●

　本章では，道徳科の教材について考えていきます。「教材」というと，まず思い
浮かぶのは教科書でしょう。しかし，1958年から約60年間実施されてきた道徳の時
間に教科書はありませんでした。その代わりに，民間の教材会社が発行する副読本
や文部科学省が作成した「心のノート」（「私たちの道徳」），各地の教育委員会等が
編集した読み物資料集などの多様な教材が使用されてきました。

　2018年度から小学校での使用が始まった道徳科の教科書には，従来の副読本等に
収録されていた教材も含まれています。道徳科の授業を構想するに際しては道徳の
時間の財産として継承すると同時に，さらにこれを吟味し，教材としての価値を高
めていく工夫も必要になるでしょう。それは教材としての取扱い方，指導法の適否
につながる観点でもあります。

　道徳科の教材は，児童生徒が自ら道徳性を育むためのものです。道徳科の授業に
おいて教材がそのような期待される役割を果たせるかどうかは，指導者自身の授業
構想に教材を位置付けるための「教材分析」「教材研究」にかかっていると言って
も過言ではありません。

● ● ● ● ● ● ● ● ● ●

1 道徳の教科化と教材

▓1▓　道徳授業における教材の意義

　教材とは，授業の目的を達成するために児童生徒の学習対象として提示され，
（教科の）内容の習得を助ける手段となるものです。教育実践研究において用い
られるほかの用語と同様，その意味合いには幅があり，場合によっては「教科
の内容」や「教具」と明確に区別できないこともありますが，ここでは上記の
一般的な理解に基づいて話を進めます。

　道徳授業の教材には，児童生徒が道徳的価値の自覚を深めていくための手掛
かりとして大きな意味があると考えられています。児童生徒が人間としてのあ
り方や生き方などについて多様に感じ，考えを深め，互いに学び合う共通の素
材として重要な役割を期待され，これまでもさまざまなかたちの教材が使用さ

表7-1 2011年度に道徳の時間の指導で使用した教材(該当するものをすべて選択)

教 材	小学校 (%)	中学校 (%)
1 「心のノート」	90.6	84.9
2 国で開発・刊行した読み物資料	34.8	26.2
3 都道府県や市町村教育委員会において開発・刊行した読み物資料	62.7	54.2
4 民間の教材会社で開発・刊行した読み物資料	86.3	81.3
5 民間の道徳教育研究団体で開発・刊行した読み物資料	20.9	29.4
6 自作(学校作成を含む)の読み物資料	34.4	56.3
7 新聞記事	49.4	70.1
8 書籍・雑誌(随筆,評論,小説,詩,伝記等)	53.5	67.1
9 写真	52.6	50.8
10 教授用掛図,紙芝居,大型絵	44.8	8.5
11 人形劇体験教材(指人形,紙人形,パネルシアター等)	15.7	1.5
12 動画コンテンツ	31.6	48.0
13 音声コンテンツ(録音テープ,CD 等)	16.7	28.0
14 パソコン用ソフト	9.8	9.0
15 インターネットにより得られた情報	38.5	58.7
16 その他	5.6	6.6
17 使用していない	0.0	0.1

出所:文部科学省「道徳教育実施状況調査結果の概要(平成24年度実施)」。

れてきました。

　それでは,教科化される前の「道徳の時間」では,どのような教材が使用されてきたのでしょうか。文部科学省が2012年度に実施した道徳教育実施状況調査には,その前年度に道徳の時間の指導で使用した教材についての質問項目が設定されていました。表7-1に示す通り,小中学校とも最も多くの学校が使用した教材は「心のノート」,次いで「民間の教材会社で開発・刊行した読み物資料」でした。3位以下については小学校と中学校とで傾向が分かれ,それぞれの学校段階で行われてきた道徳授業の特徴が見えてきます。

　ただし,この調査項目は,2011年度に道徳の時間の指導で1回でも使用したものはすべて選択してよいという趣旨です。小中学校とも最も多くの学校が使

用した教材は「心のノート」でしたが，使用頻度や授業での位置付けという要素を加味した場合には，また違った結果になったとも考えられます。

　というのも，2002年から全小中学生に配付，使用されてきた「心のノート」は，もともと道徳の時間における中心的教材として用いるという性格のものではなかったからです。「心のノート」では，それぞれの内容項目に4ページをあて，道徳の時間に限らず，写真，イラスト，詩やメッセージから児童生徒が自分で感じ取ったことや考えたことや自身の生活を振り返って気付いたことなどを書き込める，「ノート」としての機能を果たすことが期待されたのです。したがって，道徳の時間でこれを使用する場合も，たとえば導入の段階で，または終末の段階で活用される例が多かったのです。

　この「心のノート」は，2013年度に改訂の作業が行われた結果，内容が充実しただけでなく，名称も「私たちの道徳」と変更され，2014年度から小中学校で使用されています。この時の大きな変更点は，読み物が大幅に取り入れられたことです。さまざまなコラムも採用されています。その結果，道徳の時間における中心的教材として使用されることも多くなったのです。

2　道徳科教科書の誕生

　従来の道徳の時間が「特別の教科である道徳」として位置付けられたことにより，小学校では2018年度から検定教科書を用いた授業が行われています。中学校でも2019年度から道徳科教科書の使用が始まりました。検定を経て採択された教科書が，「義務教育諸学校の教科用図書の無償措置に関する法律」の定めるところに従って，児童生徒に無償で配付されるのです。教科書は，学校教育における「教科の主たる教材」であることが法令で定められていますから[*1]，今後，小中学校の道徳授業は教科書の使用を前提とすることになります。

＊1　「教科書の発行に関する臨時措置法」第2条は以下のように規定している。「この法律において『教科書』とは，小学校，中学校，義務教育学校，高等学校，中等教育学校及びこれらに準ずる学校において，教育課程の構成に応じて組織排列された教科の主たる教材として，教授の用に供せられる児童又は生徒用図書であつて，文部科学大臣の検定を経たもの又は文部科学省が著作の名義を有するものをいう。」

道徳の教科化を議論した道徳教育の充実に関する懇談会の報告書では，教科書のメリットとして，教科書検定制度のもとで出版社がよりよいものをつくろうと互いに切磋琢磨することで質の高いものが生まれること，また複数の民間発行者が作成する検定教科書の方が多様な価値観を反映できると述べられています。また，学習指導要領改訂の方向性を示した中央教育審議会の答申[*3]では，道徳教育の充実を図るためには充実した教材が不可欠であり，中心となる教材として検定教科書を導入することが適当であるとされました。そのうえで，教科書の著作・編集や検定の実施を念頭に，学習指導要領の記述をこれまでよりも具体的に示すなどの配慮を行うこと，また道徳教育の特性に鑑み教科書以外の多様な教材の活用も重要であること，国や地方公共団体が教材の充実のための支援に努めるべきことにも言及されました。

3　道徳科教材の要件

　小学校学習指導要領（2017年告示）では，道徳科の教材に関する留意事項として，大きく2点が示されています[*4]。

---

(1)　児童の発達の段階や特性，地域の実情等を考慮し，多様な教材の活用に努めること。特に，生命の尊厳，自然，伝統と文化，先人の伝記，スポーツ，情報化への対応等の現代的な課題などを題材とし，児童が問題意識をもって多面的・多角的に考えたり，感動を覚えたりするような充実した教材の開発や活用を行うこと。
(2)　教材については，教育基本法や学校教育法その他の法令に従い，次の観点に照らし適切と判断されるものであること。
　　ア　児童の発達の段階に即し，ねらいを達成するのにふさわしいものであること。
　　イ　人間尊重の精神にかなうものであって，悩みや葛藤等の心の揺れ，人間関係の理解等の課題も含め，児童が深く考えることができ，人間としてよりよ

＊2　道徳教育の充実に関する懇談会「今後の道徳教育の改善・充実方策について（報告）――新しい時代を，人としてより良く生きる力を育てるために」2013年。
＊3　中央教育審議会「道徳に係る教育課程の改善等について（答申）」2014年。
＊4　文部科学省『小学校学習指導要領』東洋館出版社，2018年，pp. 171-172。

> 　く生きる喜びや勇気を与えられるものであること。
> ウ　多様な見方や考え方のできる事柄を取り扱う場合には，特定の見方や考え方に偏った取扱いがなされていないものであること。

　これらは従来の学習指導要領解説において述べられていた内容と重なる部分が多く，これまでの道徳教育の原則が大きく変わるものではないことが読み取れます。しかし，それが学習指導要領本文に示されたことは，はじめて作成される道徳科の教科書を意識した結果であると言えるでしょう。

2　道徳科における教材

■1■　道徳科における教材の意義

　一般に，授業は「教師」「子ども」「教材」の３つの要因によって成立すると言われます。授業とは「教師が教材を通して子どもに教えること」と「子どもが教師の提示する教材を通して学ぶこと」が同時に進むことであり，教師と子どもが教材を媒介として教育的な関係を結ぶということです。このように見ると，教科の授業でも道徳科の授業でも，教師と子どもが教材を介して相互に関わりながら主体的に活動する過程であるという点では共通しています。

　したがって，道徳授業でも目標（ねらい）を構成する具体的内容が明確になっていることは大切ですが，教師はその内容を直接に子どもに対して示すのではありません。子どもに提示されるのは「教材」です。道徳授業では多様な素材が用いられますが，多くの素材はそのままで教材となるわけではなく，教師が授業の「ねらい」との関わりにおいて位置付け，意味付けを行い，場合によっては修正，再構成することによって初めて教材となるのです。

　ただし，一般教科の授業においては学習内容に関して教師と子どもの間に知識や技能の面での圧倒的な差が前提とされているのに対して，道徳科においては，むしろ内容について教師と子どもが共に探求することが重視されます。そのため，「小（中）学校学習指導要領解説　特別の教科道徳編」においても，

道徳の内容については「教師と児童（生徒）が人間としてのよりよい生き方を求め，共に考え，共に語り合い，その実行に努めるための共通の課題である」とされているのです。

上記の「媒介」機能に着目してみましょう。教材は「教師と子ども」を媒介すると表現しましたが，これは必ずしも教材の本質に関わる定義ではありません。子どもと教師の関係性に即した表現です。教材の果たすより本質的な「媒介」機能とは，「（教科）内容の媒介」です。このような点から，道徳における教材は「道徳問題を含む事例」として，道徳的価値（の自覚）への媒介機能を担うものであると言われるのです。[*5]

2 教材と指導観

道徳授業の構想という視点からは，ここに課題が見出されます。

すなわち，道徳的価値（の自覚）を中心に据えれば，教材の選択と授業への位置付けは児童生徒の実態の把握と指導のねらいによるのであって，教材が授業のあり方（教師の指導観）を決定してしまうものではない，ということです。教師の指導観に基づいて「教材は成立する」と言い換えることもできます。逆に言えば，評価の高い教材も，あいまいな，あるいは不適切な指導観のもとでは，そのよさを引き出すことは難しいのです。

一例をあげましょう。これまでの「道徳の時間」に関して，子どもたちに「ホンネ」を語らせなければいけない，と言われることがありました。確かに「きれいごと」に流れる授業に対しては，このような批判もあり得るでしょう。しかし，これにも落とし穴があります。ホンネ／タテマエはあくまで教師の視点から見た区別であるという点です。また，ホンネ／タテマエは場が変わると容易に反転することがあるのです。どういうことでしょうか。ここでは，考えられる2つのケースをあげておきます。

第1に，授業において教師が強く「ホンネ」を求め続けると，子どもは教師

＊5　宇井治郎「道徳の時間の充実を図る指導者と教材」日本教材学会『「教材学」現状と展望（下巻）』協同出版，2008年，p. 393。

の期待する内容をあたかも自分の本心であるかのように発言するようになります。人間の「弱さ」や「醜さ」（と教師が振り分けた側面）に基づく考え方や感じ方を吐露してみせることが，そのようなクラスのなかでは「よい子」として浮き上がらないようにするために必要な「タテマエ」だからです。

　第2に，授業中は「タテマエに過ぎない」と思っていた内容（友だちと助けあうことや他国を尊重することの大切さなど）が，家庭内の会話において否定され保護者の考えに同調せざるを得ないという場面では，逆に子どもにとって口には出せない「ホンネ」として意識されるということがあります。同様のことは，仲間集団において同調圧力を感じたり，付和雷同的な行動をとったりする際にも言えるでしょう。

　授業者がホンネ／タテマエといった二分法にとらわれていると，子どもが現実の生活において経験する葛藤や迷いをつかみ損ねかねません。このように考えると，道徳科の教材もただ正しいことが書かれてあってそれを正しいこととして学ばなくてはいけないといった単純なものではないことがわかります。

3 教材分析の視点と授業構想

1 教材分析，教材解釈

　前節において，教材の果たすより本質的な「媒介」機能とは「教育（教科）内容の媒介」だと述べました。その教材を用いて子どもを教育内容と出会わせ，子どもにとって主体的な学習活動の対象となるように教師が行うのが教材研究です。教材研究にはいくつかの局面が考えられるのですが，ここでは教材分析，教材解釈の切り口から検討します。

　一般に「分析」とは，複雑な仕組みのものを，さまざまな観点から単純な要素に分解して考えることです。これによって，そのものの性質（本質）を捉えることを目指します。そうすると，「教材分析」とは，教材という複雑態（全体構成）を解明するため，これをいくつかの要素に分解して考えることだと言えます。

それでは，道徳科の教材はどのような観点から分解することができるのでしょうか。道徳科の特質をふまえて指導に生かすことを念頭に置きながら考えてみましょう。

①道徳的価値の観点

　道徳科の目標に関して「道徳的諸価値についての理解を基に」とされていることから，教材には児童生徒が自身の道徳的価値を意識化し，新たな考えに至る端緒となることが期待されます。教材が授業の主題に関わる道徳的価値に関してどのような切り口となり得るか，という観点から分析します。もとは同じ素材に依拠しながら，教材としての最終形では異なる道徳的価値に関わるねらいを想定したものになる，ということがあります。たとえば，2018，2019年度に使用される小学校の道徳科教科書（8社）のうち4社が第6学年で杉原千畝（ちうね）を取り上げていますが，そのうち2社が「公正・公平・社会正義」，1社が「感謝」，もう1社は「よりよく生きる喜び」との対応が示されています[*6]。これらを比較することにより，それぞれの教材の特徴と指導上の押えどころが明らかになるでしょう。

②登場人物の観点

　たいていの読み物教材には，人間あるいは擬人化された動物，植物，その他の事物等が登場し，話の進行に関わっていきます。それら登場人物の「行為」やそのもとにある「考え」に着目し，これと道徳的価値との関連を考えます。道徳学習では，道徳問題を「他人ごと（ひとごと）」ではなく「自分ごと」として捉えることが重要だと説かれることがあります。しかし，ひとくちに「道徳問題を含む事例」としての教材といっても，その語りの形式はさまざまです。ここでは3つのタイプを取り上げて比較します（【　】内に例としてあげるのは，『私たちの道徳』（文部科学省）に掲載されている教材です）。

　(1)作者が自身の経験や考えを語るもの。詩や作文，日記のかたちをとることがあります。【「夢は見るものではなく，かなえるもの」（小学校3・4年），「愛の日記」（小学校5・6年）】

＊6　中学校用の道徳科教科書では，「国際理解，国際貢献」との対応が示された教材として掲載されている事例がある。

(2)主人公としての「私」が登場し，私の視点を通して物語が展開するもの。「私」の視点が途中で別の人物に交代する教材もあります。【「うれしく思えた日から」（小学校 3・4 年），「知らない間の出来事」（小学校 5・6 年），「言葉の向こうに」（中学校）】

(3)第三者である話者によって登場人物の言動が語られるもの。多くの場合，途中で話者が主人公の内面に自由に出入りしてこれを語る物語[*7]。物語の間に登場人物が過去の出来事を想起して語る場面が挟まれることもあります。【「はしの上のおおかみ」（小学校 1・2 年），「二通の手紙」（中学校）】

　このうち「はしの上のおおかみ」は，2018，2019年度に使用される小学校の道徳科教科書（8 社）すべての 1 年生版に掲載されていますが，全体の文章量や挿絵等の観点で比較するとその扱いは多様です。おおかみの内面を語る言葉が省略されている教材もあります。

③ストーリーの観点

　物語の形式をとる教材の場合，話の進行につれて登場人物の考えが変化したり，複数の登場人物が相互に影響を与えたりすることがあります。このような登場人物の葛藤や決断の「場面」に焦点を当てることにより，道徳的価値を人間の生き方との関連において捉えることが可能になります。以上の観点をふまえ，「場面」→「登場人物の心の動き（発言や行動に表れる心の変化）」→「価値との関連（考え方や判断を生む理由）」という順に教材を分析し，発問づくりに生かすという手法が工夫されてきたのです。その過程で，教材と子どもが有する道徳的価値の理解レベルとの接点を見極め，授業の「ねらい」を絞ること，また教材の活用方法を子どもの学習活動との関連で捉え，「共感的活用」「批判的活用」「感動的活用」「範例的活用」に類型化することも提案されてきました[*8]。

　もちろんいずれの文章にも「作者」は存在しますが，「作者の考え」が明確に示され，またそれゆえに問題にされるのは，通常，主人公と作者が一致する(1)の場合だけでした。しかし，他のタイプであっても，教材研究の段階では必ずしも作者の考えが正しいという前提に立つ必要はありません。たとえば，小

＊7　橋本陽介『物語論　基礎と応用』講談社，2017年，p. 83。
＊8　青木孝頼『道徳資料の活用類型』明治図書出版，1979年。

学校における有名教材の一つ「手品師」については，作者である江橋照雄が自身の教材解釈を語っていたことはよく知られていますが，作者の思いをそのまま受け入れて授業を構想することが教材研究ではないのです。「理解する」ことは大切ですが，それは必ずしも「受け入れる」ことと同義ではありません。指導者は作者の意図を授業のねらいとしなくてもよいのです。たとえば，「迷いに迷った手品師が最終的に大劇場に立つことを選択したなら，それは誠実なこととは言えないのだろうか」という問いから，「誠実」というテーマに迫ることも可能です。これは，「手品師」という物語に対する，作者の意図を超えた教材解釈（よりよい理解）に立とうとする発問だとも言えるでしょう。

2　道徳の授業構想に資する教材研究

　社会科では歴史的な「事実」についての記載が変更される場合があります。経済に関して語られる法則性にも，現実には例外的と言える事象が起きます。国語科においては，たとえば法則としての文法には，人々の言語的活動のうちに見出される事実の法則という側面と共に「正しい表現」の規準という当為の法則（すなわち規範）としての側面があります。規範があるということは，現実にはそこからの違反（逸脱）を想定しているということなのです。このように，私たちの世界における「確からしさ」にはグラデーションがあります。そのような「確からしさ」を高める社会的営みへの参加形態として，道徳の授業を意味づけることもできます。

　児童生徒こそが社会の多様性を構成する「個」であり，教室には既に複数の価値が共存していると考えれば，考えの交流を通して自己と他者の価値観の相違を改めて意識し，了解し合える範囲を広げたり，納得できる理由を探したりすることが重要になってきます。このような機会を道徳の授業が提供するためにも，教材研究は必要なのです。

＊9　「手品師」のあらすじについては本書第8章参照。

▊3▊　交流型の教材研究

　発問に対する児童生徒の反応と，これに対する指導者の対応（切り返し等）
について考えれば考えるほど，あたかも指導者の側が用意した合わせ鏡に映る
像だけを手掛かりとするような授業計画になります。さらに，授業場面では児
童生徒の表現を指導者が自身の意図のかたちに切り取って解釈（意味づけ）す
ることが増えてしまいます。このような問題を克服するための一方策として，
以下のような交流型の教材研究が考えられます。

(1)ねらいの設定：教材を通じて何を捉えさせるか，話し合います。その過程
　　で各々の指導者の経験が生きてきます。

(2)発問づくり：児童生徒の思考を予想します。できるだけ幅広く予想し指導
　　者としての対応を考えるために，相互の協同が生きることになります。そ
　　のうえで，ねらいに迫るための中心発問を確定します。

(3)授業の試行：授業プランのかたちにつくり上げます。可能な限り前段階で
　　模擬授業を実施します。その場合，１単位時間（45分ないし50分）を通した
　　授業にこだわらず，たとえば「導入」や「中心発問をめぐる指導場面」な
　　どに限定した短時間の模擬指導（マイクロティーチング）から始めるのもい
　　いでしょう。

　とくに中学校では，教材をさまざまな価値の視点から考察・検討し，中心発
問の設定へと至る交流型の教材研究を取り入れることが有効であると考えられ
ます。ねらいに関わる道徳的価値が，前段で出し合った多様な考えとの関わり
において理解されます。私たちが生きていくうえで，価値の実現が難しいこと
は事実ですが，「なぜ難しいのか，何が問題か，何が大切か，何ができるか」
を問う道徳授業を構想することができるからです。

▊4▊　教材開発へ

　書き下ろし以外の教材文では，原作の趣を生かしながらも，道徳的価値の視
点から児童生徒が考えを深めやすくするために，多少なりとも省略，加筆その

他の改作が施されている場合が多いものです。これを原作と読み比べて教材の特徴を理解することは、自身の指導構想をもつための手助けになるでしょう。しかし、そこから一歩進めて新たな教材を開発することもできます。

　道徳科の教科書は主たる教材として使用されます。しかし、これまでの道徳の時間では各地域に根ざした地域教材など多様な教材が開発・活用され、一定の効果を上げてきました。これらの財産を生かし、また多様な教材の開発と創意ある活用を図ることが、道徳科のみならず学校における道徳教育の充実につながると考えられます。

 まとめ ・・・・・・・・・・・・・・・・・・・・・・・・・・・・・・・・・・・

　第1節で引用した通り、小学校学習指導要領では、「特に、生命の尊厳、自然、伝統と文化、先人の伝記、スポーツ、情報化への対応等の現代的な課題などを題材とし、児童が問題意識をもって多面的・多角的に考えたり、感動を覚えたりするような充実した教材の開発や活用を行うこと」と示されています。これは養成段階にある学生のトレーニングとしても有効だと考えられます。養成段階で教材開発に取り組むことにより、小学校および中学校の「道徳」の内容について理解を深めると共に、道徳科で用いる教材の分析・研究の方法を習得し、教材の開発とこれに基づく学習指導案の作成に生かすことができます。各自が発掘、開発した教材を、学生間で相互に評価します。そのための共通のチェック項目を作成しておくとよいでしょう。これに基づく仲間の評価、改善意見を参考にしつつ教材に修正を加え、最後に自身の学習指導案を作成するのです。このような作業を通して確かな内容観をもつことの大切さを理解すると共に、学校における道徳教育の計画を内容の視点から読み解くことができるようになることが期待されます。

・・・

 さらに学びたい人のために

○日本教材学会（編）『教材事典──教材研究の理論と実践』東京堂出版、2013年。
　　第3部第1章で「道徳」が取り扱われています。また第1部「基礎理論編」を読むことで、各教科等と共通する教材の概念や歴史、教材の種類、さらに教材研究のあり方について学ぶことができます。

○永田繁雄・山田誠（編）『実話をもとにした道徳ノンフィクション資料』図書
　文化社，2012年。

　　実践家の手によって生み出されたノンフィクション資料が収載されています。
　資料を用いた学習指導案も添付されています。自分で教材作成に取り組んでみ
　たい方には，編者による資料作成の着眼点や留意点についての解説も役に立つ
　でしょう。

○森岡卓也『子どもの道徳性と資料研究』明治図書出版，1988年。

　　「道徳性発達論」と「道徳資料論」が結びついたユニークな研究書です。第
　3章「資料に描かれた主人公の道徳性」は，「発達の観点でとらえられない資
　料」があることを含めて，教材研究の手掛かりとなるでしょう。

第 8 章

読み物資料の役割
──平和教育における物語資料の活用から──

- 道徳教育における読み物教材の位置付けを理解する。
- 道徳教育と平和教育に共通する今日的課題について理解する。
- 物語を通して道徳的価値を伝えることの意義を理解する。

WORK 障がいとは何だろう

　私たちは，目が見えない人や耳が聞こえない人のことを「障がい者」と呼んで，健常者と区別しています。この時，障がい者と健常者を区別するものは一体何なのでしょうか。

　たとえば，近視で視力が0.3しかなくて裸眼では物がはっきりとは見えない人でも，眼鏡をかければ日常生活を不自由なく送ることができます。そのためか，私たちの社会では眼鏡をかけることで視力を補正している人のことを障がいがあるとは呼びません。しかし，聴力を補聴器で補って生活している人の場合，それが障がいとしてクローズアップされていると思いませんか。この両者の違いは，眼鏡と補聴器との取得の容易さ，普及の割合，それにそうした器具の装着に対する社会的な受け止められ方の違いによるものではないでしょうか。もし眼鏡が1,000万円もするような高価な器具であったなら，それを利用できる人もきわめて限られてしまい，視力の悪さは障がいとしてみなされていたかもしれません。

　さらに言えば，足が不自由で車いすで移動している人も，電動の車いすの性能が上がり，安価か無料でそれを利用することができ，そして街全体がバリアフリーで車いすでも一人で何不自由なく自由に移動することができるようになれば，その人は眼鏡をかけた人と同じように障がいがあるとはみなされなくなるかもしれません。そう考えると，障がいとはその個人の能力の欠如ではなく，社会的諸条件の整備の問題だと思いませんか。

　障がいとは一体何なのでしょうか。各自で考えてみましょう。

　参考文献：竹内章郎『いのちの平等論──現代の優生思想に抗して』岩波書店，2005年。

● 導　入 ● ● ● ● ● ● ●

　あなたが小学生，あるいは中学生の時に受けた道徳の授業はどんな授業でしたか。
筆者の担当する授業の大学生にも同じ質問をすることがあります。最も多い返答が
「物語を読んで主人公の気持ちを考え，それをワークシートに書いていた」という
ものです。実際，日本の多くの小中学校で読み物教材と呼ばれる物語を用いた授業
が展開されていますし，道徳の教科化にあたり，こうした読み物教材は改めて注目
されています。
　では，物語を通した道徳教育はなぜ，そしてどのように注目を集めているのでし
ょうか。本章では，読み物教材と呼ばれる物語を用いた道徳教育の方法論について，
道徳教育とも関わりのある平和教育を手掛かりとして考えてみましょう。

● ● ● ● ● ● ● ● ●

1 道徳教育における読み物教材の位置付け

■1■　道徳の教科化が示す方向性

　小学校では2018年4月，中学校では2019年4月から道徳は教科として位置付
けられることとなりました。今回の道徳の教科化にあたり，文部科学省（以下，
文科省）はこれからの道徳の授業は質的に転換する必要があると述べています。
では，今後の道徳の授業はどのように転換することが求められているのでしょ
うか。『小学校学習指導要領解説　特別の教科道徳編』では次のように示され
ています。[*1]

> 「多様な価値観の，時に対立がある場合を含めて，誠実にそれらの価値に向き合
> い，道徳としての問題を考え続ける姿勢こそ道徳教育で養うべき基本的資質であ
> る」との答申を踏まえ，発達の段階に応じ，答えが一つではない道徳的な課題を
> 一人一人の児童が自分自身の問題と捉え，向き合う「考える道徳」，「議論する道
> 徳」へと転換を図るものである。

＊1　文部科学省『小学校学習指導要領解説　特別の教科道徳編』廣済堂あかつき，2018年，p. 2。

こうした転換が求められているのは，予測し得ない未来の状況に対し，自ら考え，臨機応変に対応する力が今後ますます必要とされるからです。たとえば，これからのグローバル社会において，異なる文化的・歴史的背景をもつ多様な他者との共生は必要不可欠ですが，こうした他者と共に生きていくということは容易なことではありません。「時に対立がある場合を含めて，誠実に」他者との共生という課題と向き合うためには，他者の心情を理解するだけではなく，他者が置かれている状況を理解し，また，自分自身が置かれている状況も認識したうえで，共に生きるためのよりよい方途を見出していかなければなりません。さらに言うならば，よりよい方途のあり方は一つではありません。なぜならば，私たちが向き合う他者は多様であるため，私たち自身の向き合い方もまた，多様なものとならざるを得ないからです。

　これからの道徳教育は，こうした，答えが一つではない課題に子どもたちが向き合い，自らの力で他者との共生の方途を模索する力を育成できるような「考え，議論する道徳」の授業づくりを目指すことが求められているのです。

2　教科化における読み物教材の活用方法

　では，このような「考え，議論する道徳」の授業を展開するために，教師はどのような指導を行っていけばよいのでしょうか。文科省は「道徳教育に係る評価等の在り方に関する専門家会議」を設置し，同会議において具体的な指導方法や評価等を検討し，2016年7月に報告書が取りまとめられました[*2]。この報告書では，「道徳教育の質的転換のためには，質の高い多様な指導方法の確立が求められて」いることが指摘され，具体的な指導方法として①読み物教材の登場人物への自我関与が中心の学習，②問題解決的な学習，③道徳的行為に関する体験的な学習という3つの指導方法が示されました。

　②と③の方法は，多角的なものの見方の育成や，子どもたちの主体的な学びを引き出すものとして新たに登場した文言であり，まさに，道徳教育の質的転

＊2　道徳教育に係る評価等の在り方に関する専門家会議「『特別の教科　道徳』の指導方法・評価等について（報告）」2016年。

138

換を表している指導方法と言えます。しかしながら，①は従来の道徳教育が中心的に行ってきた指導方法です。道徳教育の質的な転換が求められている今，読み物教材を活用した授業は，従来の内容からどのように転換することが求められているのでしょうか。

　自我関与が中心の学習とは，「教材の登場人物の判断や心情を自分との関わりにおいて多面的・多角的に考えることを通し，道徳的諸価値の理解を深めること」（傍点筆者）や，「登場人物に自分を投影して，その判断や心情を考える」学習だと示されています[*3]。こうした文科省の見解からうかがえるのは，子どもたちが自分との関わりにおいて友情や誠実などの道徳的諸価値を理解するうえで，読み物教材が重要な役割を果たすと目されているということです。だからこそ，道徳の授業に質的転換をもたらす新たな学習方法の一つに読み物教材の活用があげられているのでしょう。

　では，読み物教材が果たし得る重要な役割とは一体何なのでしょうか。次節以降では，道徳教育と同じく，絵本や伝記などの物語を用いた教育を重要視している平和教育を手掛かりとして，物語の活用が道徳教育においてどのような意味をもち得るのかを確認していきましょう。

2　平和教育における物語資料の役割

1　戦争を体験した子どもへの平和教育

　みなさんのなかには，小中学生の時，戦争にまつわる物語を読むことを通して戦争や平和について学習したことがある人が少なからずいるでしょう。物語を用いた教育実践は平和教育の主要な方法論の一つです。しかしながら，平和教育は当初から物語を中心とする学習方法を積極的に採用していたわけではありません。実のところ，平和教育が物語を用いた実践を積極的に採用するようになった背景には，歴史的な経緯があります。そして，この経緯を知ることは，

＊3　道徳教育に係る評価等の在り方に関する専門家会議「『特別の教科　道徳』の指導方法・評価等について（報告）」2016年，p. 6。

物語を用いた教育方法の重要なポイントを認識することにもつながります。以下では，平和教育が物語を用いた学習方法を採用するに至った経緯について概観していきましょう。

　第二次世界大戦後の日本の教育は，戦前・戦時下で行われた教育への深い後悔と反省から，平和教育の理念を土台として再出発しました。戦争の爪痕がまだ残るなか，1950年代には学校教育のなかで戦争という出来事について具体的な教材を用いて平和教育を行う実践が本格的に始動しました。この時代は教師だけでなく子どもたちもまた，戦争体験者でした。それゆえ，教師や子どもたちの経験そのものが戦争について考える教材となり得ました。

　当時の代表的な教材の一つが，長田新が編纂した『原爆の子——広島の少年少女のうったえ』(1951)（以下，『原爆の子』*4）です。この著作は原爆を体験した広島の少年少女たちによって書かれた被爆体験の手記を1冊の本にまとめたものです。編纂者である長田もまた，広島で被爆した一人でした。被爆した子どもたちに思い出すのもつらい体験とあえて向き合わせ，それを手記というかたちで残すという取り組みを行った背景には，手記集を読んだ人々が子どもたちの体験に共感することを通して，原爆がもたらした悲劇について考える機会となってほしい，という長田の願いが込められていました。

　ここで想定されていた読者もまた，戦争体験者ではありましたが，彼（女）らの多くは原爆を体験していない戦争体験者でした。『原爆の子』は大きな反響を呼び，日本だけでなく世界中で翻訳されました。そして，学校教育の場でも，戦争は体験したけれども原爆を体験していない子どもたちに，原爆という出来事を伝える読み物資料として使用されるようになりました。

2　戦争を体験していない子どもへの平和教育

　しかしながら，1960年代に入ると，社会全体で戦争記憶の風化が急速に進んだことにより，平和教育は見直しを余儀なくされます。風化の主要因としては，

---

*4　長田新『原爆の子——広島の少年少女のうったえ』岩波書店，1951年。

子どもたちが戦争を体験していない世代へと移行したことがあげられます。戦争を体験していない子どもたちにどのようにして戦争を伝えていくのか，このような課題に向き合った結果，編み出されたのが他者の戦争体験の語りを通して戦争について学習するという方法論でした。1960年代は親世代が戦争体験者である場合が多かったため，家族の人たちから語られる戦争体験の話を教材とした平和教育実践が行われました。当時の教師は，このような，子どもたちにとって身近な家族の体験した物語を子どもたち自身が家庭で聞き取ることによって，戦時下の人々の心情に共感できるだろうと考えたのです。子どもたちは身近な人々の置かれた悲しく苦しい境遇に共感することで戦争を忌み嫌う気持ちを育んでいきました。

　時が経ち，親世代が戦争を体験していない世代となっても，戦争を体験した人の語りを聞くという機会を通して，子どもたちが平和について考えることを目的とした教育実践は受け継がれていきました。戦争体験を語る役割は，以前のような子どもたちにとって身近な家族から，公の場で自らの戦争体験を語ってきた語り部へと移行します。みなさんのなかにも，修学旅行や平和学習の時間にこうした語り部の話を聞いたことがあるという人がいるのではないでしょうか。家族や身近な人でなくとも，語り部によって語られる戦争の物語を目の前で直接聞くという経験は，歴史の教科書を通した学習や修学旅行の事前学習よりも大きなインパクトを残します。それは，語り部が直接語るという場が，語られる内容だけで構成されているわけではないからです。語られる場面によって変わる語り部の声音の変化，何かをじっと考え込んでいるような印象をもたらす沈黙や静寂，語り部の頬を伝う涙など，語り部の体温のようなものを感じる生きた語りは，教科書や資料集からは得られない何がしかを学習者にもたらします。平和教育は，こうした語りに学習者が共感することで戦争を忌み嫌う心を育もうと試みてきました。

■3■　戦争体験者の高齢化と平和教育

　ところが，戦後70余年を経た今日，戦争体験者の高齢化と共に，戦争を体験

した人々の語りを直接聞くことが難しくなってきています。これまで戦争体験者の語りや，その語りが醸し出す臨場感を子どもたちに直接肌で感じてもらうことで戦争の悲惨さを伝えてきた平和教育は，新たな方法を考案しなければならなくなりました。

　こうした状況下において積極的に採用されている方法論の一つが，本章のテーマとなっている物語を用いた学習方法です。平和教育では戦争体験者の手記集やそれらをもとに創作された物語が読み物資料として用いられています。先に紹介した『原爆の子』のほかにも，『かわいそうなぞう』(1970)[*5]や『ちいちゃんのかげおくり』(1982)[*6]などはよく知られている物語です。とりわけ，原爆症によって若くして亡くなった佐々木禎子の生涯を描いた物語（最近の作品だと，『おりづるの旅』(2003)[*7]や『禎子の千羽鶴』(2013)[*8]，『飛べ！千羽づる』(2015)[*9]など）は絵本や小説だけでなく，道徳の読み物資料集や英語の教科書に掲載されるなど，学校教育を通して多くの子どもたちに伝えられてきました。戦争体験者から直接話を聞く時と同じような臨場感は得られないかもしれませんが，子どもたちは物語のなかに登場する人物への共感を通して，戦争の悲惨さを感じ取り，戦争を忌み嫌う心を育んできました。

　本節の冒頭で，平和教育が物語を用いた実践を積極的に採用するようになった経緯を知ることは，物語を用いた学習方法の重要なポイントを認識することにもつながる，と述べました。そのポイントとは，まさに，子どもたちが体験したことのない出来事であっても，物語に登場する人物の心情を理解し，共感することを通して，その出来事がもたらしたもの（戦争であれば，戦争の悲惨さや大切な人の死など）に触れる機会となり得るという点です。戦争体験者がいなくなりつつある今日，こうした物語の存在はとても重要です。

＊5　土家由岐雄（著）武部本一郎（イラスト）『かわいそうなぞう』金の星社，1970年。
＊6　あまんきみこ（著）上野紀子（イラスト）『ちいちゃんのかげおくり』あかね書房，1982年。
＊7　うみのしほ（著）狩野富貴子（イラスト）『おりづるの旅──さだこの祈りをのせて』PHP研究所，2003年。
＊8　佐々木雅弘『禎子の千羽鶴』学研パブリッシング，2013年。
＊9　手島悠介（著）pon-marsh（イラスト）『飛べ！千羽づる──ヒロシマの少女　佐々木禎子さんの記録（新装版）』講談社，2015年。

3 心情理解を重視した物語の活用が抱える課題

　しかしながら，前節で述べたように，こうした物語の活用は大きな課題を抱えてもいます。たとえば，先に紹介した『禎子の千羽鶴』を読んだ子どもたちは，佐々木禎子という12歳の少女が置かれた境遇に共感し，彼女が病室で感じたであろう悲しみや苦しみを理解しようとします。そして，彼女やその家族，友人がつらい思いをすることとなった原因である原爆や戦争を忌み嫌い，戦争がない平和な世界への思いを強めていきます。

　では，こうした物語の登場人物への心情理解を通した平和教育が抱える課題とは，一体何なのでしょうか。『禎子の千羽鶴』に限ったことではありませんが，戦争に関する物語を読み，登場人物に共感し，戦争がよくないものであるということを理解した子どもたちのなかには次のような感想をもつ子が少なからずいます。「今の世界が平和でよかったと思う」。こうした感想から読み取れるのは，原爆や戦争という問題が子どもたちにとって直接関わりのない問題として捉えられている可能性があるということです。つまり，『禎子の千羽鶴』という物語はあくまで佐々木禎子という，過去に実在した少女の物語であって，今の平和な世界で生きている自分たちとは直接関わりのない物語として理解されているかもしれない，ということです。

　戦争や原爆について考える，ということは戦争体験者が負った苦しみや悲しみといった心情を理解するだけにとどまるものではありません。戦後70余年が経過した今もなお，原爆症で苦しんでいる人々がいるという現状や，戦争という出来事が起こった背景にはどのような状況があったのかを理解することはとても重要です。また，今，私たちが生きているこの世界が果たして平和と呼べるのかということを改めて考える機会を設けることも，平和教育が担う役割の一つです。しかしながら，登場人物への心情理解に終始した物語の活用だけでは，子どもたちが戦争にまつわる問題を自分との関わりにおいて捉えることが困難です。

　このような課題は平和教育に限ったものではありません。従来の道徳教育も

また，「正義」や「誠実」，「友情」や「生命尊重」などの道徳的諸価値を，読み物教材を通して子どもたちに伝達しようと試みてきました。しかしながら，文科省から指摘されたのは，その内実が物語の登場人物への心情理解に終始した指導にとどまっていたということでした。子どもたちはこうした従来の学習方法をもとに，物語のなかに含まれている道徳的諸価値が物語の登場人物，すなわち，自分とは異なる他者にとって差し迫ったものであるということは理解してきたことでしょう。しかしながら，こうした学習だけでは，子どもたちが自身の生活と照らし合わせながら，あるいは比較しながら道徳的諸価値について考えることは困難です。

　この課題を解決するために，子どもたちが自分との関わりにおいて他者の物語のなかで描かれている出来事を理解し，物語に登場する他者を自分と照らし合わせ，時に比較しながら思考することができるような物語の活用が今日の道徳教育には求められているのです。

4　他者の物語と自分が関わるとは？

■1■　「手品師」が取り得る選択を考える関わり方

　では，物語の登場人物の心情理解に終始することなく，子どもたちが自分との関わりにおいて他者の物語を理解するとはどういうことなのでしょうか。本節では道徳の読み物教材のなかでも最も有名な「手品師」の物語を一つの事例として考えてみましょう。

　まずは「手品師」がどのような物語なのかを確認しましょう。物語のあらすじは次の通りです。[*10]

> 　あるところに腕はいいのですが売れない手品師がいました。彼の夢は大きな劇場で手品をすることでした。手品師がいつものように路上で手品をしていると，一人の少年がやってきました。少年は父と死別し，母も遠方に働きに出て不在だ

＊10　「道徳」編集委員会『明日をめざして』東京書籍，2015年，pp. 62-65より筆者作成。

　と話しました。かわいそうに思った手品師が少年を元気づけようと手品を披露す
　ると少年はとても喜びました。明日も来てほしいと少年から頼まれた手品師は会
　う約束を交わします。
　　ところが，その日の夜，友人から電話が入ります。大劇場の手品師が明日出演
　できなくなったため，代役を頼みたいというのです。手品師は少しの間迷い，考
　えた後，大劇場の出演依頼を断わり，少年との約束を守ることを決めました。

　「手品師」は子どもたちに「誠実」という道徳的価値を考えてもらうための
読み物教材として用いられます。「手品師」の実践方法の一つとして，物語を
途中で中断するという授業展開があります。手品師が友人から大劇場での代役
の出演依頼をもらい，迷っている場面で資料の読み聞かせを中断し，教師は子
どもたちに問いかけます。「手品師は男の子との約束と，友人からの誘いのど
ちらを選んだと思いますか。また，その理由はなぜでしょうか」。子どもたち
は手品師が最終的に選んだ結末を自分なりに予想し，さまざまな理由を思い浮
かべます。実際の物語の結末と同じように，男の子との約束を守るという選択
をする子もいれば，大劇場の出演依頼を受けるという選択をする子もいます。

２　「ぼく・わたし」が取り得る選択を思考する関わり方

　しかしながら，子どもたちが思い浮かべる選択肢はこの２つにとどまりませ
ん。第３の選択として，大劇場出演依頼を受けて，男の子を探し出し，一緒に
劇場へ連れていくのがよい，と考える子もいます。この選択が他の２つと少々
異なるのは，理由を考えるにあたり，手品師や男の子の心情を理解するだけで
はなく，手品師が置かれている状況を理解し，現状をよりよい方向に変えてい
くべく行動する方途を探っていることです。
　こうした考え方に至るまでには，もしかすると，友人からかかってきた電話
を子どもたち自身が受け，夢か男の子との約束か，という二者択一ではなく，
どちらも叶えるために自分ができることは何かを，受話器を握りしめながら模
索しているのかもしれません。その時，子どもたちにとって「手品師」の物語
は見知らぬ他者としての手品師の物語ではなく，子どもたち自身の生き方の物

語として読まれているように思われます。

　ここで改めて，文科省が道徳の教科化にあたって新たに考案した「登場人物への自我関与が中心の学習」について確認しましょう。私たちは第1節において，こうした学習が目指すのは，子どもたち自身が自分との関わりにおいて教材のテーマについて多面的・多角的に考え，判断できるようになることであると確認しました。上述の「手品師」で見られたような物語への関わり方はまさに，文科省の推奨する，読み物教材を用いた新たな学習方法のあり方と言えるのではないでしょうか。

5 「考え，議論する道徳」における他者の物語の役割

　物語は子どもたちに未だ体験したことのない出来事や状況と出会う機会をもたらし得るものです。同時に，物語に登場するさまざまな人物たちは，子どもたちが未だ出会ったことのない異なる他者でもあります。これまでの道徳の時間は，その異なる他者が物語のなかで困難に見舞われた際，思い悩んだことや選択した判断について，その異なる他者の気持ちになって考えることを大切にしてきました。これに対し，新たな道徳の時間に求められていることは，子どもたち自身が自らの経験や状況をふまえたうえで，異なる他者の物語といかに向き合うかということを模索し，思考することです。それはつまり，自分と他者は異なる存在であるということを認識したうえで，それでもなお，その他者の物語に自分がどう関わり得るのかを模索し，思考することです。こうした思考は文科省の標榜する「考える道徳」を体現したものと言えるでしょう。

　さらに，もう一つのキーワードである「議論する道徳」が目指すのは，他者の物語とどのように関わっているのかということを，さまざまな背景をもつ子どもたち同士が共有し合うことにあります。子どもたちにとってはクラスの仲間もまた，異なる他者です。自分とクラスメイトの思考や判断が異なるものだった際，どちらが正しいかを問うのではなく，なぜ異なる答えが導き出されたのかを話し合い，さまざまな選択の余地があるということを学ぶこともまた，これからの道徳が担う重要な役割です。なぜならば，第1節でも確認したよう

に，予測し得ない未来が待ち受けているなかでこれから子どもたちに求められるのは，答えが一つではない課題に向き合い，自らの力で他者との共生の方途を模索する力だからです。

　このように，「考え，議論する道徳」の授業を展開するにあたり，物語が果たす役割は大きなものです。物語を通して子どもたちに異なる他者との出会いを提供する私たち教師もまた，物語のなかの異なる他者と向き合い，かつ，子どもたち一人ひとりが考えて導き出した多様な答えに応答することがより一層求められることとなるでしょう。

 まとめ

　本章では，道徳の教科化にあたり目標とされている「考え，議論する道徳」の授業づくりにおいて，読み物資料（物語）がどのような意味をもつものであるのかということを確認しました。物語は，異なる他者との出会いをもたらし得ると同時に，その物語の解釈が一つではないということを仲間と共に共有し，議論する場を提供してくれるものでもあります。こうした観点で改めて読み物資料の活用について考えてみることは，子どもたちだけでなく教師にも新たな物語の読み方への扉を開いてくれるのではないでしょうか。

 さらに学びたい人のために

○松尾精文・佐藤泉・平田雅博（編著）『戦争記憶の継承——語りなおす現場から』社会評論社，2011年。
　　本章第2節でも課題として掲げた，戦争の記憶の世代間継承をテーマとした1冊です。戦争を体験していない若い世代に，他人事ではないかたちで戦争について考えてもらうための方途をさまざまな観点から模索している著作です。

○安井俊夫『戦争と平和の学びかた——特攻隊からイラク戦争まで』明石書店，2008年。
　　著者が大学の講義で行った平和教育実践について記されています。本章のテーマでもある物語を活用した平和教育実践が掲載されており，大学生の意見を知ることもできます。平和教育実践に関心がある方におすすめの1冊です。

第 9 章

役割演技の意義と活用法

・・・●　学びのポイント　●・・・

- 「役割演技」を道徳科で用いる意味（演劇との違い）を理解する。
- 役割演技のウォーミングアップの役割やその方法を理解する。
- 役割演技の監督としての授業者の役割として，適切な演者の指名や演じられた後の話し合いの仕方を理解する。
- 教材のどの場面に役割演技を取り入れたらよいか，その構想について理解する。

　一人の学生に前に出てきてもらい，ラジオ体操をしてもらいます。授業者が体操の途中で「ストップ」と言いますので，その人はそこで動作を止めて，動かないでください。みなさんはそのポーズが何に見えるか（何をしているように見えるか），想像力を働かせてどんどん答えてください。姿勢や表情にも注目するといいですよ。

● 導　入 ● ● ● ● ● ● ● ●

　本章では，道徳科の指導方法の一つとしての役割演技について，その意義や活用法について解説します。

　役割演技は，「質の高い多様な指導方法」としての「道徳的行為に関する体験的な学習」の一つとして，その効果的な活用が求められています。しかし，役割演技はほかの指導方法と違い，教科学習等において今まで日常的に活用されてきたものではないことから，必ずしもその理解が十分とは言えず，誤解も少なくありません。そのため，役割演技の特質や活用の意義を理解し，授業者としての監督の視点から，効果的な活用のあり方を具体的に理解しましょう。

● ● ● ● ● ● ● ●

1　「劇化」から「役割演技」へ

　2016年に「質の高い多様な指導方法」の例として，3つの指導方法が示されました[*1]。役割演技は，そのうちの一つである「道徳的行為に関する体験的な学習」の冒頭に取り上げられて以降，にわかに注目を浴びたと言っても過言ではないでしょう。たとえば，「小学校学習指導要領」（2017年告示）においても，「児童の発達の段階や特性等を考慮し，指導のねらいに即して，問題解決的な学習，道徳的行為に関する体験的な学習等を適切に取り入れるなど，指導方法を工夫すること[*2]」が求められたため，道徳科の教科書でも，教材の特質によって，指導方法として役割演技を用いた展開が示されたものが多く見られます。

　しかし，役割演技は，既に，1958（昭和33）年の学習指導要領で，道徳の時間の指導方法の一つとしての「劇化」として登場しています。たとえば文部省（当時）から出された「小学校・中学校『道徳』実施要綱」では，役割演技は劇化の説明として例示された3種類のなかで，「心理劇・社会劇の形で即興的に演技するもの（役割演技）が利用できる[*3]」と示されています。ほかの2つは，

＊1　道徳教育に係る評価等の在り方に関する専門家会議「『特別の教科　道徳』の指導方法・評価等について（報告）」2016年，pp. 6-7。
＊2　文部科学省『小学校学習指導要領』東洋館出版社，2018年，p. 171。

刊行された脚本に従って演技するもの，名作を生徒が脚色し，演技するものとあり，いわゆる脚本に沿って演技する「演劇」的な手法であり，即興的に演技する役割演技とは性格を異とするものであることがわかります。

　一方，同書やその当時の道徳指導書において，役割演技は自発的に行わなければならないので，演技の巧拙は問題ではないことや自由に演ずる意義を重視することの大切さ，生徒の感情を傷つけることは避けるべきであること等も，既に明記されているところに注目してほしいと思います。したがって，いじめのような非人間的な場面を子どもに演じさせることは，絶対に避けなければなりません。

　なお，この後の学習指導要領の改定以降，劇化は役割演技と表記される一方，それまで劇化の形式の一つとして示されていた脚本に従って演技するものは，「動作化」と表現されるようになり，形式からその違いが分けられるようになったと思われます。

2　役割演技の要件

1　役割演技を道徳科で用いる意味

　役割演技は，「役割」を「演技」するというイメージから，一般的に演劇指導と誤解されがちです。このように誤解しますと，「上手に」表現すること，「その役らしく」演じることといった，演技の巧拙に関心が集中してしまいます。また，授業者である教師が演者として演じることは，監督が不在になる意味からもすすめられません。『学習指導要領解説　特別の教科道徳編』に示されている，役割演技を用いる意味についての次のような説明を理解することが肝要です。[*4]

＊3　文部省「小学校・中学校『道徳』実施要綱」1958年，p. 65。
＊4　文部科学省『小学校学習指導要領解説　特別の教科道徳編』廣済堂あかつき，2018年，p. 96。および，文部科学省『中学校学習指導要領解説　特別の教科道徳編』教育出版，2018年，pp. 97-98。

> 単に体験的行為や活動そのものを目的として行うのではなく，授業の中に適切に取り入れ，体験的行為や活動を通じて学んだ内容から道徳的価値の意義などについて考えを深めるようにすることが重要である。

　たとえば，よく小学校低学年の「はしの上のおおかみ」を教材にした授業で，おおかみに出会ったくまの役を授業者である教師が演じて，おおかみを抱き上げる授業の報告が見られます。くまである教師に抱き上げられるとおおかみ役の子どもは大喜びし，ほかの子どもたちも，くまを演じる教師からだっこされることをせがみます。この時子どもたちがだっこをせがむのは，「親切の温かさ」を理解したからではありません。だっこしてもらうことが目的の「先生だっこして」がテーマとなっています。だっこされて得られる快感は，親切の意義についての理解を高めると解釈するには無理があります。教材が違っても，授業者が演じると，その時のリアクションは，子どもたちに教師が期待する「正答」を探すことを強要することになりかねません。

　これらは，単に登場人物を演じさせることや役割を交代して演じることが役割演技だと誤解していることに起因し，教師が演じることで，ますますその誤解が深まる悪循環を生み出しています。演者として演じるのではなく，監督として演者や観客の表情や言動等から即興的に演じられた役割の意味の見立て（解釈）をすることこそが教師の大切な役割であり，その見立ては，演じられた後の話合いでの演じられた意味の吟味と理解を促進させます。その実感的な理解によりさらに新たな役割が創造され，ますます道徳的価値の理解が深められることが役割演技の特徴であり，用いる意味だと理解しましょう。

2　役割演技実施の要件

　役割演技を心理劇の手法からの発展や応用と考えますと，役割演技の要件について，次のように説明できます。[*5]

＊5　早川裕隆（編著）『実感的に理解を深める！　体験的な学習「役割演技」でつくる道徳授業——学びが深まるロールプレイング』明治図書出版，2017年，pp. 16-21。

①監　督

　役割演技による道徳授業の授業者です。適切な授業を遂行するうえでも，演じられた意味や意義を解釈するうえでも，子どもたちの実態を把握し，その変容や成長を適格に理解できるという意味で，監督は学級担任が行うことが望ましく，そのため，普段からの子どもたちへの深い理解が肝要です。

　監督には学習者が学習に参加するだけで深い安堵感が得られるような，学習者を受け入れる包容力が必要ですので，次のことに留意しましょう。

　・演者や観客が，役割表現の巧拙にこだわらないようにする。

　・観客が演者の演じる演技の指示や批判をしないようにする。

②演　者

　即興的に演じたい役割を演じ，その後の話し合いで，観客と共に演じられた意味や意義を解釈したり分析したりしながら，そのよさを明確にし，観客と共に道徳的諸価値についての理解を深め，新たな役割を発見し，創造する，主体的な学習者です。

③観　客

　芝居見物のような観客意識を捨て，演者の「共鳴板」として，演者に支持的，共感的なフィードバックをもたらすと共に，演者を同一視し，演者のテーマを自分のテーマとして一緒に探究します。観客は演者より客観的なので，よい観客が育つと，観客は演者の姿見のような役割を果たし，演じられた意味や意義が明確になることを支援する役割を果たします。その際，子どもたちは，授業の進行に合わせるように，教材の登場人物の誰かに自我関与し始めます。主役にとって適切な相手役（補助自我）が指名され，演じられますと，主役の自発性が促進され，演者も，観客も，演じられた役割演技を基に，道徳的価値の理解や自己のあり方に関する考えが深められます。

3　ウォーミング・アップ

　研修会などに講師として招かれた際に，役割演技に対する次のような指摘をよく耳にします。一つは低学年によく見られる「子どもたちは活性化したが，

茶番劇のようで何がわかったのかがわからずに終わってしまった」というものです。今一つは，中学年以上に見られる「子どもたちが恥ずかしがって，演じることを拒否したり，前へ出てきても演じられなかった」といったものです。

　たとえば，みなさんが参加した研修会で，「ではこれから，うさぎさんを演じてもらいます」と言われたらどう思いますか。疑問や不安，恐怖や抵抗は感じても，ワクワクするような期待を抱く方は少ないでしょう。そのような不安や恐怖は，まわりからの注視や評価を恐れているから起こることにほかなりません。このような状態について時田光人は「参加者の心理的な準備状況を考慮せずに，いきなり役割を演ずるようにしますと，演者は抵抗し（指示された台詞を言うのが精一杯で）相手に応じた演技を続けて演じようとせず，…（中略）…観客の失笑を受けたり相手役に応じられなかったりしますと，時として自信喪失の状態に陥ることがあります[*6]」と説明しています。

　そうならないためには，役割演技による学習方法を知るためのウォーミング・アップを事前に行い，演じられたことを決して否定せず，その意味を探究しようとする，演者に支持的なよい観客をつくることが肝要です。そのために，たとえば次のようなウォーミング・アップを行ってみてはどうでしょうか。

① 「視る」「聴く」「考える」と板書し，「見る」や「聞く」との違いを想像するようにします。すると，子どもたちは，「傾聴」や「注視」の意味に気付くようになります。どう見えたか，どう聞こえたか，演者が演じた役割からその意味を解釈することを意識させるのです。

② ポーズ遊びによる「注視」の実感的理解を促します。指名した1名の子どもに体操をしてもらい，途中で動作を止めてもらいます。それが何に見えるかを観客に問いますと，はじめは見たままにしか答えられなくても，やがて表情や姿勢からそのポーズの意味を深く想像し始めます。肯定的で受容的な観客は安全な空間を担保し，共に場と感情を共有し合おうとする学習集団になります。このポーズ遊びについては，本章 WORK にもありますので，やってみましょう。

＊6　時田光人「ロール・プレイング実施の要件」千葉ロール・プレイング研究会　平成6年度ロール・プレイング夏季研究会資料，1994年，p. 10。

4 「監督」（授業者）の役割

　役割演技の授業者には「監督」として次の4つの役割があります。「演出者役割」「分析者役割」「発達援助者役割」「授業者役割」[*7]です。

　「演出者役割」から説明します。役割演技の授業者としての「演出者役割」とは，演者を選んだり，場面や状況の設定をしたりする役割です。また，役割演技を行う時間（スタートや中断の合図）の設定も行います。

　「分析者役割」とは，観客から情報を得るための質問を行ったり，演者に質問を行ったりする役割のことです。さらに，授業者が理解したことをわかりやすく観客の児童生徒に伝達したり，確認をしたりします。時には，修正などを行う場合もあります。

　「発達援助者役割」とは，授業者が，児童生徒の意見を全体に広げたり，受容，承認，共感したりすることを指します。実際の授業では，受容，承認，共感するだけでなく，時には，言葉の意味があいまいになってしまった部分を明らかにしたり，意見の選択肢を与えたりしながら，児童生徒の意見を詳しく聞いていくことが必要となっていきます。

　そして，4つ目の役割である「授業者役割」とは，授業全体を進行する司会者としての役割です。司会者として役割を果たしながら，時間配分を行ったり，児童生徒の授業に参加する意欲の向上を図ったりする役割があります。児童生徒の意見に対する受け答えや繰り返し，相槌や聞き返しなど，学級経営や他の教科のなかでも教師が日頃行っていることと重なる部分が多く，役割を果たしやすい部分でもあります。児童生徒が安心して意見を発表できるような空間づくりにもつながります。

　以上のように，役割演技の授業者である「監督」には，果たすべき役割が多くあります。これらの役割を子どもたちの発言や様子に合わせて適切に果たすことで，役割演技を活用する効果も十分に得られるのです。「監督」が「演者」となってしまうと果たすべき役割が果たせず，ねらいにせまることも難しくな

[*7] 北川沙織・茂木博介・早川裕隆「人間関係づくりの基盤となる道徳の時間の創造と支援（道徳教育実践研究7）」2013年，pp. 40-73（上越教育大学道徳教育研究室（未公刊））。

ってしまいます。

■5　「演者」と「観客」の学び方

　役割演技は，教材に書かれた登場人物の「動きやせりふの真似をして理解を深める動作化」と誤解されることが多くあります。さらに，そのことに起因して演じることにのみ効果があるといった誤解も起こっています。

　レイモンド（Raymond, J. C.）は，「教育のためのロールプレイング」における学びには，「観客」の側で演じている人を観ている場合の学びと，実際に演じている場合の学びと，共に学びがあると指摘しています。[*8]

　しかし，ただ実際に演じている，観ているだけでは共に学ぶことにはつながりません。役割演技を活用した授業展開のなかで，道徳的価値の意義などについて考えを深められることができる学び（深い学び）を観客と演者のいずれの立場においても実現するためには，演者と観客の学びをつなぐ話し合いの位置付けが大切です。

3　道徳授業における「役割演技」の展開

　演者と観客の学びをつなぐ話し合いを位置付けた実際の授業の展開を一例として示します。

展開①　教材の理解

　教材を読み，発問を通して，主人公の心情や判断など，場面の状況を理解させます。演じる前提となる状況の理解を整えます。加えて，発言を聞き分けながら，主役と，主役が主役を演じられる相手役（補助自我）[*9]を見立てます。

展開②　演者の指名

＊8　Raymond, J. C.（1966）. *Roleplaying in Psychotherapy : A Manual*. Transaction Publishers, Chicago: Aldine.（金子賢（監訳）『心理療法に生かすロール・プレイング・マニュアル』金子書房，2004年，pp. 88-91。）

＊9　早川裕隆（編著）『実感的に理解を深める！　体験的な学習「役割演技」でつくる道徳授業──学びが深まるロールプレイング』明治図書出版，2017年，p. 17。

役割演技を通して，考えることを知らせ，演じる児童生徒（演者）を，教師が適切に指名します。この時，期待される演技の巧拙を理由に，すなわち演技力で選ぶことはせず，いずれかの登場人物の心情や状況を十分理解していると思われる児童生徒をその演者として意図的に指名します。小学校では45分，中学校では50分といった限られた授業時間のなかで，ねらいを達成するためには，「演じるのを見せるのが楽しいからやりたい」「おもしろそうだからやってみたい」と興味本位に演じたいと願う児童生徒を指名してしまうと，演技の巧拙に注目した話し合いが展開されてしまいます。場面の状況をしっかりと理解し，授業のねらいとなる道徳的価値の意義や意味について十分に話し合いができるよう，場面の状況をしっかりと理解した児童生徒に演じてもらうことが必要となってきます。

展開③　場面の設定

　場面設定を行います。演じる場面を演者と観客で確認し，その場面について一緒になって話し合わせます。

展開④　役割演技

　演者に役割演技を行わせます。演者には即興的に演じさせ，観ている児童生徒（観客）には，演者の表情やしぐさに注目させながら，演者の心情や判断について想像させます。場面を共有したり，安心・安全な話し合いの空間を保障しながら行います。

展開⑤　観客の発表

　まず，観客に発表させます。観ている児童生徒（観客）には，演者の表情やしぐさに注目させながら，演者の行為の意味について観ていて気付いたこと，考えたことを指摘させます。

展開⑥　演者の発表

　次に演者に発表させます。演者に，演じていた時の考え（心情や判断の理由）や，相手の演者とのやりとりから感じたり考えたりしたこと等を発表させます。

4　役割演技を活用した授業例：教材「うばわれた自由」

(1)対象児童……小学校高学年

(2)本時のねらい……Ａ「善悪の判断，自律，自由と責任」

　自由に行動するにはそれが「正しいか，正しくはないか」をしっかりと判断する姿勢が大切であり，さらに「他者への配慮，尊重，規律ある行動」が求められます。そこで，自由とは「自分が正しいと信じる（判断する）ことに従って主体的に行動する」ことであり，だからこそ「善悪の判断」と共に「責任」と「自律」が求められるのだということに気付かせることをねらいとします。

(3)教材の概要

　教材：「うばわれた自由[*10]」

　国の決まりを破って勝手気ままに森で狩りをするジェラール王子を，とがめ捕らえようとする森の番人ガリュー。しかしガリューは，権力をかさにジェラール王子に逆に捕らえられ，牢に入れられてしまいます。後に王が亡くなり，ジェラールが国王になりますが，わがままがひどくなり，それが原因で国は乱れてしまいます。ついに，ジェラール王は裏切りにあい，囚われの身になってしまいます。暗い洞窟につくられた牢屋でガリューに再会したジェラールは，自らのこれまでの行為を反省し，はらはらと涙を流すという内容です。

(4)役割演技

　ガリューの行為を深く理解できれば，児童はジェラールが牢獄でガリューに再会した時どんなことを思ったのか，深く考えることができるでしょう。役割演技は，自分の命をかけてまでジェラールの行為をいさめようとしたガリューの真意を理解したジェラールが，牢獄から出た後ガリューと再び会う場面に取り入れ，ジェラールが牢獄で考えたこととガリューの真意とを確かめ合えるように話し合いを進めます。

(5)演者の選定

＊10　文部科学省『私たちの道徳　小学校5・6年』2014年，pp. 34-37。

役割演技（展開④）では，ガリューと再会したジェラールが，牢獄で考えたことを語り，確かめ合いたいと，選ばれた子どもたちが願うと思われます。ガリュー自身の命をかけてまで勇気を出して諭そうとした真意（覚悟）は，並々ならぬものがあったことに気付き，初めて「本当の自由」の意味を考えることができるようになります。ここで，「本当の自由」にとって大切なものは何なのかを明らかにすることが大切になってきます。そのため，ガリューがジェラール王子に捕らえられようとした時，「殺されるかもしれない」と思いながらも，決死の覚悟で行為した意味を考えている児童を見逃さずに，ガリューとして指名することがポイントとなります。

　(6)展開例

〈導入〉

　導入では，「みなさんにとって『自分で決められること』ってどんなことがありますか。そのことが阻まれようとした時，どう思いますか。それはなぜですか？」と問い，ねらいに対する導入を図ります。

〈展開〉

　まず「ガリューは，殺されるかもしれないと思ったのにもかかわらず，必死になってジェラール王子に訴えかけたのは，なぜでしょう」（発問１）と問い，森の番人としての役割と責任について考えさせます。日の出前に狩りをしてはならないのはなぜなのか，権力があり，みんなから恐れられていたジェラール王子に対して，「許せない」と言っているのはなぜなのか，確認しましょう。

　次に「牢屋に入れられてしまったガリューは，どんなことを考えたでしょう」（発問２）と問い，孤独な牢屋のなかで事件について回想しながらも，後悔の念はないことを推測させます。ガリューの言っている「本当の自由」とは何かについて考えさせたり，ジェラール王子になおさら手本になってほしいと言っているのはなぜかを問うたりします。

　それから「ガリューは，牢屋でジェラール王の言葉を聞いて，どんなことを思ったでしょう」（発問３）と問います。ガリューの行動の結果，ようやくジェラール王が自分のした行為に，後悔の念を抱いていることを確認します。ガリューはなぜ，ジェラール王が涙を流していると思っているのか，ガリューの言

う「自由」とは何かを考えさせます。

〈役割演技〉

　その後，「ジェラールとガリューを演じて，考えてみましょう」と伝え，ジェラールもようやく牢屋から出ることができ，偶然にもガリューに出会えた場面を演じさせます。場面設定として，たとえば，「ガリューが石に腰を掛けて体を休めているところに，偶然，牢屋から出られたばかりのジェラールが通りかかりました。ガリューも，ジェラールも相手に気付いています。何か話しかけたくなったら話しかけてください。何も話しかけたくなかったら話しかけなくてもいいです。自由に演じてください」と伝え，役割演技を行わせます。

〈役割演技後の話し合い〉

　演じられた後の話し合いでは，たとえば，観客にまず，①ジェラールが語った言葉やその様子（表情やしぐさ等）を聞き，その時どんなことを考えていたのか想像させ，発表させます。次に，②ガリューが語った言葉やその様子（表情やしぐさ等）を聞き，その時，どんなことを考えていたのか想像させ，発表させます。その後，演者それぞれに，演じられた役割の意味を問い，観客の解釈も含めてそれらを吟味しながら，道徳的諸価値に関する理解が明確になるように話し合いを進めます。

　まとめ

　役割演技は，「役割」や「演技」という文字からのイメージで，台本に沿った演劇と同義と理解され，本来期待される活用が十分には成されてきませんでした。本章を通じて，主題やねらいから，どの場面で，どのような目的で，どのように役割演技を取り入れるのか。また，誰を演者にし，演じた後の話し合いをどのようにもったら，子どもたちの道徳的価値の理解を深めることができるかが，理解できたのではないでしょうか。役割演技は効果が大きい反面，子どもたちが，いじめなどネガティブな気分を味わうと「現実」と同様の心理的ダメージを受ける恐さもあることを忘れずに，本来の効果を十分発揮する実践を積み重ねていきましょう。

さらに学びたい人のために

○早川裕隆（編著）『実感的に理解を深める！　体験的な学習「役割演技」でつ
　くる道徳授業──学びが深まるロールプレイング』明治図書出版，2017年。
　　道徳授業での役割演技の活用の仕方について具体的に述べると共に，４つの
　視点ごとに紹介された，小学校低学年・中学年・高学年・中学校の実践を基に，
　役割演技の授業づくりの正しい理解と授業力を高めることができます。

○尾上明代『子どもの心が癒され成長するドラマセラピー──教師のための実践
　編』戎光祥出版，2011年。
　　道徳科での役割演技ではありませんが，治療で使われているドラマセラピー
　について，その効果や進め方，手法やその意味などの理解を促すことができま
　す。とくに，演じられた役割を監督としての授業者が解釈したり，役割演技を
　進行させる方法を知ることができます。

○早川裕隆「教育における心理劇のチャンスと危機──教科化される道徳での役
　割演技の現状と課題を中心に」『心理劇』23，2018年，pp. 5-12。
　　役割演技を道徳科授業で用いる意味について正しく理解すると共に，道徳科
　の目標に基づいた授業の実際について，授業事例を通して，そのよさを実感的
　に理解することができます。一方，誤解による混乱や弊害からその活用に関す
　る留意点を述べており，適切な活用についての理解が深まります。

第 10 章

道徳授業の評価

- 「教育評価」と「学習評価」の両者に共通すること，両者の違いについて理解する。
- 「特別の教科道徳」に関する公式見解（文部科学省・学習指導要領）を，正しく理解する。
- 「特別の教科道徳」の評価についての基本的な考え方について理解する。
- 「特別の教科道徳」の評価を行うにあたって留意すべきことを理解する。
- 「特別の教科道徳」の評価文を作成する際に重視すべきことや留意すべきことについて理解する。

WORK 優先座席が設けられている意味

　電車やバスのなかに優先座席があります。優先座席は何のためにあるのでしょうか？　そうですね。お年寄りや体の不自由な方が後から乗ってきても席に座れるようにするためです。

　では，優先座席が空いていてお年寄りや体の不自由な人も立っていない時には，優先座席に座ってもいいのでしょうか？　優先座席が空いている時は座って，お年寄りや体の不自由な方が後から乗ってきたら譲るというようにすれば，優先座席に座ってもいいように思えますね。

　でも，もしそのようにお年寄りや体の不自由な方が後から乗ってきたら譲るということができるなら，もうそれで問題は解決したわけで，わざわざ優先座席を設ける必要はないのではないでしょうか。優先座席と一般座席を区別して優先座席を設けることは必要なのでしょうか？　また，電車が混んでいるにもかかわらず，優先座席だけが空いているということにどのような意味があるのでしょうか？

　考えたことを自由に発表してみましょう。

※本資料はある座談会における服部敬一氏の発言をもとに作成しました。座談会の様子は，以下の参考文献を参照してください。
参考文献：田村久博・服部敬一・坂本哲彦・上地完治「座談会　発問とは何か」
　　　　　上地完治・毛内嘉威・服部敬一・加藤宣行・佐藤幸司・坂本哲彦・桃﨑
　　　　　剛寿・早川裕隆（編著）『道徳科 Q&A ハンドブック』日本教育新聞社，
　　　　　2018年，pp. 46-52。

● 導　入 ● ● ● ● ● ● ●

　「特別の教科道徳」が新設されたことに伴い，児童生徒指導要録や通知表にその
評価欄が設けられ，そこに文章での評価を行うことになりました。しかし，道徳教
育に関する評価については，これまではそれほど積極的には取り組まれてこなかっ
たという実態があり，教師たちにとっては多くの不安や疑問があります。
　このことから，本章では，「特別の教科道徳」の評価における基本的な考え方，
学習指導要領等の説明をもとに，評価文の作成，さらには授業評価のあり方につい
て解説します。

． ． ． ． ● ● ● ● ●

1 教育評価とは何か

▮1▮　教育評価の目的

　教育評価にはいくつかの目的がありますが，その一つに「教育活動自体がど
の程度に成功であったかを，子どもの姿自体の中から見てとること[*1]」がありま
す。それは文字どおり，教育についての評価であるということです。つまり，
教育評価とは実施した教育の成果を明らかにすることが目的なのであって，子
どもがもともともっている能力を評価しようというものではないのです。さら
に言うならば，その教育によって培われたもの以外の要因をできるだけ取り除
き，教育の成果だけを評価の対象とすることによって，教育そのものが効果的
に行われたかどうか，また，どのような課題が見つかったのかを明らかにする
ことが目的なのです。つまりそれは，教育による子どもの成長を通して教育の
成果を評価することなのです。このように，教育と評価とは表裏一体の関係に
あり，よりよい教育のためには必ず評価が必要であるということができます。

＊1　梶田叡一『教育評価（第 2 版補訂 2 版）』有斐閣，2010年，p. 2。

学習評価の意義

　教育評価が，教師が行った教育を評価することであるならば，学習評価は学習者である子ども一人ひとりの学習の成果を評価することだと言うことができます。学習評価には，子ども自身が自分の学習の成果や状況を把握すると共に，次の課題へとつなげるという教育的意義があります。また，学習評価では，妥当性や信頼性を高めるために，教師による評価に加え，学習者自身が評価する自己評価や，学習集団のなかで学習者同士が互いに評価し合う相互評価なども取り入れます。しかし，子どもが自分自身や学習者同士の学習状況を評価することは容易ではなく，単なる振り返りになっていたり，記録にとどまっていたりすることも少なくありません。とくに，「特別の教科道徳」（以下，道徳科）は，学習者である子ども自身にとってもその成長が自覚しにくく，一時的な心情の高まりとも区別しにくいため，自己評価も相互評価も難しいと言えます。

　このように学習評価には課題がありますが，「小学校学習指導要領」には，評価者として配慮すべきことがらが次のように示されています。[*2]

> 　学習評価の実施に当たっては，次の事項に配慮するものとする。
> (1)　児童のよい点や進歩の状況などを積極的に評価し，学習したことの意義や価値を実感できるようにすること。また，各教科等の目標の実現に向けた学習状況を把握する観点から，単元や題材など内容や時間のまとまりを見通しながら評価の場面や方法を工夫して，学習の過程や成果を評価し，指導の改善や学習意欲の向上を図り，資質・能力の育成に生かすようにすること。
> (2)　創意工夫の中で学習評価の妥当性や信頼性が高められるよう，組織的かつ計画的な取組を推進するとともに，学年や学校段階を越えて児童の学習の成果が円滑に接続されるように工夫すること。

　このように，学習評価は子どもが学習したことの意義や価値を実感することで学習意欲の向上に結びつくことを目指して行うこと，評価における妥当性や信頼性を高める必要があることが述べられています。

＊2　文部科学省『小学校学習指導要領』東洋館出版社，2018年，p. 23。

2 「特別の教科道徳」の評価

1 評価の基本的な考え方

　道徳科の評価について,「小学校学習指導要領」には,次のように示されています。[*3]

> 　児童の学習状況や道徳性に係る成長の様子を継続的に把握し,指導に生かすよう努める必要がある。ただし,数値などによる評価は行わないものとする。

　またさらに,『小学校学習指導要領解説　特別の教科道徳編』にも,次のように書かれています。[*4]

> 　学習における評価とは,児童にとっては,自らの成長を実感し意欲の向上につなげていくものであり,教師にとっては,指導の目標や計画,指導方法の改善・充実に取り組むための資料となるものである。
> 　教育において指導の効果を上げるためには,指導計画の下に,目標に基づいて教育実践を行い,指導のねらいや内容に照らして児童の学習状況を把握するとともに,その結果を踏まえて,学校としての取組や教師自らの指導について改善を行うサイクルが重要である。

　つまり,第1節でも述べたように,道徳科の評価には,指導のねらいや内容に照らして学習者である子どもに自らの成長を実感させるための「学習評価（子どもの評価）」と,指導者である教師自身が指導の計画や方法が効果的に行われたかを振り返るための「授業評価」の2つが含まれているのです。
　また,「指導のねらいや内容に照らして」ということは,先に述べた教育による成果を評価するということです。つまり,道徳科の評価は,子ども一人ひとりの道徳性を評価するのではなく,学習の成果を評価することなのです。こ

＊3　文部科学省『小学校学習指導要領』東洋館出版社,2018年,p. 172。
＊4　文部科学省『小学校学習指導要領解説　特別の教科道徳編』廣済堂あかつき,2018年,p. 107。

のことは重要ですのでもう少し述べます。

　そもそも，子どもの道徳性は，その子の人格的特性であり，内面的な資質ですから，それが養われたかどうかは容易に評価できるものではないと考えなければなりません。もちろん，道徳性を測定するためのテスト等があるにはありますが，それによって得られる結果は，あくまでも子どもの道徳性の一側面に過ぎず，健康診断でいう検査の一項目のようなものでしかありません。したがって，それでは子どもの道徳性そのものを評価することにはならないのです。

　また，道徳性の形成というものは，道徳科だけでできるものでもなければ，学校における教育活動だけでできるものでもなく，家庭教育の成果や子どもがもともともっている性質にも起因するものであるため，道徳性を評価しようとすれば，それは道徳科だけの教育評価ではなくなってしまいます。

　以上のことから，道徳科の評価において，子どもの道徳性を評価することは，適切ではないと言わなければなりません。

2　専門家会議の報告に見る評価の観点

　「道徳教育に係る評価等の在り方に関する専門家会議」から2016年に出された報告[*5]では，道徳科の評価について以下のことが示されています。

・数値による評価ではなく，記述式であること。
・他の児童生徒との比較による相対評価ではなく，児童生徒がいかに成長したかを積極的に受け止め励ます個人内評価として行うこと。
・個々の内容項目ごとでなく，大くくりなまとまりをふまえた評価とすること。
・児童生徒がより多面的・多角的な方向へと発展しているか，道徳的価値の理解を自分自身との関わりのなかで深めているかといった点を重視すること。

　専門家会議がこのような観点を示したのは，道徳科の評価についてはさまざ

＊5　道徳教育に係る評価等の在り方に関する専門家会議「『特別の教科　道徳』の指導方法・評価等について（報告）」2016年。

まな誤解が生じやすく，慎重に行う必要があるためであると思われます。

　それでは，上記の観点等についてもう少し述べます。

①数値による評価ではなく，記述式であること

　道徳科における評価は，子どもが自分の成長を実感するために，学習の成果をフィードバックすることが目的であり，点数化することが目的ではありません。また，学習の成果は子どもの道徳性のほんの一端ですから，それを数値化するよりも，そこでの学習状況や道徳性に係る成長の様子を具体的に示す方が意味があります。もちろん，学習の成果を数値で表すことが不可能だというわけではありませんが，数値で評価した場合，それを受け取った子どもや保護者が，道徳性や人格の評価であると拡大して捉えてしまう可能性があります。

②個人内評価であること

　道徳教育は，誰もがよりよく生きたいと願う人間であることを前提に，子ども一人ひとりの成長を促す教育です。ただし，子ども一人ひとりを見た時には成育環境や発達，性格などによる違いがあり，それが学習にも影響しますから，一律に評価することには無理があります。したがって道徳科の評価は，他の子どもと比較する相対評価ではなく，個々の子どもがいかに成長したかを積極的に受け止め励ます個人内評価（絶対評価）であるべきなのです。そういう意味から道徳科の評価は，入学選抜には馴染まないため，調査書等に記載したり，選抜の合否判定に用いたりすることのないようにしなければなりません。

③大くくりなまとまりをふまえた評価とすること

　内容項目は，道徳教育を行ううえでの手掛かりとするものではありますが，そこに書かれている事柄を単に知識として観念的に理解させたり，道徳的価値の名称（徳目）をよいこととして理解させたりすることを道徳科の目標とするのは適切ではありません。ただし，道徳授業の多くが１時間１主題であるということを考えた時に「大くくりなまとまり」をどのように考えるかは難しい問題です。そこでは，たとえば１学期間や１年間の期間で毎時間の学習状況や成長の様子についての蓄積をもとに，とくに子どもの成長が顕著に見られた事柄を取り上げて評価するという方法が考えられます。

④多面的・多角的な方向へと発展しているか

　道徳科の目標には，「自己を見つめ，物事を多面的・多角的に考え，自己の生き方についての考えを深める学習を通して」とあります。つまり，道徳科の学習において，道徳的な判断力，心情，実践意欲と態度を育てる過程において，物事を多面的・多角的に考えることが重視されているわけです。もちろん，このこと自体が授業のねらいではありませんが，そのような学習が行われることは大切です。たとえば，道徳的判断の根拠についてさまざまな視点から捉えることで自分とは異なる見方や考え方，そこで表れるさまざまな心情に出合い，自分とは異なる考え方や感じ方があることを理解することです。一方，異なる考え方や感じ方に触れると同時に，「このように感じるのは自分だけではない」「みんな同じように思っているのだ」というような共有できる価値観を認識することも大切であると考えます。道徳の問題のなかには，誰もが求めている共通のよさも多くあるわけですから，同じ人間として共通の感情があることを理解することも物事を多面的・多角的に考えた学習の結果，子どもたちが得られるものなのです。

⑤道徳的価値の理解を自分自身との関わりのなかで深めているか

　道徳科で用いられる読み物教材の多くはフィクションです。ただし，そこにはよりよく生きようとする人間の姿や，それができずに悩む人間が描かれています。もちろん，登場人物は子どもたちとは別の人格であるわけですから，登場人物になりきることはできないでしょう。しかし，子どもたちが想像力を働かせることで同じ人間として登場人物の思いや考えを捉えることはできますし，登場人物が行った判断についても真剣に考えることもできます。つまり，「あなたならどうですか？」「もしも，自分だったら？」などと問わなくても，子どもに自分自身との関わりのなかで道徳的価値の理解を深められるのです。そのために教師は，子どもが道徳的価値について考えたくなる視点や有効な手立てを準備することが重要になります。

⑥配慮が必要な子ども等への注意

　『小学校学習指導要領解説　特別の教科道徳編』には，次のようにあります。[*6]

> 　発達障害等のある児童に対する指導や評価を行う上では，それぞれの学習の過程で考えられる「困難さの状態」をしっかりと把握した上で必要な配慮が求められる。
>
> 　例えば，他者との社会的関係の形成に困難がある児童の場合であれば，相手の気持ちを想像することが苦手で字義通りの解釈をしてしまうことがあることや，暗黙のルールや一般的な常識が理解できないことがあることなど困難さの状況を十分に理解した上で，例えば，他者の心情を理解するために役割を交代して動作化，劇化したり，ルールを明文化したりするなど，学習過程において想定される困難さとそれに対する指導上の工夫が必要である。
>
> 　そして，評価を行うに当たっても，困難さの状況ごとの配慮を踏まえることが必要である。

　道徳科に限ったことではありませんが，学習するうえでとくに困難さがある子どもについては，指導者がそのことをしっかりと把握したうえで，個々の困難さに応じた指導を工夫する必要があることは言うまでもありません。困難さは，学習障害等のほか，海外から帰国した子どもや，外国人の子ども，両親が国際結婚であるなどいわゆる外国につながる子どもたちの生活習慣や行動様式の違いや日本語理解の不十分さからくるもの，そのほか個々の状況に基づく，さまざまなものがあります。一人ひとりの困難さをふまえたうえでそれぞれに応じた支援を準備しておくことが大切です。

　評価についても，そのことを十分に理解したうえで配慮することが当然求められます。

3 道徳科における子どもの評価

1 評価文の作成

　小学校においては2018年度から，中学校では2019年度から，それまでの道徳

＊6　文部科学省『小学校学習指導要領解説　特別の教科道徳編』廣済堂あかつき，2018年，pp. 113 -114。

の時間が「特別の教科道徳」として新設されました。それに伴って，各学校で作成する「児童生徒指導要録」や「通知表」に「特別の教科道徳」の評価欄が設けられました。つまり，子どもの道徳性にかかる成長の様子や学習状況に関する評価を文章で記述することになったわけです。ただ，ここで忘れてはならないことは，「特別の教科道徳」の指導のねらいや内容に照らして子どもの学習状況を評価するということです。繰り返しになりますが，子どもの道徳性を評価するのでもありませんし，学校の教育活動全体を通じて行う道徳教育の評価と混同することのないようにしなければなりません。

　では，どのような評価文を書けばよいのでしょうか？　次の評価文を検討してみましょう。

　文例1　誰に対しても思いやりの心で接し，困っている人を見ると自ら声を
　　　　　かけて助けようとする姿をよく見かけました。
　文例2　礼儀の大切さをしっかりと学びました。そして，相手を見てきちん
　　　　　とあいさつをする姿が見られるようになりました。これからも，ほ
　　　　　かの子のお手本としてがんばってください。
　文例3　道徳科の学習では，課題を自分のこととして捉えて真剣に考えてい
　　　　　ました。話し合いのなかでは，友だちの考えと自分の考えを比べな
　　　　　がら，時に質問をして深く考えていました。

　これらの3つの文例を見ると，どれも具体的な子どもの姿が書かれており，そのよさを認め励ます個人内評価になっています。しかし，これらは，どれも道徳科の評価文としては適切ではないと考えます。

　まず，文例1ですが，この子が思いやりのある優しい子どもであること，そしてそれを日常的に実践していることがよくわかります。しかし，この子がこのような優しい子になったのは，道徳科の成果であると言うことができるでしょうか？　各学期に1回程度の「おもいやり」の授業だけでこのように優しい子どもになるのでしょうか？　一定期間でこの子にこのような成長が見られたのであれば，ほかにも要因があると考えるべきではないでしょうか。たとえば，

今の学級には温かな雰囲気があふれている，思いやりのある友人との出会いがあった，家庭環境が大きく変わったなどが考えられます。もしも，以前からこのように優しい子どもであったとすれば，それこそ「特別の教科道徳」の評価欄に書くことではなくなってしまいます。道徳科の評価は，子ども一人ひとりの道徳性を評価するのではなく，学習の成果を評価するべきものなのです。

　次に，文例2を見てみましょう。この子は礼儀を扱った道徳の学習をきっかけに礼儀正しいあいさつをするようになったようです。結果として礼儀正しいあいさつができていることはわかります。しかし，なぜできるようになったのでしょうか？　道徳の学習でこの子は礼儀について何を学んだのでしょうか？「きちんとあいさつをしなければならない」ということや，「相手を見てきちんとあいさつする」というかたちを学んだのであれば，それができるようになったことに頷けます。しかし，それが「特別の教科道徳」が目指すものであったかどうかを慎重に見極める必要があります。

　『小学校学習指導要領解説　特別の教科道徳編』には次のような記述があります。[*7]

> 道徳科の授業では，特定の価値観を児童に押し付けたり，主体性をもたずに言われるままに行動するよう指導したりすることは，道徳教育の目指す方向の対極にあるものと言わなければならない。

　つまり，大切なことは，この子が道徳の学習で何を学び，その学んだことの結果として主体的に礼儀正しいあいさつができているかどうかです。仮に，この評価文の前に「『あいさつがきらいな王さま[*8]』の学習を通して」のように教材名が書かれていたとしても十分だとは言えません。大切なことは子どもが何を学んだかなのです。

　さらに，文例3を見てみましょう。前掲の「小学校学習指導要領」に，「児童の学習状況」という言葉が加わったために，このような評価文が見られるよ

＊7　文部科学省『小学校学習指導要領解説　特別の教科道徳編』廣済堂あかつき，2018年，p. 16。
＊8　もり・けん（作）はやしたかし（文）あべはじめ（絵）『あいさつがきらいな王さま』ひかりのくに，1985年。

うになりました。しかし，この評価文のはじめにある「道徳科」を国語科や社会科などの他の教科に変えても，この評価文を使うことができます。つまり，この評価文に書かれていることは，道徳科はもとより他の教科の学習においても重視される子どもの姿であり，道徳科だけで見られるものではないのです。本来，学習状況は，何をどの程度学んだかという学習の状況であるべきなのです。そう考えると，文例3に書かれていることは学習状況と言うよりも，学習の様子や態度と言うべきかもしれません。

2　ねらいや内容に照らして

　『小学校学習指導要領解説　特別の教科道徳編』に，「指導のねらいや内容に照らして」と書かれており，そのことが評価において最も重要な観点であることは既に述べました。しかし，これまでに多く見られた道徳の時間のねらいは「過ちは素直に改め，正直に明るい心で元気よく生活しようとする心情を育てる」のように，内容項目に諸様相をつけただけの一般的なものでした。これでは，ねらいに照らして子どもが何を学んだのか，また道徳科の学習で学んだことなのか，もともと知っていたことなのかを判断することはできません。

　このことから，道徳科においても，他の教科と同様，1時間ごとのねらいを設定する必要があると考えます。しかも，それは子どもがもともと知っていたような一般的なねらいではなく，「心情を高める」「態度を養う」など抽象的なものでもなく，1時間で達成可能な具体的なねらいです。一例をあげるならば，教材『はしのうえのおおかみ』を用いた授業のねらいは，従来のように「身近にいる人に温かい心で接し，親切にしようとする心情を育てる」ではなく，おおかみが言った2回の「えへん，へん」を比べることで，「意地悪や弱い者いじめをすることは面白いが，人にやさしくしたり親切にしたりする方がずっといい気持ちになることに気づかせる」となります。そうすることで，この1時間で子どもに何を学ばせるかが明確になり，それに対する評価も可能になるのです。

4 道徳科の授業評価

　道徳科の授業に対する評価について，『小学校学習指導要領解説　特別の教科道徳編』には次のように書かれています[9]。

> 　児童の学習状況の把握を基に授業に対する評価と改善を行う上で，学習指導過程や指導方法を振り返ることは重要である。教師自らの指導を評価し，その評価を授業の中で更なる指導に生かすことが，道徳性を養う指導の改善につながる。
> 　明確に意図をもって指導の計画を立て，授業の中で予想される具体的な児童の学習状況を想定し，授業の振り返りの観点を立てることが重要である。こうした観点をもつことで，指導と評価の一体化が実現することになる。
> 　道徳科の学習指導過程や指導方法に関する評価の観点はそれぞれの授業によって，より具体的なものとなる……。
> （以下，省略するが，観点としてア～カの6点があげられている。）

　ここでも，授業のなかで予想される児童の学習状況を想定して，観点をもつことの重要さが述べられています。そして，その観点は指導のねらいや内容を授業ごとに具体的に表したものであるはずなのです。そうでなければ指導と評価の一体化は実現しないからです。

　学習過程や指導方法の評価だからといって，それだけを取り上げて評価することは望ましくありません。たとえば，「発表が多く多様な意見が出された」や，「友だちの意見をしっかり聞いていた」「役割演技でどの子もいきいきと主人公の役を演じていた」などの子どもの姿は，授業者が期待するものに違いありませんが，それがねらいや内容に照らして意味のあるものであったかどうか，そのための指導方法が有効に機能したかどうかを抜きにした評価であってはいけないのです。

　授業評価においても，具体的なねらいや内容に照らして，子どもの学習をできるだけ客観的に評価することが大切です。そうすることで，教師自らが授業

＊9　文部科学省『小学校学習指導要領解説　特別の教科道徳編』廣済堂あかつき，2018年，p. 115。

を振り返り，その成果や課題を明確にすることができ，授業改善にも結びつくと考えるからです。

 まとめ ....

　「特別の教科道徳」の評価は難しいと思われています。しかし，目的をもった教育活動である限り評価は可能であるはずですし，しなければならないものです。それが難しいと思われるのは，子どもの道徳性の評価や学校の教育活動全体を通じて行う道徳教育の評価と混同されやすいからではないかと考えます。

　そこで，本章では教育評価の視点（指導と評価の一体化）から道徳科の評価を考えてきました。つまり，教育活動自体がどの程度に成功であったかという視点から評価しようということです。そうすることで，子どもがもともともっていた道徳性や日々の指導のなかで培われた道徳性と区別して評価することができるからです。

....

 さらに学びたい人のために

○梶田叡一『教育評価（第2版補訂2版）』有斐閣，2010年。
　　教育評価とは何か，何のために，何を基準に評価をすればよいのかなど，教育評価についての基本的な考え方を知るうえで必読の書です。

○服部敬一（編著）『小学校「特別の教科　道徳」の授業と評価　実践ガイド
　　──道徳ノートの記述から見取る通知票文例集』明治図書出版，2018年。
　　小学校の道徳科における評価について，子ども一人ひとりの1時間の学習成果として，授業のねらいがどの程度達成できたのかを見取ることによって行った評価の実践事例集です。

○服部敬一（編著）『中学校「特別の教科　道徳」の授業と評価　実践ガイド
　　──道徳ノートの記述から見取る通知票文例集』明治図書出版，2019年。
　　「指導（ねらい）と評価の一体化」に立った授業づくりと評価に関する中学校版実践事例集です。生徒にとってわかりきったことではない，ねらいの設定から授業づくりと評価を行っています。

第11章

道徳授業と学級経営

• • • ● 学びのポイント ● • • •

- どうすれば「考え，議論する道徳」になるのかではなく，なぜ「考え，議論する道徳」が求められているのか理解する。
- 「特別の教科道徳」の目標に示されている「多面的・多角的」な視点は，学びの深まりの鍵となる，「見方・考え方」の一つであることを理解する。
- 「考え，議論する道徳」を通して「深い学び」を実現するために，子どもの声を「聴く」ということ，「つなぐ」ということの意味を理解する。
- 積極的に挙手をして発言する子どもだけではなく，発言しない子どもを，授業でどう生かすのかという視点をもつことを理解する。
- ペアトークやグループ学習の意義について改めて考え，その目的は，子どもの「深い学び」の実現であることを理解する。

WORK 「謝ること」と「許すこと」

以下の文章を読んで，考えたことを話し合ってみましょう。

日本人は往々にして，悪いことは悪いんだ，謝るのは当然の義務ではないか，と考えがちですが，この発想は必ずしも万国共通のものではないんです。

ヨーロッパの道徳教育では一般に，「謝ること」と「許すこと」を小学校1年生から習います。

人間とは不完全なものであるから，無意識のうちに悪いことをしてしまうこともあるし，意識的に悪いことをすることもある。たとえば，だれかに迷惑をかけたとわかっていても，人間とは不完全なものであるから，相手に謝ることは難しい。また，迷惑をかけられたほうも，やはり不完全なものであるから，相手を許すことは難しい。このように「謝ること」と「許すこと」は人間に与えられた最後のチャンスなんだと教えるんですね。不完全なものである人間はどうしても悪いことをしてしまうから，相手に謝り，相手を許すことによって生きていけるというわけです。

ここで重要なのは，謝るにせよ，許すにせよ，あくまでもチャンスであって，義務ではないということ。つまり，相手に謝るかどうか，相手を許すかどうかは，最終的には本人の選択にまかされているんです。ヨーロッパの道徳教育においては，この「謝ること，許すことは義務ではなく，チャンスである」というのはとくに強調されている点です。

（中略）謝罪することを選択したのならば，状況を正確に解釈し，謝罪の目的と対象を明確にしたうえで，効果的に謝罪の意を「表現」する方法を教えるんですね。ただし，たとえ相手が子どもであっても，たとえ悪いことをしたのが事実であっても，その内心に踏み込んで表現を強制することは許されないというわけです。あくまでも謝罪するチャンスを与え，最終的な選択は本人にまかせるんですね。

（出所：北川達夫「謝ることは義務ではなく，チャンスである」北川達夫・平田オリザ『ニッポンには対話がない』三省堂，2008年，pp. 27-28を一部改変。）

● 導　入 ●　・　・　・　・　・　・

　本章では，道徳授業における教師の働きかけについて，学級経営のなかからとくに関連性のあるものを重点的に，具体例を紹介しながら解説します。

　第1節では，多面的・多角的な視点からよく「聴く」ことと「つなぐ」ことを意識した授業と，その下支えとなる学級経営について述べます。第2節では，授業で行うペアトークやグループ学習の意義を捉え，学び合うための学習環境づくりという点から解説します。両実践は，どちらも「考え，議論する道徳」を念頭におき，「子どもと共に（子どもの声から）授業をつくる」ことと，「『深い学び』を目指した授業づくり」を重視している実践です。

　　　　　　　　　　　　　　　・　・　・　・　・　●　●　●　●

1 「考え，議論する道徳」に向けた授業と学級経営

▮1▮　深い学びのための「多面的・多角的」な視点

　具体的な道徳授業の様子や学級経営を紹介する前に，まず，なぜ「考え，議論する道徳」なのかということの概要を理解しておく必要があります。一言で言ってしまえば，いじめ問題への対応を機に道徳授業の充実が求められたからです。求められているということは，これまでの「道徳の時間」が，学習の時間として充実していなかった状況があったということです。

　つまり，道徳授業を形骸化させたり軽視したりせず，道徳的諸価値について多面的・多角的に考え，仲間との対話を通して理解を深めたり，自己の生き方を見つめ直したりできる時間にする，というメッセージが込められています。

　しかし，ただ安易に考えさせたり，議論させたりすればそれで深い学びになるというわけではありません。子どもが話したがっていないのに，形式的に話し合いの場を設定しても議論にはなりませんし，互いに自分の思いを主張し合っているだけでも議論していることにはならないでしょう。何をどう考えるのか，なぜそのことについて考えるのか，子どもがその目的や意義を十分に理解し，自分事として考えたうえで議論を展開させなければ，自分の考えを改めて

強化したり，更新したり，転換するような学びは期待できません。

　学びの深まりの鍵となるのは，各教科等の特質に応じた「見方・考え方」と言われています。道徳科における「見方・考え方」は，「学習指導要領」第3章「特別の教科道徳」の目標に示されている「道徳的諸価値についての理解を基に，自己を見つめ，物事を（広い視野から）多面的・多角的に考え，自己（人間として）の生き方についての考えを深める」ことです。「考え，議論する道徳」を通して深い学びを実現するためには，目標に示されている「多面的・多角的」という意味を辞書的にではなく，本質を理解し，子どもの思考が多面的・多角的に動き出すような，教師の働きかけが重要です。

2　仲間の話を聴き，つなぐことを重視した学級経営

①朝の会の10分で話し手と聴き手を育てる

　子どもが物事を多面的・多角的に思考し，深い学びをするための教師の働きかけには，授業のなかで行うものと，授業以外で行うものがあります。

　たとえば，授業以外の実践の一例として，朝の会で健康観察を兼ね，出席番号順に昨日の出来事や今朝の出来事などを全員が一言ずつリレーしていきます。

　A児「はい元気です。昨日おじいちゃんと公園に散歩に行きました。とんぼ
　　　　がいっぱい飛んでいて，もう秋だなぁと思いました。Bさんどうぞ。」
　B児「はい少し咳がでます。昨日お手伝いをしたから，お母さんにほめられ
　　　　てうれしかったです。Cさんどうぞ。」

　このような実践は，自分の気持ちを理由づけして話す発表練習の場としてはもちろんのこと，聴く側にとっても聴く力を養う貴重な時間です。聴き手には，

＊1　中央教育審議会「幼稚園，小学校，中学校，高等学校及び特別支援学校の学習指導要領等の改善及び必要な方策等について（答申）」2016年。
＊2　文部科学省『小学校学習指導要領』東洋館出版社，2018年，p. 165。『中学校学習指導要領』の表記は，本文中では（　）で示した。

図11-1　一言リレーの様子（1年生）
出所：筆者撮影。

仲間の発言に対して「へぇ」と関心をもちながら聴いたり，「わかる」と共感したり，「どうしてかな」と疑問に感じたり，「おかしいな，違うな」と批判的に思考しながら，自分の経験や考えと重ねて聴くように求めます。そうすると，子どもは自然と発表者の顔を見て聴くようになりますし，「○○さんにお尋ねです」と話を掘り下げようとします（図11-1）。

　②「つなぐ」ことを意識した発言

　発言を「つなぐ」には，教師も子どもも他者の発言を最後まで聴くことが前提です。そして，上述した批判的な思考等を生かしながら，他者の意見を自分事として受け止め，質問するなどして内容を掘り下げていきます。先ほどの朝の会での一言リレーでは，ただ発表者が順番につながっているだけで，内容につながりや深まりはありません。そこで全員が発表した後に，質問タイムを設けています。たとえば，質問が出てくる際には以下のような流れがあります。

　C児「Bさんにお尋ねです。どんなお手伝いをしたからほめられたんですか。」
　B児「はい。洗濯物をたたむお手伝いです。Dさんどうぞ。」
　D児「はい。僕も玄関の靴を並べてほめられたことがあります。」

　このように，前の仲間の発言を受けて詳細を引き出し，内容を掘り下げてい

きます。そうすると，授業でも同じように仲間の発言に関心をもって聴き，わからないことは素直に尋ね，自ら学習内容を深めるようになります。

　しかし，すべて子どもにゆだねても，発言のつながりはなかなか生まれません。教師が意図的に子どもの発言をつなげる働きかけが必要です。たとえば，意図がよく伝わらない子どもの発言に対し，教師が解釈して説明するのではなく，「みんな今のわかった？　もう少しわかりやすく説明できる人いる？」と他の子どもにつなげてみるのもいいでしょう。理想は教師の介入がなくても，子ども同士で話をつなぎ，深めていくことです。そうなるために，朝の会での一言リレーに限らず，どの授業においても，「つなぐ」ことを意識した教師の働きかけは，日々の積み重ねが大事だと言えるでしょう。

3　教師も多面的・多角的に考え，子どもと共に授業をつくる

　それでは，実際の授業場面を想起しながら，子どもが深い学びをしている様子を紹介します。本実践は，小学3年生を対象に，「雨のバス停留所で」という教材を用いて行いました。[*3] 本教材は，主人公のよし子が「バス停の前に並ぶ」というそもそものきまりと，「雨の日は少し離れたたばこ屋の軒下で並んで待つこともある」という，いわば暗黙のきまりのようなものに戸惑いながら，規則について自己の生き方を見つめ直すという内容です。

　授業のねらいが，一般的な価値の自覚にとどまるようでは，子どもの多面的・多角的な思考は引き出せません。したがって，教師自身も多面的・多角的に教材を分析し，広く，深く価値解釈をする必要があります。そうして子どもの多様な考えを受け止め，考え，議論する道徳の展開を図り，深い学びをつくりだすのです。そのため，教材研究の段階で，学級の子どもが既に自覚していると思われる「規則」についての理解を想定し，教材文を読めばおおよそわかることを「教材を通して改めて確かめたい，一般的な価値の自覚」として設定します。そして，その理由を掘り下げていく過程で「さらに深めたい考え」ま

＊3　文部科学省『わたしたちの道徳　小学校3・4年生』2014年，pp. 124-127。

```
┌─────────────────────────────────────────────────────┐
│         Ⅰ 想定される授業前の子どもの価値の自覚          │
├─────────────────────────────────────────────────────┤
│ ・きまりはみんなの安心安全のためにある。だからしっかり守らなければいけない。│
│ ・子どもでも社会のきまりはちゃんと守るべきだ。             │
├─────────────────────────────────────────────────────┤
│      Ⅱ 教材を通して改めて確かめる，一般的な価値の自覚       │
├─────────────────────────────────────────────────────┤
│ ・たとえ知らないできまりを破ったとしても，結果的にまわりの人たちに嫌な思いを│
│   させてしまう。                                      │
│ ・自分のことばかりではなく，まわりの人たちのこともよく考えて（配慮して）行動│
│   することが大切だ。                                   │
├─────────────────────────────────────────────────────┤
│            Ⅲ さらに深めたい子どもの考え                │
├─────────────────────────────────────────────────────┤
│ ・きまりは他者への配慮の結果よりよいきまりのようなものへと変化することがある。│
│ ・周囲の状況をよく考えれば，特別に変化したきまりのようなものにも対応できる。 │
└─────────────────────────────────────────────────────┘
```

図11‒2　ねらいとする価値への追求の見通し

出所：筆者作成。

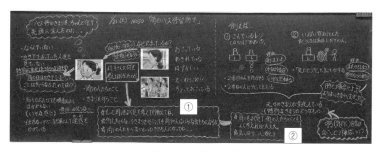

図11‒3　実際の板書

出所：筆者撮影。

での見通しを立てます（図11‒2）。

　授業展開では，普段あまりバス停で並ぶ機会がない子どもの実態を考慮し，類似した身近な場面での「きまりのようなもの」を取り上げ，なぜきまりは変化するのか，そしてその変化に気付くにはどうしたらよいかと問いかけました。図11‒3は，その時の実際の板書です。

　教材を通して確認する，一般的な価値の理解について追求したのが，図11‒3の左部分①です。そして右部分は，類似場面を通して「さらに深めたい考え」まで追求している過程です。そうして子どもは，②にあるような気付きか

A児：きまりが変化するのは，みんなの思いが一致してから変化するといいと
　　　思います。なぜなら，よし子みたいに知らなくてやってしまった人とか
　　　が出てくるからです。だから私は人のことも考えてまわりをよく見て行
　　　動するようにします。
B児：私もレジで並んでいる時，前の人がもう一度商品をえらびに行ってまた
　　　私の前にもどるのを2・3回やられたことがあります。しかもその人は
　　　一度もこっちをふり向かない，当たり前のようにしていたので，よけい
　　　にはらが立ちました。それに大人だったのです。今日の道徳で自分勝手
　　　なルールは通用しないのでまわりの人を気づかって生活していくことが
　　　大切だと思いました。

図11-4　子どもの振り返り

出所：学級で作成した道徳学習ノートより一部抜粋。

ら，図11-4のような振り返りをしました。子どもは，互いの考えに触発され，
葛藤したり，納得したりを繰り返して，本時で何を学んだかを振り返りに記し
ていました。

　こうした，主体的に考え議論する道徳の授業の根幹には，誰の意見も否定さ
れない本音で語り合える関係性が必須です。そのためにも，教師も子どもも他
者の意見をよく「聴く」こと，そして意見の羅列ではなく「つなぐ」意識が重
要です。

2 子どもが生き生きとする道徳授業と学級経営

■1■ 全員が参加できる道徳授業をつくる

　道徳授業に限らず授業では，多くの場合，積極的に手を挙げて発言する子ど
もが主役となって展開されていきます。仕方のないことですが，それだと発言
しない子どもは，授業から気持ちが離れてしまうことや，発言しなくてもどう
にかなるという安全地帯に身を置くことで，考えることからも遠ざかってしま
うという危険性があります。そうさせないためにも全員が参加できるような道
徳授業の工夫が必要です。

①発言しない子どもの仕草を取り上げ，授業に生かす

　積極的に手を挙げて発言はしない子どものなかにも，しっかりと自分の考え
をもち授業に臨んでいる子どもはいます。そのような子どもは，教師の問いか
けに対して頷いたり，呟いたりするなど何らかの反応を示します。その言葉に
ならない声を教師が瞬時に取り上げ，全体へ投げかけてあげることが大事であ
り，その瞬間こそが発表の苦手な子どもを授業の中心に立たせてあげる絶好の
チャンスです。たとえば，「今，○○さんだけは，首を横に振って，『無理』と
言っていたけど，どうしてなのか想像できる？」や「今，○○さんが凄くいい
ことを呟いたけど，聞こえた人いる？」と他の子どもへ尋ねると，「え～，聞
いていませんでした」という声が返ってきます。そこで「それじゃ，○○さん，
もう一度お話してもらえる？」という具合で呟きを全体へ広げていくのです。

　教師がどんなに「発表することは大事だよ」と説得しても，自信のもてない
子どもや発言する経験が少ない子どもにとっては，みんなの前で自分の考えを
発表することは物凄く高いハードルであるため，簡単にはいきません。大事な
のは教師がハードルを低くしたり，跳ぶ方法を一緒に考えたりすることです。
すると子どもは「やってみようかな」「やってみると気持ちいいかな」などと，
少しずつ興味や意欲をもっていくのです。

②場面発問は，理解の遅い子どもに問う

　道徳授業では，読み物教材（以下，教材）を活用することが多くあります。
教材を活用して道徳的価値の理解を深めていくためには，教材に出てくる登場
人物の心情理解が不可欠だからです。そのため授業では，心情を理解するため
に場面発問を行う場合があります。たとえば，「登場人物は，この時どんなこ
とを考えたのだろう」などです。しかし，この発問は理解の早い子どもにとっ
ては読めばわかる発問なので，下手をするとわかりきったことを聞いているつ
まらない問いになってしまいます。そのため，このような発問は，最初に理解
の遅い子どもに聞く方がいいでしょう。「登場人物が，この時どんなことを考
えていたのか理解できない人？」と挙手をさせます。次に「どの辺が，理解で
きないの？」と聞くと，「登場人物のような経験がないから想像できない」と
答えたとします。そこで，「『理解できない』と手を挙げてくれた友だちに説明

できる人いますか」とほかの子どもに尋ねると、「そんな時は、〜した時と同じように考えればいいんだよ」など、自分の経験と重ねて考える方法を提案する子どもが出てきます。すると、何人かは「なるほど」「そう考えればいいのか」という反応を見せます。このような一連のやり取りで、話す側も聞く側も目的意識が生まれ、授業に深まりが出てくるのです。

③道徳的な見方・考え方を育てる

　道徳授業において問題場面を提示して発問を行った時、教師の発問に対して、既に事象・状況や発問の意図を理解し多面的・多角的に考えている子どもと、まずは事象・状況を理解することから始めている子どもに分かれるなど、子どもによって差が生じています。教師はそのことを意識しなければ、常に前者の子どもが主役となって授業が展開され、後者の子どもはいつまでたっても主役となるチャンスが与えられないのです。そこで、クラス全員が参加でき、子ども一人ひとりが生き生きとする道徳授業をつくるためのポイントを3つ紹介します。

　①多面的・多角的に思考ができる子どもに最後まで説明させず、言いたいことを全員にイメージさせる。

　②なぜ、そのような考え方ができたのかを全員で共有する。

　③その考え方をほかの場面にあてはめてみる。

　このような働きかけを、教師が意図的に行い、すべての子どもを巻き込みながら道徳的な見方・考え方を働かせて授業に参加させることで、それがゆくゆくはクラス全員の道徳的な見方・考え方を着実に育成していくと考えています。

　では、実際に行った実践を交えて紹介します。教材は「心と心のあく手[*4]」です。「○」は教師の発問や指示で、「・」は子どもの発言や反応を表しています。

　まず、多面的・多角的な思考を共有する場面について見てみましょう。

> ○おばあさんに対して「声をかけたぼく」と「見守ったぼく」とでは、どちらが
> 　親切ですか。

＊4　文部科学省『わたしたちの道徳　小学校3・4年』2014年。

・親切の種類が違うと思うよ。
○え，どういうことだろう。△△さんが言ったことがどういうことかわかりますか。

　　　　　　　　　～ペアトークをする～

・わかった。声をかけることは定番の親切で，見守ることは相手のしてほしいことを考えてする親切なんだ。

　最初に発言した子どもは，教師の発問に対して事象や状況を捉え，多面的・多角的に思考しています。しかし，その子どもにすべてを発言させるのではなく，最初の一言をヒントとして，その子どもの思考を全員で共有する時間を設けることで，少しずつ，クラス全体に多面的・多角的な思考が促されていることがうかがえます。

　次に，思考スキルの共有場面です。

○どうして，△△さんは，親切の違いに気が付いたんだろう。
・同じ親切でも，分けて考えたんじゃないかな。
・へぇー，親切って，一つじゃないんだ。分けて考えることもできるんだね。

　親切に対しての見方・考え方を分析的に思考し，「分類する」という思考スキルが共有されていることがわかります。このような思考を多様に使いこなせるように働きかけていくことでクラス全員への道徳的な見方・考え方が育っていくのだと思います。

　最後に，ほかの場面にあてはめて考えている場面です。

○今日，見つけた親切のほかにも，親切ってあるのかな。
・あると思うよ。
・このお話のなかにも，まだ親切があるよ。それは，迷う親切。相手のやってほしいことを，ぼく（登場人物）のように一生懸命に考えて迷っているのも親切だと思う。
○なるほど，親切っていろんな種類があるんだね。

　親切に対する見方・考え方が深まった子どもに対して，それをさらにほかの

場面にも生かせるようにするための発問をしたところ，道徳的価値の理解がさらに深まっていることがわかりました。この授業では，終始教材から離れることができませんでしたが，それを日常生活や身近な経験に置き換えて考えさせることも効果的だと思います。

2 改めてペアトークやグループ学習の意義について考える

　学習指導要領では「主体的・対話的で深い学び」を視点にした授業改善が求められています。しかし，子ども主体の学びを安易に考え，課題を与えペアトークやグループ活動をさせるという活動重視の授業へ変えることで，子ども主体の深い学びを実現したかのような錯覚に陥ってしまっている授業を目にします。もちろん，ペアトークやグループ学習は有効な手段ではあります。しかし，それが目的になってしまってはいけません。そこで，改めてペアトークやグループ学習の意義について考えてみましょう。

　①多様な考えに触れる（手柄を独り占めさせない）

　子どもは面白そうな問いに出会うと，しばらく考えてから「あ，わかった」「言いたい」という生き生きした態度で手を挙げたり，「どういうこと」「友だちの考えを聞きたい」という表情を見せたりします。そのタイミングを見計らい「それじゃ，近くの友だちと話し合ってみよう」とペアトークを促すと，活発な話し合いが始まります。わからない子どもが一生懸命に質問したり，それに対して応えたりするなど，学び合いが自ずと生まれるのです。一斉授業では，少数の子どもしか発言できませんが，ペアトークやグループ学習だと多くの子どもに発言の機会が与えられ，多くの子どもがヒーローになるチャンスがあるのです。

　②一斉授業では見られない子どものリアクションを生かす

　子どもは仲間と学び合う時，教師が説明するよりも納得したるような表現をすることがあります。ペアトークやグループ学習ではそれが自然なかたちで出てくる場合が多いのです。それを教師が見逃さず，全体に拾い上げることで深い学びにつなげることができます。たとえば，道徳の時間，ペアトークを促し

図11 - 5　ノートを使って考えを伝える様子
出所：筆者撮影。

た際, ある子どもは最初自分の考えを一生懸命に言葉で伝えていました。しかし, どうしても相手に伝わりません。そこで, その子どもは鉛筆を取り出し, ノートに何かを書き始めました（図11 - 5）。筆者がその子どもの近くに行きノートを覗き込むと, 自分の考えを棒グラフにして相手に伝えていました。相手の子どもも「そういうことか」と凄くスッキリした表情をして納得していました。このような, 自然に発生する子どものリアクションを引き出すためにも, ペアトークやグループ学習は有効的だと考えています。

　③仲間の考えを共有する（置いてきぼりをつくらない）

　子どもは教師が思っている以上に, 相手の伝えたいことを理解していないことも多いように感じます。そのため, 授業の山場となる場面では, 自分の考えは一旦置いといて, 仲間の意見をみんなで考えるという思考場面を設定することが必要です。たとえば, 「○○さんが〜と言ったけど, どういうことかわかるかな」「○○さんの伝えたいことをペアで確認してみよう」と間をつくるのです。すると, 授業についてこれていない子どもにもペアトークやグループ学習で追い付くチャンスが与えられ, 授業に集中し始めるのです。

3　学び合うための学習環境づくり

　一人ひとりの子どもに対して主体的・対話的で深い学びを実現するためには,

図11‑6　道徳ポスター
出所：筆者撮影。

その土台となる学習環境づくりもきわめて重要になってきます。どんなに深い教材研究を行い，子どもに深く考えさせるような発問をしたとしても，仲間の発言を常に否定したり，真面目に相手の意見を聞こうとしなかったりする学級では子どもが自己発揮できません。そのため，仲間と学ぶことに興味や意欲をもち続ける学習環境づくりが重要なのです。そこで，人的環境と教室環境の2つの視点から学習環境づくりについて紹介します。

　①学び合うための仲間づくり（人的環境づくり）

　学び合いを活性化させるためには，話し手の伝える表現力を育てていくことも大切ですが，それと同じように聞き手も育てなければなりません。聞き手に大切なのは話し手に対して「ちゃんと聞いているよ」とサインを発することです。たとえば，「うんうん」と頷いたり「なるほど」と呟いたりする行動や，笑顔で応える表情をしたりするのです。そういうサインを話し手に送ることで，「聴いてくれている」「受け止めてくれている」という安心感が生まれ，学び合う雰囲気づくりにつながっていきます。クラスのなかには，聞き方上手がいるはずです。そのような子どもを手本にして，聞き手を少しずつ育てていくことが大切なのです。

　②道徳授業の学びの足跡をつくる（教室環境）

　道徳授業で学んだことを1単位時間で終わらせずに道徳ポスターなどにまとめ，学びを足跡として残していくことが必要です（図11‑6）。そうすることで，子どもは1単位時間の学びを日常生活へつなげたり，次の道徳授業に結びつけ

たりしていくのです。このように，掲示物などを充実させ，子ども自身が見たい時に見ることができる教室環境づくりを行うことで，子どもは学びに必然性を感じたり，成長を自覚したりするのです。

 まとめ

　本章では，主体的・対話的で深い学びを視点とした道徳授業づくりの実現に向けての提案や，その土台となる学級経営について述べてきました。

　第 1 節では，道徳授業において「深い学び」を実現する鍵は「多面的・多角的」な視点であること，教師も子どもと共に考え，「つなぐ」ことを意識した授業づくりが重要であることを実践を交えて説明しました。

　第 2 節では，全員が参加できる道徳授業や学級づくりを目指し，発言しない子どもを生かす方法やペアトークやグループ学習の意義について再確認し，学びに必然性や継続性をもたせるための環境づくりなどについても紹介しました。両実践において言及したいことは，教科化になった今だからこそ，学習する子どもに視点をおいた道徳授業と学級経営でなければならないということです。

 さらに学びたい人のために

○鹿毛雅治『子どもの姿に学ぶ教師──「学ぶ意欲」と「教育的瞬間」』教育出版，2007年。

　　学びの主体は子どもであり，そのための教師の働きかけはどうあるべきかをわかりやすく解説しています。

○石井順治『続・教師の話し方・聴き方──学びの深まりのために』ぎょうせい，2014年。

　　前著『教師の話し方・聴き方』（ぎょうせい，2010年）の基本的な考えにのっとり，学びの深まりに挑む教師の話し方・聴き方について述べられています。

○田村学『深い学び』東洋館出版社，2018年。

　　前文部科学省初等中等視学官として2017年告示の学習指導要領作成に携わった著者が，教師に求められる授業について「知識が駆動する」という考えのもとに解説しています。

第12章

学校の教育活動全体を通じた道徳教育の展開

● ● ● 学びのポイント ● ● ●

- 教育基本法の条文を参照し,「道徳教育」に関する内容について考える。
- 学校の教育活動全体を通じた道徳教育と,「道徳の時間」「特別の教科道徳」の位置付けについて理解する。
- 学校の教育活動全体を通じた道徳教育が,戦後いつからどのように示されてきたか理解する。
- 学校の教育活動全体を通じた道徳教育は,学校における道徳教育の推進体制と共にどのように行われているか理解する。

WORK 僕はどうすればいいのか

以下の文章を読んで，思ったことをみんなで話し合ってみましょう。

僕の通う学校では，1年生から6年生までの縦割り班全員で，一緒にどれだけ縄跳びが跳べるか競う長縄大会がある。5年生の僕は，6年生のあやかと一緒に班のリーダーを務めることになった。

初めての昼休み練習で1年生に跳び方を教えてあげた。1年生にしてはなかなか跳び方がうまいなぁ。これなら優勝できるかもしれない。僕の心は高まった。しかし，班全体でまとまって跳んでみると，長縄跳びが苦手な子がいることがわかった。「あー，これじゃあ優勝できないなぁ。」4年生の隆二がつぶやいた。隆二は思ったことをすぐに口に出してしまう。それを聞いていたみんなも最初からあきらめムードになっていた。

そんな時，僕はふといいアイディアを思いついた。「縄にかかる人にはしばらく跳べる人の跳び方やタイミングを見てもらおうよ。」班のみんなも快く賛成してくれた。僕も一生懸命指導した。すると，苦手な子も見ている間にだんだんとコツをつかんだようで，人数を増やしながら徐々に跳べるようになってきた。

こうして昼休みの練習を3日続けると，驚くことにメンバーのほとんどがリズムよく跳べるようになってきた。しかし，3年生の希美だけがいつになっても一緒にやろうとせず，ただ見ているだけだった。初めのうちは一緒に飛ぶよう声をかけていた僕も，他の人に教えるので精一杯になりそのままにしていた。すると，そんな希美の様子を辛抱強く見ていた隆二が，「みんなでしないと意味がないじゃないか！早く跳べよ」と強い口調で言ったのだ。希美は今にも泣き出しそうになりながらも，小さな声で話し始めた。「跳び方はよくわかった。でも，どうしても跳べないの。それに，みんなの記録が伸びれば伸びるほど余計に入れないの。私がいると記録が伸びないからみんなも楽しくないでしょ。」確かに，いま希美が入るとせっかく跳べるようになったみんなの気持ちが下がってしまうかもしれない。僕はどうしていいかわからなくなってしまった。

（出所：運天弘和「長縄大会」（自作資料）を一部改変。）

194

● 導　入 ● ・ ・ ・ ・ ・ ・ ・ ・

　学校において，道徳科（道徳の時間）の実践のみならず，道徳教育を展開してい
くことの意義は何でしょうか。

　本章では，学校の教育活動全体を通じた道徳教育と道徳科（道徳の時間）の学習
指導要領上の位置付けや，これまでの経緯などを交えて解説します。

　さらに，学校の教育活動全体を通じた道徳教育について，学校のどのような推進
体制に基づき，どのような計画が立てられながら，どのようなスケジュールで，実
践や評価などが展開されているかを理解します。

・ ・ ・ ・ ・ ・ ● ● ●

1 学校の教育活動全体を通じた道徳教育とは

1　「道徳教育」はどこで行われるのか

　教育基本法第 1 条「教育の目的」では，「人格の完成を目指すこと」や「平
和で民主的な国家及び社会の形成者として必要な資質を備えた国民の育成」が
掲げられています。さらに第 2 条では，その目的を実現するための「教育の目
標」の一つとして「豊かな情操と道徳心を培う」ことが示されています。

　さて，こうした目標の実現に向けた教育をどこで行えばよいのでしょうか。

　教育基本法では教育の実施に関する基本として，第 6 条で「学校教育」，第
10条で「家庭教育」，第12条で「社会教育」について規定されています。そし
て第13条では「学校，家庭及び地域住民等の相互の連携協力」が示され，そこ
では社会を構成するすべての者が，教育におけるそれぞれの役割と責任を自覚
し，相互に連携協力に努めるべきだとされています。

　これらは道徳教育についても当てはまります。まず，家庭を中心とした生活
のなかで，養育者自身が身に付けてきた価値観や規範意識に基づく子育てがな
され，その接し方やしつけなどを通して子どもへの道徳的な価値や行動様式が
伝えられます。さらに，地域や共同体における習俗や慣習のなかに「なすべき
こと」や「してはならないこと」などの価値観や規範があり，共同体道徳とし

て各構成員に受け継がれます。このように人は育つ過程において，家庭や地域社会の影響を受けながら，一定の規範意識や道徳的価値を身に付けていきます。[*1]

　では，学校に求められている道徳教育の役割と責任とは何でしょうか。

　教育基本法第6条「学校教育」第2項には，「教育を受ける者の心身の発達に応じて，体系的な教育が組織的に行われなければならない」とあります。学校における道徳教育は，これまで家庭や共同体において受け継がれ，共有されてきたさまざまな道徳的価値などについて，発達の段階に即し，一定の教育計画に基づいて学び，それらを理解し身に付けたり，さまざまな角度から考察し自分なりに考えを深めたりする学習の過程を保障することがその役割と責任です。これをふまえ，小中学校において道徳の時間が設置され，各教科等における道徳教育と密接な関連が図られながら，計画的，発展的な指導によって道徳性を育成することが行われてきました。

2　学校の教育活動全体を通じた道徳教育と「特別の教科道徳」

　2015（平成27）年の小学校・中学校学習指導要領の一部改訂によって，「特別の教科道徳」（以下，道徳科）が新設され，さらに2017（平成29）年改訂の小学校・中学校学習指導要領（以下，学習指導要領）において，道徳教育と道徳科の位置付けが示されました。そこでは，学校における道徳教育は，特別の教科である道徳（以下，道徳科）を要として学校の教育活動全体を通じて行うものであり，道徳科はもとより，各教科（外国語活動：小学校のみ），総合的な学習の時間および特別活動のそれぞれの特質に応じて，児童（生徒）の発達の段階を考慮して適切な指導を行うこと，とされています。[*2]

　1958（昭和33）年に「道徳の時間」が特設されて以降，学校における道徳教育は学校の教育活動全体を通じて行うことを基本とすることや，他の教育活動

＊1　松下良平「なぜ学校で道徳教育を行うのか」田中智志・橋本美保（監修）松下良平（編著）
　　　『道徳教育論』一藝社，2014年，pp. 12-14。
＊2　文部科学省『小学校学習指導要領』東洋館出版社，2018年，p. 17。文部科学省『中学校学習
　　　指導要領』東山書房，2018年，p. 19。

における道徳指導と密接な関連を保ちながら，これを補充・深化・統合する時間として「道徳の時間」が位置付けられてきました。今次改訂要領においては，道徳教育の目標などは「総則」に，「道徳科」の目標・内容などは第 3 章「特別の教科道徳」に分けて示されており，これまでの「全面主義道徳教育」と「特設主義道徳教育」という二重構造*3の形式を踏襲するものとなっています。

　さて，道徳教育の目標に示された「要」としての道徳科については，各教科等の教育活動を広げた扇にたとえると，それを一点でとめる「要」として道徳教育充実の役割を担っていることが，『学習指導要領解説　特別の教科道徳編』で説明されています。これは，各教科等で行う道徳教育としては取り扱う機会が十分でない道徳的価値に関わる指導を補うことや，子どもや学校の実態等をふまえて指導をより一層深めること，内容項目の相互の関連を捉えなおしたり発展させたりする役割を担っています。すなわち，各教科等の学習に含まれる道徳教育に関わる内容と道徳科で学習する内容を相互に関連させる「二重構造の形式」により指導することで，一人ひとりの児童生徒のなかで道徳的価値が循環しながら道徳性を育成することにつながるものとなります。このことは，あくまでも学校教育における道徳教育の内容と方法の過程と結果についてであり，その成果をもって児童生徒個々の人格と道徳性が完成するものではないことを改めて強調しておきます*4。

　前述のように学校の教育活動以外の家庭や地域における生活や教育活動等と，学校における道徳教育との有機的な連関を図ることが重要であり，そのことが教育基本法第 3 条の生涯学習の理念につながっていると言えるでしょう。児童生徒自らが自己の人格を磨き，豊かな人生を送ることができるよう，生涯にわたって，あらゆる機会にあらゆる場所において学習することができるような社会の実現が求められています。道徳教育に関わる内容は学校教育で完結するの

＊3　**道徳教育の二重構造**：あらゆる学校教育活動のなかで道徳教育を行い，さらに週 1 回の道徳の時間でそれらを「補充・深化・統合」するという，全面主義道徳教育と特設主義道徳教育という二重の道徳教育をいう（工藤真由美「子ども理解のあり方と新しい道徳教育について」『四條畷学園短期大学紀要』47，2014年，pp. 2-3）。

＊4　小林万里子「道徳教育の全体構想」林忠幸・堺正之（編）『道徳教育の新しい展開——基礎理論をふまえて豊かな道徳授業の創造へ』東信堂，2009年，p. 90。

ではなく，人が一生涯を通じて自ら磨き高めていくべきものであることを再確認しておきます。

3 学校の教育活動全体を通じた道徳教育はいつから示されているか

　1958（昭和33）年の学習指導要領改訂により「道徳の時間」が特設されましたが，それ以前から道徳教育は学校の教育活動全体を通じて展開するとされていました。

　たとえば，1951（昭和26）年1月の教育課程審議会「道徳教育振興に関する答申」では，「道徳教育は，学校教育全体の責任である。したがって各学校においては，全教師はその指導の責任を自覚しなければならない」とあります。さらに，1951年文部省「道徳教育のための手引書要綱」第1部総説では，「道徳教育は，学校教育の全面において行うのが適当である。しかしそのことは，いうまでもなく，学校教育のあらゆる部面において，道徳に関する内容を直接とりあげ，また強調しているということを意味してはいけない。（中略）学校教育の種々の部面の指導が，たがいによく連絡をとりながらそれぞれの特性をじゅうぶんに発揮して，各自の目標を達成することにより，はじめて児童生徒の円満な人格を育成することができると考えるが，そのような人格を形成することが，実は道徳教育の目的であるといってよいのである」と示されています[*5]。

　これらをふまえ，戦後の学校教育においては，教育活動全体を通じた道徳教育の展開（全面主義道徳教育）が一貫して進められてきたと捉えられます。そして，2017年告示の学習指導要領において強調されている，各教科等の指導を通して育成を目指す資質・能力のうち，目標の3つめに位置付けられている「学びに向かう力，人間性等を涵養すること」が，道徳教育で育成する道徳性とつながっているのです。

＊5　浪本勝年ほか（編）『史料　道徳教育を考える（4改訂版）』北樹出版，2017年，pp. 69-71。

▍4▍　学校の教育活動全体を通じた道徳教育の位置付け

　これまで道徳教育も道徳の時間（道徳科）も学習指導要領によって規定され
てきました。学習指導要領は，全国どの地域の学校で教育を受けても一定の水
準の教育を受けられるようにするため，学校教育法等に基づき文部科学省によ
って作成された，各学校の教育課程（カリキュラム）を編成する際の公の性質
を有する大綱的な基準であるとされています。小・中学校の学習指導要領は，
「第 1 章　総則」から始まり，国語や算数・数学などの「第 2 章　各教科」，そ
して「第 3 章　特別の教科道徳」，さらに「総合的な学習の時間」，「特別活動」
（小学校ではこれに「外国語活動」が加わる）で構成されています。そのうち「総
則」について，民法などの法律による説明では「その法律全体に通ずる原則や
基本的な事項が定められ，一般的には，目的規定・趣旨規定，定義規定，基本
的理念規定等が置かれている」とされています。[*6]

　1958（昭和33）年の道徳の時間設置から2017年告示の学習指導要領に至るま
で，道徳の時間は「第 3 章」に章を立てて示されてきました。一方で，学校の
教育活動全体を通じた道徳教育の展開については，ほぼ一貫して「第 1 章　総
則」に位置付けられています。

　道徳教育に係る内容の変遷をたどると，これまで総則や道徳に位置付けられ
ていた道徳教育の目標は，2017年告示の学習指導要領においては，総則のみに
位置付けられています。さらに，これまで道徳に位置付けられていた「全体計
画の作成」や「校長方針の明確化」「全教師協力の指導体制」「道徳教育推進教
師」といった内容も総則に移されています（表12- 1）。[*7]

　2017年告示の学習指導要領における総則の意義について，2016（平成28）年
中央教育審議会答申[*8]では，「新しい学習指導要領等の考え方を共有するための，
総則の抜本的改善」として，全教職員が研修などの場を通じて理解を深めるこ

＊6　法制執務用語研究会『条文の読み方』有斐閣，2012年，pp. 10-11。
＊7　国立教育政策研究所「学習指導要領データベース（2014年最新訂正）」https://www.nier.
　　go.jp/guideline/（2018年 8 月26日閲覧）。
＊8　中央教育審議会「幼稚園，小学校，中学校，高等学校及び特別支援学校の学習指導要領等の改
　　善及び必要な方策等について（答申）」2016年，p. 22。

表12‐1　道徳教育に係る内容の位置付けの変遷（平成元年以降）

	教育活動全体を通じて	道徳教育の目標	全体計画の作成	校長方針の明確化	全教師協力の指導体制	道徳教育推進教師
1989年	総則	道徳	道徳			
1998年	総則／道徳	総則／道徳	道徳		道徳	
2008年	総則／道徳	総則／道徳	道徳	道徳	道徳	道徳
2017年	総則／道徳	総則	総則／道徳	総則／道徳	総則／道徳	総則／道徳

注：2015年に「特別の教科道徳」に改訂されたが，2017年の表記は「道徳」とした。
出所：国立教育政策研究所「学習指導要領データベース」より筆者作成。

とと，学校教育の改善・充実を実現しやすくするための，いわば日常的に活用するツールとしての役割を担うものであると考えられています。

　その総則に示された道徳教育と道徳科でどのように相互に関連を図っていくべきか，今後もていねいに見取る必要があると考えます。

2　学校における道徳教育の推進体制

1　学校の教育活動全体を通じた道徳教育はどのように行われるか

　『学習指導要領解説　総則編[*9]』では，道徳教育の指導体制と全体計画に係る内容があり，学校の教育活動全体を通じて行う道徳教育の重点や推進すべき方向について，共通に理解することや道徳教育の諸計画の作成・展開・改善・充実を図ることなどが示されています。

　学校における道徳教育の指導体制については，「校長の方針の明確化」と「道徳教育推進教師を中心とした全教師による協力体制の整備」の項目があり，それらをもとに全教師が協力して道徳教育を展開することとされています。

　道徳教育の全体計画については，学校における道徳教育の目標を達成するために学校の教育活動全体を通して，何を重点的に推進していくのか，各教育活動はどのような役割をもち，その関連をどう図るのか，家庭や地域社会との連

＊9　文部科学省『小学校学習指導要領解説　総則編』東洋館出版社，2018年，pp. 128-145。文部科学省『中学校学習指導要領解説　総則編』東山書房，2018年，pp. 131-148。

表12‐2　学校における全体計画作成の手順とスケジュール等

```
1　全体計画作成（評価⇒計画作成）
　①　学習指導要領「道徳」に係る研修を実施し，教職員間で目標・内容等を共有
　　　〔7月～8月：道徳教育推進教師を中心に校内研修等にて〕
　②　学校評価等をもとに児童生徒の道徳性の実態や保護者等の願い，道徳教育の実施状況を
　　　把握
　　　〔7月～12月：道徳教育推進教師 ⇒ 教務部・道徳部会にて分析，まとめ〕
　③　学校における道徳教育の重点目標を設定
　　　〔11月：校長方針の明確化 ⇒ 12月：職員会議で共有〕
　④　各学年の重点目標の設定
　　　〔12月：各学年会 ⇒ 1月：職員会議〕
　⑤　道徳教育の要としての道徳科の指導方針の設定と確認
　　　〔12月：校内研修部 ⇒ 1月：職員会議〕
　⑥　各教科，外国語活動，総合的な学習の時間および特別活動などにおける道徳教育の指導
　　　の方針の設定と確認，別葉との関連を考慮
　　　〔1月：各教科部会等 ⇒ 2月：職員会議〕
　⑦　特色ある教育活動や豊かな体験活動における指導の方針の設定と確認，別葉との関連を
　　　考慮
　　　〔1月：各部会 ⇒ 2月：職員会議〕
　⑧　学校や学級内における人的環境や物的環境の整備の方針の設定と確認
　　　〔1月：各学年・生徒指導部・安全部等 ⇒ 2月：職員会議〕
　⑨　家庭や地域社会との連携の方策の確認，別葉との関連を考慮
　　　〔1月各学年・部会 ⇒ 2月：職員会議〕
2　道徳教育全体計画別葉・道徳科年間指導計画 ⇒ 道徳教育（道徳科）の実践〔新年度4月～〕
　○　全体計画（別葉），年間指導計画を活用し，学校の教育活動全体を通じた道徳教育を推進
```

出所：筆者作成。

携はどのように進めていくのかなどを総合的に示す計画とされています。

　全体計画作成に向けては，学校における道徳教育の重点目標の設定や指導内容の重点化を図る必要がありますが，そのためには教育関係法規等や学習指導要領に示された各学年等の重点化の内容，さらには各学校において設定される学校教育目標と児童生徒の実態などの把握が必要になります。また，学校の教育活動全体を通じた道徳教育の展開に向けては，全体計画に反映すべき各教科等における道徳教育が，『学習指導要領解説　総則編』[10]に示されており，これらを考慮しながら全体計画に反映させていきます（表12‐2）。

　さらに，全体計画をもとに具体的に実践へと動いていくためには，詳細な道徳の指導内容と各教育活動との関連や，指導スケジュールを示す必要があります。各教科等や体験活動・実践活動における道徳教育に関わる指導内容および

＊10　文部科学省『小学校学習指導要領解説　総則編』東洋館出版社，2018年，p. 133。

表12-3　学校における道徳教育全体計画の別葉例「教科等×月」

	教科等	4月	5月	6月	7月	以下略
道徳科	教科書（内容項目）					
	わたしたちの道徳等					
各教科	国　語					
	社　会					
	算　数					
	以下略					
総合的な学習の時間						
特別活動（学校行事）						

出所：筆者作成。

時期などが一覧できるものとして，全体計画の「別葉」を作成することが，2008（平成20）年の学習指導要領から解説の道徳編に[*11]，そして2017年告示の学習指導要領では解説の総則編に示されています（表12-3）。

2　学校の教育活動全体を通じた道徳教育はどのように評価するか

　道徳教育に関する評価については，2008年『学習指導要領解説　道徳編』の第8章のすべてにおいて取り上げられていましたが，2017年告示の学習指導要領では，『学習指導要領解説　特別の教科道徳編』の第5章第1節の1で，その意義が部分的に取り上げられているのみとなっています。その第5章の大半は道徳科の授業に関わる評価に紙幅が割かれて，学校の教育活動全体を通して行う道徳教育の評価に関わる内容については，従来と比較しても十分ではない印象があります。

　これに関して，白石崇人は，「平成27年一部改訂の学習指導要領では，（中略）旧領域『道徳』の章がすべて『特別の教科道徳』の章に置き換えられたため，『学校の教育活動全体における道徳教育』の内容・取扱いなどについて定める章がなくなってしまった。『学校の教育活動全体における道徳教育』をど

＊11　文部科学省『小学校学習指導要領解説　道徳編』東洋館出版社，2008年，p. 67，pp. 124-128。

のように考えた上で、『特別の教科道徳』をどのように実践化していくのか、今後よく考えていく必要がある[12]」と指摘しています。

　道徳教育の評価の方法に関してはこれまでの取扱い通り、児童生徒の道徳性に係る成長の様子は、「数値などによる評価は行わないものとする」ことを前提として、2008年の小・中学校『学習指導要領　道徳編』に示されている内容例があり、たとえば、観察や会話による方法などの5つが示されています。あわせて、その前提となる評価の基本的態度として、「いくつかの調査の結果を過信して、児童（生徒）の道徳性を客観的に理解し評価し得たかのように思い込むことは厳に慎むべきである。それらの調査の結果もまた、教師と児童（生徒）の関係によって左右されるものだからである」との指摘がされています。そのことを受け止めながら、児童生徒を共感的に理解しようとする姿勢のもとで、道徳教育の評価を慎重に行う必要があります。

　学校の教育活動全体を通じた道徳教育の評価としては、これまで述べた児童生徒一人ひとりの道徳性育成の観点と共に、教育活動の計画から実践に至る教育課程に係る評価の観点が必要です。今次改訂要領第1章総則では、カリキュラム・マネジメント[13]が定義されると共に、各学校でそれに努めるよう求められています。カリキュラム・マネジメント実施では、「児童（生徒）や学校、地域の実態を適切に把握し、教育の目的や目標の実現に必要な教育の内容等を教科等横断的な視点で組み立てていくこと、教育課程の実施状況を評価してその改善を図っていくこと、教育課程の実施に必要な人的又は物的な体制を確保すると共にその改善を図っていくこと」などが示されています。

　これまで各学校において実施されてきた道徳の時間（道徳科）を要とした学校の教育活動全体を通じた道徳教育の展開は、カリキュラム・マネジメントの営みを正に体現する教育活動であると言えます。児童生徒の道徳性に関わる実態把握から、学校の教育目標を見定めた重点目標の設定、重点内容項目の設定、

---

*12　白石崇人「日本の学校における道徳教育の展開」『広島文教女子大学紀要』51, 2016年, p. 56。
*13　**カリキュラム・マネジメント**：教育目標を実現するために、指導内容を設定し、具体的な指導を行い、その成果を測定し、教育活動の改善、充実を図る営みを言う（赤堀博行「道徳教育におけるカリキュラム・マネジメントの基本的な考え方」文部科学省教育課程課／幼児教育課（編）『月刊　初等教育資料』939, 2016年, pp. 50-51）。

全体計画の立案と実施，実施状況の把握など，学校の教育活動の中心に位置づ[*14]けられる道徳教育の展開から，その推進を図ることが重要です。

 まとめ

　本章では学校の教育活動全体を通じた道徳教育と，これまでの「道徳の時間」やこれからの「特別の教科道徳」の位置付けについて説明しました。これからの道徳教育は，学習指導要領の「特別の教科道徳」と共に，「総則」の内容を理解して進めていくことが重要です。そのことを理解したうえで，学校長の方針のもと，さらに道徳推進教師を中心として全教職員で組織体制を整えながら道徳教育を展開すること，さらに，家庭や地域の理解と協力なしでは成り立たないことを理解したうえで，計画・実践・評価に取り組んでいきましょう。

 さらに学びたい人のために

○文部科学省教育課程課／幼児教育課（編）「特集Ⅰ　各教科等における道徳教育の充実」『初等教育資料』**979**，2019年。
　　学習指導要領に示されている学校の教育活動全体を通じた道徳教育について，具体的な実践例を交えながら詳しく示されています。学校現場における道徳教育と道徳科の効果的な推進に向けて，学習指導要領「総則」を読み解く参考資料として活用してください。

○奈須正裕『「資質・能力」と学びのメカニズム』東洋館出版社，2017年。
　　本書には「道徳」という言葉はほとんどありません。しかし，これまでの道徳教育で効果的に実践されてきたことと，2017年告示の学習指導要領の考え方とで通底するメッセージや理論的背景があることを見出してください。

---

*14　赤堀博行「道徳教育におけるカリキュラム・マネジメントの基本的な考え方」文部科学省教育課程課／幼児教育課（編）『月刊　初等教育資料』**939**，2016年，pp. 51-53。

第13章

道徳とは何か

- 「道徳とは何か」を説明できるようになる。
- 道徳の諸理論の内容を知ると共に，道徳の本質を理解する。
- 道徳の意義や原理をふまえ，学校における道徳教育および道徳科の特質を理解する。
- 道徳の諸理論の考え方を理解し，道徳教育および道徳科の授業における児童生徒に対する指導の基本を理解する。

　以下の文章を読んで，考えたことを話し合ってみましょう。

　　いまの人が男女関係で苦しんでいるのは愛情の欠如じゃなくて，相互の敬意の欠如ではないですか。だんなの愛情がなくなったって？　なくなったのは敬意なんです。

　　恋愛の初期にあって，その後，急速にしぼんでいくのは社会的人格に対するリスペクト。鉄道マニアであるとか，天文学が好きとか，自分とは違う社会観や趣味，嗜好に対して「くだらない」となる。いくらほかのところでベタベタ仲よくても，それを言っちゃ，おかしい。

　　なんでこの人にはこんなこだわりがあるんだろうと，あふれる好奇心と敬意をもって見つめる。理解できないけれど，いつも一緒にいたくて抱きしめたくなる。なぜか。自分の中にあるブラックホールと対応しているからですよ。

　　肝心なのは人間関係を理解と共感の上につくってはいけないということ。つくろうとするから，みんなすぐ離婚しちゃう。

　　（中略）そんな何考えているんだかわからない不気味な生き物と暮らせてすごいと，共生できる能力に感動すべきなんです。ぴたり理解して生活できるのが愛だと勘違いしているから，ちょっとでも異物だと感じると，我慢できなくなる。幻である「百％の理解」が成立する関係を求めてしまう。

　　つきあうほどに底知れぬわからない人だと互いに見えてくる。1日，1週間，1年とつきあっていくほどに，理解できる部分より理解できない部分のほうが多いことに気づいていく。それこそが人間関係の一番深いところじゃないですか。金婚式まできたけどわからなかった，じゃ，別れようって，論理的に逆ですよ。

　　ずっと一緒にいるから言葉なんかいらないと思ったら，ダメですよ。どんどん言葉が増えてくるはず。これまで使ったことのないような語彙で語りかけないと。相手のことをわかっているとたかをくくっちゃうのが一番怖いんです。

　（出所：内田樹「わかっちゃいけない」『朝日新聞』2008年3月26日朝刊。）

● 導　入 ● ● ● ● ● ●

　本章では，一人ひとりの道徳的経験を振り返ることを通して，道徳の本質について理解します。主な内容は，道徳と法の違い，道徳と倫理の違い，多様な道徳理論についての説明です。これらの説明は，道徳の捉え方が単一ではなく論争的であることを示しています。

　とりわけ，道徳教育および道徳科の指導において，教師が一面的な道徳理解に基づいて指導することを避け，児童生徒が道徳を議論することができるようになるために，異なる道徳の理論や解釈について解説します。

● ● ● ● ● ● ● ● ●

1 法と道徳

　道徳と聞いて，大学生のみなさんはどのようなことを思い浮かべますか。電車のなかで，高齢者に席を譲るかどうか悩んだ経験ですか。それとも，友だちと喧嘩して仲直りできなかった後悔でしょうか。あるいは，人として間違ったことをしてはいけないと親から幼少期に教えられたことでしょうか。これらの経験は，どのように道徳と関わるのでしょうか。

　少し，考えてみましょう。たとえば，最初の電車の経験は，席を譲る行為がいいことであると本人はわかっているけれども，気恥ずかしい気持ちがあったり，本人が疲れているため座席に座っていたい気持ちがあったりして，そのよい行為を実際にしようかしないかという悩みや迷いでしょうか。あるいは，高齢者に席を譲る行為はよい行為と本人は考えているけれども，席を譲られる高齢者の人が同じようによい行為と考えているとは限らないため，一声かけるかどうしようかという悩みや迷いだったかもしれません。友だちとの喧嘩はどうでしょうか。また，自分の経験から考えるだけではなく，周囲の環境に目を向けるとどうでしょうか。満員電車のなかで，背中に背負ったリュックを一人ひとりに気遣うことを促すポスター，高速道路でスピードの出し過ぎに注意を促す看板，みんな仲良くと呼びかける学校の掲示物なども，道徳と関わる内容でしょう。このように，私たちの生活経験は，「よさ」や「正しさ」に関わるた

くさんの道徳的出来事によって編まれています。

　しかしながら，道徳とは何だろうと改めて考えることは，あまりありません。むしろ生活経験を通して，道徳とは，既に決まっているよい行為や規範であり，そのようにしなさいと大人や社会から教えられたことであるため，児童生徒にもよい行為を教えることが道徳教育および道徳科の指導であると考えている人も多いのではないでしょうか。

　道徳は，道と徳の2つの言葉から成り立っています。その意味は，人間が従うべき正当な道とその道に従って行為する人間の慣習です。道は，「人倫の道」や「悟りの道」と用いられることもあり，精神的な目標へ向かう動きを示します[*1]。すなわち，人間が当該社会のなかでよいと考えている，考えてきた慣習が道徳です。しかし，そのようなよいことは，社会状況の変化や異なる国においても，常によいことになるとは限りませんので，批判的に捉えなおす必要があります。この時，何が正しいことなのかという規準が議論されることになります。

　正しいことは，法律に明記されていると考えた人がいると思います。法律で定められている正しさと，人間がよいこととして行う正しさは同じことでしょうか。たとえば，中学生から「どうしてお酒を飲んだらダメなのでしょうか」と尋ねられたら，あなたはどのように答えますか。多くの大学生は，「法律で決まっているから」と返事をするかもしれません。確かに，そのように答えることは間違いではありません。しかし，道徳の授業で児童生徒がそのような問いをもった時，気を付けなければならないことがあります。それが，道徳と法の違いです。

　道徳は，習慣や習俗，個人の判断や内面に関わることであるため，明文化されていないことがたくさんあります。そのため，ある人が道徳的行為をしなかったことを理由に，罰金などの罰が科せられたりはしません。もちろん，当該社会のなかで，その人をどのような人間であるかと捉えることに影響を及ぼすことはあります。

　それに対して，法は，行為の適法性を重視します。そのため，個人の判断や

＊1　和辻哲郎『日本語と哲学の問題』景文館書店，2016年，pp. 23-24。

内面は問題ではありません。ある人が法を遵守していない場合，その人は強制的に裁かれ，何らかの罰を科せられることになります。法は，明文化された道徳とも言えますが，近代社会における統治と深く関わります。

　明文化されていない道徳は，一人ひとりの考えや行為によって構成され維持されているといっても過言ではありません。そのため，先ほどの例で考えると，法律で禁止されているから飲酒はよくない行為である，と説明することは道徳の理解としては一面的と言えます。

2 正しいこととよいこと

　道徳（Moral）と同じように用いられる言葉に，倫理（Ethic）があります。道徳と倫理は，共に，慣習や習俗を意味します。そのため，一般的には，両者を区別して考えることはありません。

　しかし，社会哲学者のハーバーマス（Habermas, J. : 1929–）は，道徳と倫理の違いをとても重視しています。彼の考えに従えば，道徳と倫理の区別は，正義の問題と善き生の問題とを区別することにつながります[2]。

　そのように正義と善さを区別するという考えは，道徳的規範と倫理的価値との違いに基づいています。まず，事実の判断と価値の判断の違いから考えてみましょう。両方の判断は，経験上「それは正しいこと」と判断してきたことです。事実の判断は，たとえば飛行機が空を飛んでいるかどうか，それをめぐる議論のなかでの正しさは事実の正しさを争っています。この議論は，それは本当かどうかを判断するという意味で，真か偽かを判定しています。飛行機が本当に飛んでいる＝「真」となる。このように事実の正しさについての議論は，真理性に関することを問うています。

　それに対して，価値の判断は，ある価値が当該社会で妥当しているかどうかという正当性に関する正しさを問うています。ある価値の妥当性を問題にする場合，一般的には，道徳的規範と倫理的価値の2つを取り上げています。道徳

＊2　J.ハーバーマス，清水多吉・朝倉輝一（訳）『討議倫理』法政大学出版局，2005年。

的規範は，すべての者にとって妥当する正しさという意味で，普遍的なことを問題にします。道徳的な正しさとは規範をめぐる議論といってもいいでしょう。議論の中心は，ある規範が妥当性をもっているのかどうかです。規範は，正義を問題にしています。規範の妥当性を議論することは，特定の文化や社会に適応可能かどうか，その正当性を議論することとは異なります。道徳の議論とは，より広く一般に妥当する規範についての議論を意味します。

　それに対して，倫理的価値は，共同体の善さに関わることを問題にします。たとえば，私は何を為すべきなのかという問いは，どのような人生を送りたいのかという自己の解釈や生活設計に関わる視点から捉えられるなら，共同体の善さや幸福な生を抜きに考えることはできません。そのため，特定の地域における規範の適応が妥当かどうかを議論することになります。あるいは，具体的な関係者へのケアや慈愛の視点から，誰かの責任を追及する場合も，ある共同体の価値に基づいて発生しています。

　以上のことを簡単にまとめると，道徳は，規範に関する普遍的なことです。慣習や習俗を捉えなおし何が正しいことなのかという規準を議論することは，道徳の特質になります。すなわち，道徳は正しさ（正義）に関することであり，倫理は善いことに関することであるため，道徳とは異なると考えます。このように，道徳的規範の妥当性のみを道徳の問題であると考えることは狭い道徳の捉え方になります。

　実際の道徳の議論では，そのような区分に従ってなされているわけではありません。しかし，道徳的規範と倫理的価値の違いは，本当のこと，正しいこと，善いことといった道徳の問題には，質的な違いがあることを私たちに教えてくれます。

　学校における道徳教育は，本当のこと，正しいこと，善いことを混合して進めています。実際の議論においても，学校は一つの共同体であり，教師も共同体の一員のため，クラスに関わる問題は，倫理に関することが少なくありません。仲間として許せない，認めたくないといった児童生徒の気持ちは，倫理的なものと言えるでしょう。その一方で，友だち関係や仲間関係を超えて，「おかしいのではないか」と考える出来事もあります。そうしたことは，規範的な

道徳に関することでしょう。日常の学校生活だけではなく，「特別の教科道徳」の授業内容もまた，道徳に関する内容項目と倫理に関する内容項目を含んでいます。

以上のように，道徳的規範の妥当性を問う正しさ（正義）を議論することと共同体における善さを議論することは，質の違いはあるにせよ，議論する際にはっきりと分けることはできません。むしろ，両者はつながっています。大切なことは，議論する際に，何が問題になっているのかを授業者がつかむことです。正義と善の質の違いに気付くことは意味のある充実した道徳の議論につながります。

3 正しさやよさの根拠

よいことや正しいことは，通常，慣習や習俗として実践されていますが，それらの実践を批判的に捉える時やある問題を解決する時やよいと思うことを実践する際に他者を説得する時には，よいことや正しいことの根拠が必要になります。そもそも，私たちはよいことや正しいことをどのようにして判断しているのでしょうか。一人だけがよいと考えている行為は，道徳にはなりません。仲間内だけで通用しているよいことも同様です。

それでは，多くの人がよいと考えるから，よい行為であると判断しているのでしょうか。確かに，そのような側面はあります。しかし，近年のSNSの発展に伴って，注意しなければならないことがあります。たとえば，facebookやinstagramで「いいね」の数を競いあうことや，「いいね」の数が投稿者のコメントへの同意と承認を意味すると感じ，できるだけ多くの「いいね」がほしいと思うことがあります。そこで，自分の意見に賛成する人がたくさんいたら，私の考えは正しい考えなのだ，と思ったことはありませんか。

しかし，インターネットではつながる人を自由に選択することができるため，同じような考えの人が集まる傾向にあります＊3。また，授業のなかで，大人や教

＊3　情報モラルについて考える時，このような視点はとりわけ重要になる。

師と同じ価値や考えをもつことが正しいことになるというわけでもありません。道徳教育は，同質者を生み出すことを目的としているわけではありません。すなわち，ある状況のなかで正しいと捉えられることは，すべての人にとって同じではないのです。

　よさや正しさは文化や環境によって異なります。それだけではなく，どのような観点から善いと判断するかという哲学における道徳論でも，異なる考えがあります。ここでは，次の3つの考えを紹介したいと思います。

　1つ目は，善いことはその人が所属している共同体の善さに基づくという立場です。そのため，善い行為とは，共同体にとって善い行為と考える立場です。この立場の思想の源は，古代のアリストテレスの思想です。アリストテレスは，徳を重視しました。徳は，いくつもありますが，良心，勇気，正直，誠実などが代表的です。[*4] 先に見た，道徳と倫理の区別から見れば，倫理を重視する考えになります。

　2つ目は，最大多数の最大幸福という考えから，より大きな善さがもたらされることが正しいと考える立場です。この立場は，主にベンサム（Bentham, J.；1748-1832）やミル（Mill, J. S.；1806-1873）といったイギリスの功利主義思想に基づいています。教育学者の村井実は，ベンサムの観点を「『善さ』の問題というのは，事実上は，『快さ』の問題として考えられ且つ取り扱われるべき」[*5] という考えとしてまとめています。この観点から見ると，法に違反することが，より大きな善さをもたらすなら，その行為や判断は善いと考えます。

　3つ目は，個人の自律と尊厳を尊重することが善いと考える立場です。この立場は，ドイツの哲学者カント（Kant, I.；1724-1804）の考えが有名です。カントは，状況や感情に左右されることなく，すべての人に該当することを当為として捉えました。そして，自己を目的にすることはできないため，人間の尊厳を重視しました。先に見た，ハーバーマスの言う狭い道徳の考えは，カントの考えに影響を受けています。

---

*4　J. レイチェルズ，古牧徳生・次田憲和（訳）「徳の倫理」『現実をみつめる道徳哲学――安楽死からフェミニズムまで』晃洋書房，2003年，pp. 175-193。

*5　村井実『「善さ」の構造』講談社，1995年，p. 45。

　以上のように，よさや正しさの根拠や考え方には，いくつかの異なる立場が
あります。これらの立場を一つに統合することはとても難しいことです。その
ため，多様性を前提にした道徳の授業が重要になります。すなわち，児童生徒
が授業のなかで，上記にあげた立場から，意見や根拠を述べる時，教師がよい
と考える一つの立場に収束させるのではなく，それぞれの立場の特性をしっか
りと議論する道徳の授業が求められています。

4　道徳的行為と帰結

　それでは，道徳的行為について考えてみたいと思います。正しいことや善い
ことを知っていたら，いつもそのような行為ができるのでしょうか。そして，
正しいことや善いことを行ったら，どのような状況でも善い結果を生むのでし
ょうか。むしろ，正しいことや善いことを行っても，ある状況のなかではその
ような行為として実現しないこともあるのではないでしょうか。道徳的行為の
実現の難しさや困難さがあるのではないでしょうか。

　社会哲学者のルーマン（Luhmann, N.；1927-1998）は，人への思いやりや配慮
をすることによってよい行為をした場合，必ずしもその行為の結果がよいこと
につながるわけではないと述べています。

　　　非難されるべき行為がよい結果となり，また逆に政治に見られるように，
　　最上の目論見がよくない結果に変質せざるをえないとき，モラルの動機付
　　けそのものが停止する。倫理はそうした場合，われわれによい行為を，あ
　　るいは悪い行為をするように勧めるとでもいうのだろうか。[6]

　よいと思った行為をしても，結果的に誰かを排除することにつながった経験
はありませんか。そのように，善いと悪いという区別は，その区別自体のよさ
を行為者が決めることはできないということがあります。ルーマンが，上記で

＊6　N.ルーマン，土方昭（訳）『パラダイム・ロスト』国文社，1992年，p. 21。

言いたかったのはそうしたことです。本章の最初で取り上げた座席を譲る行為にもこのような問題が含まれています。

　さらに，よいとわかっていても，そのよい行為を直ちにできるとは限りません。なぜなら，行為の具体的状況や対象が変われば，行為の意味が異なるため，人間は行為することを躊躇することがあるからです。こうした問題は，経験や知識によって，ある程度は解消されると考えられますが，必ずいつもどこでもよい行為がよいこととして捉えられるわけではないことも背景にあります。そして，その逆もあります。

　たとえば，ある友人Aは，人にほめられるからよい行為をするのではなく誰もほめてくれなくても善いことをするのが大切であると考えています。別のある友人Bは，よいことをしたいという動機よりも，善いと考えられている行為をすることが大切である，と考えています。両者ともに，偽善とは，本心と異なる行動をすることと理解していたとします。したがって，偽善という言葉の意味は同じように捉えていたとしても，それにともなう考えと行為がずいぶん異なることになります。すなわち，偽善は悪いことだと捉える友人A，（結果として善い行為をしているのだから）偽善でも問題ないという友人B，友人Bは行為と内面の不一致を問題とは捉えていません。このように，善い行為の背景に同じ思いや考えがあるわけではないのです。

　「特別の教科道徳」に，嘘をつかないことと他人のことを思いやることという学習内容がありますが，それらは，時に対立することがあります。大学の授業で学生に聞いてみると，「嘘をつくことも思いやりだと思う」「本当のことだけを言えばいいわけではない」といった声が聞こえてきます。

　これらのことは，私たちの生きている世界が，単一の意味と行為によって構成されているわけではないことを示しています。道徳について考える時，このことは議論に向かうとても大きな意味をもっています。

5　道徳を議論する

　道徳の授業で，児童生徒の意見が，どのような状況においても，他者の考え

を取り入れ，他者に親切にする人間であればいいと思うという結論におちつくことはないでしょうか。道徳の問題は，そのように一人ひとりが望ましい人間であればすべて解決されるのでしょうか。すなわち，いつでもどこでも他の人に親切に優しく接していれば，道徳の問題は解決されるのでしょうか。

　道徳の問題を議論する多様な方向に目を向けるためには，道徳の多様な質を理解する必要があります。他の人に親切にするというのは，個人の誠実さを問題にしていることであり，内面と行為の問題であり，広く言えば，共同体へ貢献する考えやケアの観点が強いと言えます。しかし，道徳は，正当さを問題にすることもできます。たとえば，親切にすることはある文脈ではどのような意味をもたらすのか，といった親切さそれ自体を議論の俎上にのせることも可能です。

　このように，道徳の問題は，あらゆる視点から議論することができます。その意味で，いつも同じ結論や話し合いの結果になってしまう場合は，道徳の問題を一面的に捉えてしまっている可能性があります。

　道徳は，何を問題にしているのか，どのように問題にするのかによって，議論される内容や方向性は異なります。それこそが，道徳がもつ特性と言えますが，その多様性が結論のあいまいさにつながることもあります。また，道徳の内容として議論することは，各教科で学ぶ内容とつながることもあります。たとえば，生命について議論する際には，その仕組みを基本に話し合いが進められます。

　道徳は，一人だけがよいと思っていても成立しませんし，既に成立していることを学ぶだけでは十分ではありません。グローバル社会の今日，異なるよさに基づいて生活している人々は身近な至るところにいます。その時々に，当人が関わっている共同体で，何がよいのかを考える必要が出てきます。そこで必要なのが，道徳を議論する力です。そのような力を養うことによって，よさをめぐる議論が，私たちの生をますます豊かにすることでしょう。

 まとめ ・・
　本章では，考える道徳・議論する道徳に資する道徳理解について説明しました。

道徳は，多様な思想を背景にもっているため，一つの考えに絞られるものではありません。むしろ，道徳は論争的です。それは，私たちが「よりよさ」を求めて生きているからです。道徳は一つのよさに収束されるのではなく，よさの多様な根拠や行為を徹底的に考え議論することを通して，道徳の本質が現れます。

　児童生徒への人間形成という視点から見るなら，道徳はよりよい自己やよいよい社会や環境を考え，道徳の複数の視点や行為の背景や理由を議論することによって，「よりよさ」を追究することにつながることを言及しました。

 さらに学びたい人のために

○松下良平『道徳教育はホントに道徳的か？──「生きづらさ」の背景を探る』日本図書センター，2011年。

　　この書籍は，道徳教育の複雑さや問題を指摘し，共同体における善さを中心とする道徳教育の考えを提案しています。道徳的行為をめぐる多様な道徳の考え方に具体的に触れることのできる1冊です。

○ジェームズ・レイチェルズ，古牧徳生・次田憲和（訳）『現実をみつめる道徳哲学──安楽死からフェミニズムまで』晃洋書房，2003年。

　　この書籍は，道徳哲学の視点から道徳を考察し，本章でも紹介した徳倫理学や功利主義道徳やカント道徳論を具体的な問題を通して考えるができ，宗教と道徳についても考えることのできる1冊です。

第 14 章

道徳的価値について

・・・　学びのポイント　・・・

- 新しい学習指導要領に記載されている内容項目の内実と特徴を理解する。
- 「考え，議論する」道徳の教育・授業実践にあたり，教師に必要とされる準備や心構えについて理解する。
- 道徳に関わる子どもたちの精神的な成熟は，異質な他者との出会いと継続的な対話とを通して初めて可能になることを理解する。

WORK　いじりといじめ

以下の文章を読んで，下記の問いを考えてみましょう。

　3時間目のことです。勝くんが先生に聞かれたこととは全然違うことを答えました。その間違いがウケて，みんなはどっと笑いました。勝くんも笑いました。でも，勇樹はどきっとしました。

　「あーあ，僕，間違えちゃったよ」勝くんが大きな声で言いました。先生が眉をひそめ，注意しようとなさったとき，「今の，何が面白かったのかな。」と，隣の席の美香さんが小さな声で言いました。その声が意外なほど大きく教室に響きました。

　教室がしんとしました。美香さん，何を言っているのかなという顔をしている子や，とまどった顔をしている子がいました。

　「今の，笑っていいのかな。」いつもはおとなしい美香さんが，思い切ったように言いました。

　「だって，面白かったんだもん。」元気くんが言いました。

　「間違ったのが面白かったら，笑っていいの？」

　「だって，面白かったんだ。それに，勝くんは気にしていないよ。間違ってもみんなにウケたんだし。気にするほどじゃないだろ。」

　元気くんの言葉にみんながうなずきました。勝くんは普段から面白い子なんだ，と思っていた勇樹もうなずきました。

　「勝くんが気にならなくても，私は気になるよ。間違って笑われたら，何にも言いたくなくなる。」みんなは顔を見合わせました。勇樹はちらっと勝くんを見ました。勝くんの顔はもう笑ってはいませんでした。

　「それに，勝くんは本当に気にしていないのかな。笑われて，本当に嫌じゃなかったのかな。これじゃあ，いじめじゃない。」

　（出所：「いじりといじめ」『小学どうとく　生きる力4』日本文教出版を一部改変。）

　勝くんが気にしないと言えば笑ってもいいのでしょうか？　いじめといじりは何が違うのでしょうか？　いじりは問題ないのでしょうか？

● 導　入 ● ● ● ● ● ● ● ●

　今日，グローバル化や情報化などの影響により，道徳的価値がますます多様化・複雑化する傾向にあります。これを受け，2017年3月に告示された新しい学習指導要領では，教師が一方的に教え導くのではなく，子どもたちが「考え，議論する」なかで自らの道徳性を涵養するという方針が強く打ち出されました。今日，子どもたちの道徳性を涵養するのに，なぜ子どもたちが自ら「考え，議論する」ことが必要なのでしょうか。また，その場合，教師は子どもたちの思考や議論をいったいどのように助成すればよいのでしょうか。本章では，道徳的価値の多様化・複雑化という今日的な状況に耐え得るような「考え，議論する」道徳教育の実現に向け，教師にはどのような準備や心構えが必要かを考えます。

● ● ● ● ● ● ● ● ●

1 道徳教育の内容項目

　小学校および中学校の学習指導要領の第3章「特別の教科道徳」を開いてみましょう。第2「内容」を見ると，そこには各学年・年間35時数（小学校第1学年のみ34時数）の授業のなかでかならず一度は取り上げ，子どもたちの学習を促すべきとされる「内容項目」が，A～Dの4つの観点に分類されて列挙されています。

　内容項目には，今日および今後の社会において道徳的に価値があるとされる事柄があげられています。具体的にどのような事柄があげられているのか，学習指導要領を参照しながら確認してみましょう（表14‑1）。

　まず，A～Dの4つの観点を見比べてみると，道徳的に関わるべき対象が，自分自身（A）を起点として，自分以外の他の特定の人々（B），人間の集団や社会（C），そして自然など人間以外の存在を含む世界全体（D）にまで広がりをもつことがわかります。

　次に，小学校と中学校とを比較すると，内容項目として記載されている事柄がほぼ重複しているのが見て取れます。では，小学校第1学年から中学校第3学年まで，子どもたちはただ単に同じ内容を繰り返し学習するだけなのかと言

表14-1　道徳教育の内容項目（キーワード）

A　主として自分自身に関すること	
小学校	中学校
［善悪の判断，自律，自由と責任］ ［正直，誠実］ ［節度，節制］ ［個性の伸長］ ［希望と勇気，努力と強い意志］ ［真理の探究］（第5学年以上）	［自主，自律，自由と責任］ ［節度，節制］ ［向上心，個性の伸長］ ［希望と勇気，克己と強い意志］ ［真理の探究，創造］

B　主として人との関わりに関すること	
小学校	中学校
［親切，思いやり］ ［感謝］ ［礼儀］ ［友情，信頼］ ［相互理解，寛容］（第3学年以上）	［思いやり，感謝］ ［礼儀］ ［友情，信頼］ ［相互理解，寛容］

C　主として集団や社会との関わりに関すること	
小学校	中学校
［規則の尊重］ ［公正，公平，社会正義］ ［勤労，公共の精神］ ［家族愛，家族生活の充実］ ［よりよい学校生活，集団生活の充実］ ［伝統と文化の尊重，国や郷土を愛する態度］ ［国際理解，国際親善］	［遵法精神，公徳心］ ［公正，公平，社会正義］ ［社会参画，公共の精神］ ［勤労］ ［家族愛，家庭生活の充実］ ［よりよい学校生活，集団生活の充実］ ［郷土の伝統と文化の尊重，郷土を愛する態度］ ［我が国の伝統と文化の尊重，国を愛する態度］ ［国際理解，国際貢献］

D　主として生命や自然，崇高なものとの関わりに関すること	
小学校	中学校
［生命の尊さ］ ［自然愛護］ ［感動，畏敬の念］ ［よりよく生きる喜び］（第5学年以上）	［生命の尊さ］ ［自然愛護］ ［感動，畏敬の念］ ［よりよく生きる喜び］

出所：文部科学省『小学校学習指導要領』東洋館出版社，2018年，pp. 165-170，文部科学省『中学校学習指導要領』東山書房，2018年，pp. 154-156より筆者作成。

えば，もちろん，そうではありません。学習指導要領をよく見てみると，多く
の内容項目が子どもたちの発達に即して4段階に分けられており，それぞれの
段階にふさわしい学習内容が簡潔に書き添えられています。書き添えられた文
章を読むと，学年が進むにつれて，学習内容が身近で個人的なものから社会や
世界全体に関わるものへと広がっていくこと，また，具体的なものから抽象
的・理念的なものへと変容していくことがわかります。さらに，ある内容項目
と別の内容項目とを照らし合わせてみると，項目同士が相互にゆるやかに，あ
るいは密接に関連づけられていることがわかりますし，項目同士を相互に関連
づけて読み解くことによって，個々の項目の内実がより明瞭に理解できるよう
になることもしばしばあります。

　例として，Bの観点に含まれる内容項目の一つ「友情，信頼」を取り上げて
みましょう。小学校第1学年および第2学年では，自分の身近な「友達と仲よ
くし，助け合うこと」が学習内容として示されています。第3学年および第4
学年になると，友だちとただ「仲よくし，助け合う」だけではなく，「互いに
理解し，信頼」することの重要性が加筆されます。というのも，この時期の子
どもたちには，一方では自分の意見を相手にていねいに伝えながら，他方では
相手の意見もきちんと理解するよう努めることで，自分とは異なる，ともすれ
ば相容れない他者である相手との間に信頼関係を築くことが求められるように
なるからです。これは，同じくBの観点に含まれる内容項目「相互理解，寛
容」の学習内容と照らし合わせると，読み取ることができます。

　さらに第5学年および第6学年では，そうした信頼関係のもとで友だちと互
いに「学び合って友情を深め」ることが求められるようになり，また思春期に
入るため「異性について」理解することも課題としてあげられます。中学校段
階に至ると，小学校の学習内容を継続的に発展させつつも，また新たな課題が
提示されます。すなわち，友だちを「心から信頼できる」こと，その友だちと

＊1　小学校が，第1学年及び第2学年／第3学年及び第4学年／第5学年及び第6学年という3段
　　階に分けられ，中学校は1段階にまとめられている。
＊2　『小学校学習指導要領』（東洋館出版社，2018年，p. 167）の第3章「特別の教科道徳」第2
　　「内容」におけるB「相互理解，寛容」の〔第3学年及び第4学年〕には，「自分の考えや意見
　　を相手に伝えると共に，相手のことを理解し，自分と異なる意見も大切にすること」とある。

「互いに励まし合い，高め合う」こと，「異性についての理解を深め」ることに加えて，新たに「悩みや葛藤も経験しながら人間関係を深めていくこと」が求められるようになるのです。この新たな課題は，Dの観点に含まれる「よりよく生きる喜び」という内容項目[*3]と照らし合わせると，次のように解釈することができます。自分を含め，人間には誰にでも弱さや醜さが内在していること，自他のそのような弱さや醜さに悩み葛藤しながらも，それらを認めて受け入れ，かつ克服しようと努めること，そして，そのように努めるなかでこそ，自他の人間関係が深まり，人間として生きる喜びが感じられるようになること。つまり，抽象的・理念的なこれらの事柄の内実と重要性を理解し，日常生活のなかで具体的に実践することができるよう成熟していくことが，中学校段階における道徳の学習課題だと解釈することができるのです。

2 道徳的価値に関する前理解

■1■ どの子どもも既にものごとのよし／悪しを知っている？

　これからの道徳の授業では，前節で紹介したような内容項目（道徳的に価値があるとみなされている事柄）に関する理解に基づきながら，子どもたちが「考え，議論する」ような学習活動を計画・実施し，これを通して子どもたちの道徳性を涵養することが目指されます。

　子どもたちが「考え，議論する」学習活動の計画と実施にあたり，みなさんに留意していただきたいことがあります。それは，道徳の授業のなかでそうした学習活動を始めるよりも前に既に，たいていの子どもは，内容項目について何らかの個人的な，時に恣意的な理解を有しているということです。

　たとえば，小学校学習指導要領の第1学年および第2学年には，「よいことと悪いこととの区別をし，よいと思うことを進んで行うこと」という学習内容

---

*3　『中学校学習指導要領』（東山書房，2018年，p. 156）の第3章「特別の教科道徳」第2「内容」におけるD「よりよく生きる喜び」には，「人間には自らの弱さや醜さを克服する強さや気高く生きようとする心があることを理解し，人間として生きることに喜びを見いだすこと」とある。

が示されています。ですが，小学校に入学してきた子どもたちのなかで，よい／悪いという言葉が何を指すのか，まったくわからない，イメージすらわかないという子どもが果たしてどれくらいいるでしょうか。子どもたちは学校生活のなかでしばしば，よいと思うことをした時に教師にわざわざそれを告げに来てほめてもらおうとしたり，悪いと思うことをした時に叱られるのを怖れて教師に嘘をついたり，悪いと思うことをわざと少しばかりすることで教師の関心を自分に向けようとしたりします。これは，子どもたちが彼（女）らなりにものごとのよし／悪しを既に理解しており，その理解に基づいてどう振る舞うのがよいのかを自分で判断している，ということを示唆しています。

　子どもたちは，小学校に入学するまでに既に6年もの間，家庭や幼稚園，保育所で社会生活を送ってきています。そして，それぞれの生活のなかで，何がよいことで何が悪いことなのか，前もって何らかの理解あるいはイメージを——かならずしも明示的にではなく，ぼんやりとかもしれませんが——抱いてきているのです。子どもたちが前もって抱いているこの理解ないしはイメージ（先入見とも言われますが，本章では「前理解」と呼びます）が，実は，「考え，議論する」道徳の教育実践にとってはやっかいになることがあるのです。

2　慣れ親しんでいることが道徳的によいことなのか？

　前理解とは，未知の人やものごとに初めて出くわした時，それが何（者）かを理解し，それに対してどのように振る舞うのが適切かを判断するのに必要な手掛かりとなるものです。未知のものが既知のもの，なかでも好ましいものや既に慣れ親しんでいるものと親和的ならば，前理解によって問題なく未知のものに対する理解や承認や受容が促進されます。他方で，未知のものが過去の否定的な体験や知識と結びついたり，共通点が見出せない共約不可能なものであるかのように思われたりすると，前理解があることによって，それを自分にとって不必要なものや危険なものと捉えてしまい，承認や受容はおろか理解することにすらも抵抗を感じたり拒絶をしたりする場合があります。前理解は，このように人の心や精神にとって免疫のような役割を果たしているのです。

ここで，道徳的な価値に関わって子どもたちが抱く前理解の特徴を確認しておきましょう。まず，それは，子どもたちに生来的にそなわっているようなものではありません。それは，子どもたちが日々，社会生活を送るなかで，周囲の人々から，とりわけ保護者など子どもたちが自分にとって重要だと認める人々からほめられたり叱られたりするという体験を通して，知らず知らずのうちに育まれていきます。もう一つ重要なことは，今述べたこととも関わりますが，子どもたちの前理解は，家族や地縁共同体など，子どもたちが日々，生活する集団や社会のなかで共有されている道徳的価値と親和的である場合が多いということです。

　これらのことからわかるように，子どもたちが抱く前理解には，子どもたちの判断や振る舞いを，子どもたちの所属する特定の集団や社会における既存の道徳的価値に沿うものへと導きやすい，という傾向があります。そのために，逆に，疎遠な人々やなじみのない事柄に対しては，所属する集団や社会における日々の暮らしに支障をきたさないよう，無関心のままでいる，あるいは拒絶や排除をするという判断と振る舞いへと導く傾向があることも否めません。それゆえ，学校の授業のなかで，子どもたちの道徳性の涵養を期してさまざまに異なる道徳的な価値を提示したとしても，提示の仕方によっては，そのことがかえって異質な他者に対する子どもたちの無関心や忌避感を強めてしまう場合もあるのです。

　そもそも「道徳」という語に相当する欧米語は‘ethics/éthique’または‘moral/morale’ですが，語源をたどれば，これらの語はいずれも，ある特定の慣れ親しんだ土地や地域，またはその土地や地域に根づいた文化的慣習や生活習慣を意味する語であったことがわかります。そこから派生して，これらの語は，ある特定の土地や地域で，ある特定の文化的慣習や生活習慣に従って暮らす人々が有する（べき）気質や振る舞いを意味するようになりました。その場合，ある人やものごとが道徳的か否かの判断基準は，自分が所属する地縁共同体の慣習や習慣に合致しているか否かとなります。つまり，道徳的価値を理解することは，もともと伝統的には，自分が所属する地縁共同体の文化的慣習や生活習慣をきちんと理解し，それに従ってものを言ったり振る舞ったりできること

と同義だったのです。

　社会学的な観点から道徳性と道徳教育について論じたデュルケーム（Dur-kheim, É. : 1858-1917）は，このことを次のように述べています。

　　道徳規則は，まず教育によって外から児童に与えられ，しかも，それが
　　もつ権威によって彼の上に強制される。こうしてわれわれは，まず，外か
　　ら与えられるままに，受動的に道徳規則に服従するのである……[4]。

　引用文中に出てきた道徳規則とは，ある集団のなかで慣習的・習慣的によい
ものとして人々に共有されている感じ方や考え方，振る舞い方の規則を指して
います。このような規則をまずその集団の年長者が年少者に教え，年少者は，
その集団のなかで生涯つつがなく暮らしていこうと思うなら，教えられるまま
にそれを理解するよう努めます。この場合，既存の道徳規則を学ぶことが年少
者には避けられない責務となり，その学びを導いてくれる年長者は，年少者に
とってある種の権威になります。このような継承行為を通して，年少者はその
集団の次世代を担う一員へと成長する，とデュルケームは考えていました。

3　慣れ親しんだことを超えた道徳的価値へ

　ですが，ここでよく考えてみてください。今日，自分の生まれ育った家族や
地縁共同体のなかでのみ，その生涯をまっとうし，見知らぬ人が外から来るこ
ともほとんどない，というような生活をしている人は，果たしてどれくらいい
るでしょうか。また，ある一つの集団や社会のなかで，同一の文化的慣習や生
活習慣が世代を超えても変わらずにいつまでも保持され続けることなど，今日，
果たしてあり得るでしょうか。たとえば，今から150年ほど前の日本では，「男
女七歳にして席を同じうせず」という故事成句にもあるように，乳幼児期を過
ぎた男女は別々の規範に従って生きるのが当たり前でした。また，男性には認

＊4　É. デュルケム，麻生誠・山村健（訳）『道徳教育論』講談社，2010年，p. 209。

められている権利の多くが女性には認められていませんでした。ですが，今は男女両性が共に暮らし，平等に同じ権利を有することが制度的には認められています。さらに近年では，性別そのものも男／女に限られないことが広く認識されつつあり，少なくとも公の場では，多様な性という認識のもとで発言したり振る舞ったりすることが道徳的だとみなされるようになってきています。

　このように，どの集団，どの社会においても，その文化的慣習や生活習慣は時を経るにつれて多少なりとも変わりますし，これにともなって道徳的価値のあり様も変わっていきます。とくに，交通手段や通信技術が発展し，人々の移動や交流が飛躍的に活発化している現代では，そのような変化の速度は加速度的に増していると言えます。また，ライフスタイルの個人化も進み，地縁共同体はもちろん，家族のなかでさえも，構成員がそれぞれ異なる事柄に価値を見出し，それを明示して生きることができるようになってきました。さらに，グローバル化や情報化の影響により，遠く離れたところで暮らす人々や独自に培われてきた諸文化がランダムに交じり合い影響を与え合うようにもなってきており，そのため，慣習や習慣の変化そのものもまた複雑になってきています。こうした現実社会にほとほと嫌気がさし，自宅や自室に引きこもったとしても，インターネットにアクセスすれば，多様な諸価値が複雑に入り乱れるサイバー空間（仮想的に構築できるがゆえに，現実社会よりも多様で複雑な空間かもしれません）が限りなく広がっています。このような状況のもとで，今日，道徳的価値は，急速に変化しながらますます多様化し複雑化しているのです。

　だとすれば，ある一つの集団や社会がある時点で保有している道徳的な価値を年長者から年少者へとそのまま受け渡して引き継ぐだけでは，たとえそれがうまくできたとしても，未来のその集団や社会のなかで，あるいはまた異なる集団や社会のなかで，年少者がきちんと道徳的に振る舞い，うまく生きていくことが保証できるとは限りません。いえ，むしろそれを保証できない危険性が多分にあると考えられます。

　だからこそ，学校の道徳の授業では，生まれ育った所属集団や地縁共同体で子どもたちが慣れ親しんできたものとは異なる，ともすれば相容れないように思える価値の持ち主と出会ったとしても，その人と適切な関係を構築すること

ができるよう配慮して，子どもたちの学習活動を整える必要があります。具体的には，まず，知らず知らずの間に身に付けてきた道徳的な価値に関する自分の前理解のあり様について，子どもたち自身が明確に意識化できるようにすること，そのうえで，他の異なる（前）理解の持ち主と対話を重ねるなかで，意識化した自分の前理解をきちんと相対化できるようにすること，これらが重要となるのです。学校の道徳教育において，教師が一方的に子どもたちを教え導くのではなく，子どもたち自身が「考え，議論する」ことを通して「自己を見つめ，物事を多面的・多角的に考え，自己の生き方についての考えを深める」ことが求められているのは，まさにそのためなのです。[*5]

　ただし，上述したように，子どもたちの前理解が，日常では会うことのない疎遠な人々やなじみのない異質なものの見方・振る舞い方をする人々への理解をまずは阻害する，という事態が往々にして生起します。この問題含みの事態に対し，教師には何ができるのでしょうか。

3　経験による学びと成熟を目指して

■1　異質なものとの出会いと対話

　実のところ，前理解が引き起こす異質なものに対する理解の阻害という問題について，これを解消するのに有効な教授スキルは，残念ながらありません。教師にできるのは，せいぜい，次のような地道な働きかけを日々繰り返すことくらいです。すなわち，問題が生じるたびに，子どもたちが自分のものの見方や考え方，振る舞い方をじっくり見つめ直し，問題を引き起こしている自分の前理解のあり様をていねいにかつ明確に意識化することができるよう，支援しつつ見守ること，また，子どもたちが自分の前理解のあり様を相対化したり，必要ならば，それを別のあり様へと変容させたりするのを鼓舞しながら待つこ

＊5　文部科学省『小学校学習指導要領』東洋館出版社，2018年，p. 165。『中学校学習指導要領』（東山書房，2018年，p. 154）では，「自己を見つめ，物事を広い視野から多面的・多角的に考え，人間としての生き方についての考えを深める」となっている。

と，です。教師のこうした日々の地道な働きかけがあってこそ，子どもたちは異質なものとの対話を，なおざりにすることなく，また逃避したり途中で放棄したりすることなく，継続することができるのです。

　まさにこの異質なものとの対話の継続こそが，これからの「考え，議論する」道徳が目指すべきものだと言えます。異質なものと出会うことがなければ，人は，慣れ親しんだ自分の世界の内に閉じたまま，後述のような「経験」を切り拓くことができません。また，仮に異質なものとうまく出会えたとしても，それと継続的に対話をする機会が保証されなければ，十分な時間をかけて自分の理解のあり様を見つめ直して相対化し，必要な場合には，そのあり様を従来とは異なるものへと変容させることがかないません。つまり，道徳に関わる子どもたちの精神的な成熟は，異質なものとの継続的な対話を通して初めて可能になるのです。そうだとすれば，異質なものとの出会いにおいて，前理解のためにまずはそれとうまく関係を構築することができないという事態に陥ることは，けっして回避または解消すべき問題などではなく，子どもたちの道徳の学習にとって必要不可欠の契機だと言えます。

　現代アメリカの哲学者ローティ（Rorty, R.：1931-2007）は，自分が慣れ親しんできたものとはまったく異質な，共約不可能なものとどうにかして結びつこうとすることを，理解という人間の精神活動の最も根本的な原理として捉えました。[*6] 未知のものと出会っても，それが自分の慣れ親しんできたものと親和的であるなら，それを理解するのに何の困難も危険もありません。むしろ，自分の（前）理解の正当性や有効性を確認できるがゆえに，その出会いは人が既存の枠組みの内に安心して——つまり無批判かつ無反省に——とどまることを可能にします。

　これに対して，未知のものが慣れ親しんできたものとはまったく異質な共約不可能なものである場合，これを理解するという営みには必然的に困難と危険，そして，それらがもよおす苦痛や苦悩がともないます。というのも，その出会いは，見慣れたものから構成されている安定した自分の世界に，見知らぬ不気

＊6　R. ローティ，野家啓一（監訳）『哲学と自然の鏡』産業図書，1993年。

味な異物が侵入してくるという出来事だからです。その場合，異物をただ単に排除するのではなく，意味のあるものとして自分の世界に組み入れようとするなら，安定した自分の世界を根底で支え，揺るぎないものとして保証してくれているなじみの深い前理解の枠組みからいったん「外」に出てみること，未知のものを不気味だと思わせる自分の前理解のあり様をいったん疑ってみること，そして，必要に応じて前理解の既存の枠組みを覆すことが求められます。これらは面倒で，時に危険でもあり，苦痛や苦悩をともなう「経験」となります。

▆2▆　「経験」を通して成熟する

　ここで「経験（experience）」の語源を振り返っておきましょう。ギリシャ語とラテン語に由来するこの語は，「外へ」を意味する接頭辞 'ex'（exit（出口）や export（輸出）なども同様）と「通過する，試す，危険を被る，努力する，くぐり抜ける」などを意味する語幹 'periri' から構成されています。このことから，「経験」という語は元来，何かを試しに実際にやってみること，また，その過程にともなう危険を被りながらも，それをくぐり抜けること，そのために努力することを意味すると言われています。

　この元来の意味における「経験」は，自分が慣れ親しんできたものとは異質な，共約不可能なものと出会い，どうしたらよいのか答えのない手探り状態のなかで，どうにかしてそれと結びつこうとすることによって初めて切り拓かれます。このような「経験」を通して学ぶことで初めて，さまざまな道徳的価値とこれを有するさまざまな異質な他者とを，彼（女）らとの齟齬やずれが引き起こす悩みや葛藤も含めて認め，受け入れ，彼（女）らとの間に適切な関係を編もうとする成熟した態度が子どもたちに育まれていくのです。

　道徳におけるこのような「経験」を通した学びは，当初から定まっている，あるいは予測され得る答えがないという点で，学校の教育課程にあるほかの教科の学習とは異なっています。誰も正しい答えが何なのかわからない手探り状態のなかで，ああかもしれない，こうかもしれないと「考え，議論」してみることを通して，「考え，議論」する全員でそれぞれに成熟へと向かうのです。

換言するなら，道徳の学習は，最短時間で一つの正解を追い求める教科の学習や，実証的な手法を用いて数値データを駆使しながら確実な客観的事実を解明する自然科学の分析とは違い，答えのない（あるいは複数の答えがあり得る）手探りの状態，いわゆる「わからない」という状態にあえてとどまって，ああでもない，こうでもないとさまざまな見解を吟味する思考と対話と議論をどこまでも継続するという類のものなのです。それゆえ，子どもたちにはもちろん，彼（女）らの学習を助成する教師に対しても，何よりもまず忍耐力，そして道徳的価値に関する自分の慣れ親しんだ理解の枠組みを超えて考えてみる柔軟な発想力が求められます。

３ 共に成熟する教師へ

　このような特徴をもつがゆえに，道徳の教育・授業実践においては，教師と子どもたちとの関係も，ほかの教科学習とは異なってきます。ほかの教科学習では，教師と子どもたちとの関係は，「知識をもつ者が教え，もたない者が教わる」という非対称的な関係になります。ですが，道徳の教育・授業実践においては，とくに第２節で説明したように価値の多様化・複雑化が進む今日的状況のもとでは，そのような関係がかならずしも成り立ちません。今日的状況のもとにおける道徳的価値とは，教師にも何が「正解」なのかがわからない，まさしく「謎」だからです。

　今後，学校教育では，こうした「謎」に対峙する学習がますます求められるようになるでしょう。たとえば，環境教育では，遠い未来の人々に対する道徳的な態度について吟味することが課題となります。この課題に際しては，従来の道徳が説いてきたような，自分や相手の個人的な行為の直接的な結果に対して相応に感謝したり償ったり，あるいは相手の顕在的・潜在的なニーズを的確に推し量って応えたりという態度は，相手がまだこの世に存在していない以上，意味を成しません。では，環境教育においては，どのような態度が道徳的なものとして求められるのでしょうか。ヨナス（Jonas, H.；1903-1993）はまさに，こうかもしれない，ああかもしれない，とさまざまな可能性に開かれた思考を

展開すること，そして，遠い未来の人々にできる限り多くの豊潤な可能性を保証することを，今後，必要とされる道徳的態度として提唱しています[*7]。遠い未来の人々が選択する「答え」が確実にはわからない以上，自由な選択肢をできるだけ多く残すことが，現代に生きる私たちの責任だからです。

　ここまで読んできたみなさんのなかには，これからの道徳の教育・授業実践はなんだか難しそうだ，と思った人もいるかもしれません。ですが，実はそうではありません。道徳の教育・授業実践にあたっては，教師は，学習指導要領に列挙された道徳的に価値があるとされる内容項目について，かならずしもよりよく知っていなければならないわけではなく，それらを子どもに教え込まなければならないわけでも，子どもを教え導かなければならないわけでもありません。教師に求められているのは，実は子どもたちと同じことです。すなわち，道徳的価値に関する自分の前理解のあり様について明確に意識化すること，そのうえで，他の異なる（前）理解の持ち主と対話を重ね，そのなかで，自分の前理解をきちんと相対化すること，なのです。たとえ，これらがうまくできる自信がなくても問題ではありません。道徳の教育・授業実践のなかで，教師も子どもたちと共に成熟していけばよいのです。むしろ，道徳的価値が多様化・複雑化している今日的状況のもとでは，そうすることがより重要だとも言えます。上に述べたような「経験」を通して共に成熟しようとする態度を進んで子どもたちに示すことができるなら——さらに，それを有意義なものとして楽しむ姿を見せることができるなら——，みなさんには既に道徳の教育・授業実践に臨む心構えと準備ができていると言えるのです。

 まとめ ………………………………………………………………………

　　道徳的な価値が多様化・複雑化している今日，道徳に関わる子どもたちの精神的な成熟は，異質な他者との出会いと継続的な対話とを通して初めて可能になります。したがって，これからの道徳の教育・授業実践において，教師は，子どもたちに一方的に既存の道徳的価値を教え込むのではなく，道徳的価値に関する子どもたちの前理解の意識化と相対化を促しつつ，子どもたちが多様な諸価値やそれを保有する

＊7　H. ヨナス，加藤尚武（監訳）『責任という原理——科学技術文明のための倫理学の試み（新装版）』東信堂，2010年。

人々と出会う機会を保証し，かつ子どもたちが，簡単に理解や承認や受容ができない
いことに悩み葛藤しながらも，それら／彼（女）らとの対話を継続できるよう支援
することが重要となります。このような実践を通して，教師もまた，子どもたちと
共に道徳的に成熟していくのです。

 さらに学びたい人のために

○ O. F. ボルノー，森田孝・大塚恵一（訳編）『問いへの教育——「都市と緑と
人間と」ほか10篇（増補版）』川島書店，1988年。
　　ドイツの著名な教育哲学者ボルノー氏の講演・論文集。一つの「正解」があ
るわけではない問いへと開かれることによって人間の経験が切り拓かれる原理
と，それを支える教育者のあり様についてわかりやすく論じています。

○ハンス・ヨナス，加藤尚武（監訳）『責任という原理——科学技術文明のため
の倫理学の試み（新装版）』東信堂，2010年。
　　フクシマ特集を組んだフランスの哲学雑誌が，大災害を前にした時の人間の
あり方を論じる代表的著作としてあげた4冊のうちの1冊。遥か遠い未来に生
きる人々に対する倫理のあり様（応答責任という倫理）を説いています。

第15章

いじめ問題と道徳教育

● ● ● 学びのポイント ● ● ●

- 人間関係が思いやりや優しさという主観的関係であるだけでなく，支配‐従属などの社会的関係でもあるという観点に留意する。
- いじめ問題は複雑な構造をもっており，加害者と被害者の観点だけでなく，両者を取り巻く学級の児童生徒のあり方や学級の社会的なあり方の観点も重要であることに留意する。
- 議論や討論は，参加者によるそれぞれの意見の単なる交換ではなく，ある課題の解決を主体的に追求する探究活動であり，そのためにそれにふさわしい探究方法と思考過程があることを理解する。

　いうまでもなく，この世界で出会うのは同質的な人々ばかりではありません。なかには，とても共感できそうにない，自分とはまったく異質な人々もいるでしょう。どうしても分かり合えない人々に対して，私たちはどのように振る舞えばいいのでしょうか。自分自身とは相容れない，思想信条も異なる人々に対して，その存在を認め理解すること。この姿勢は，「寛容」と呼ばれます。共感が感情を介した他者との分かり合いであるのに対して，寛容は理性を介した他者との相互理解です。共感が十分に成り立つ世界では，寛容が課題となることはありません。むしろ共感が成り立たず，分かり合えない他者との間でこそ，寛容が要請されるのです。気持ちの上ではどうしても相手のことを許せないと感じていたとしても，いや，そう感じているからこそ，理性を働かせて，相手のことを理解し，その存在を認めなければなりません。

　寛容の精神は本来，相容れない相手の存在を認め理解することですから，こちらに共感していない相手についても，こちらからその存在を認め理解することが求められます。では，差別や偏見に基づき他者を傷つける不寛容な相手であっても，私たちは寛容を貫かねばならないのでしょうか。これは，「寛容の限界」というきわめて難しい問題です。不寛容を容認してしまえば，そもそも寛容なるものが無意味になります。他方で，不寛容に対する不寛容が許されるとすれば，不寛容のカードを切り合う抑止力論的な暴力の応酬に帰結しかねません。いったいどうすればいいのでしょうか。

　具体例を用いて，不寛容に対する不寛容のあり方について考えることにしましょう。

　たとえば，ヘイトスピーチのような暴力的な不寛容に対して，暴力的な不寛容をもって応ずるのでは抑止力論的な暴力の応酬でしかありません。それに代わる不寛容の姿勢として，不寛容な相手に現状の態度を変更し理性的な振る舞いを強く求めるような不寛容を，非暴力的に突きつけることはできないでしょうか。もし可能であれば，この不寛容は，それが向けられる不寛容とは別種のものであるはずです。それは，社会の基礎を支える社会正義に基づく不寛容でなければならないからです。（中略）これらの不寛容は，道徳

にかかわる問いを理性的に追求することを通して得られる不寛容であり，それゆえ寛容の精神に根ざした不寛容とも言いうるものです。このように，寛容の精神を考えることは，寛容と不寛容の境界線がどこでどのように引かれるべきかを考えることでもあります。そして，その際に忘れてならないのが，相手を認めるという寛容の精神を支える社会正義の観点なのです。

（出所：越智貢（監修）奥田太郎・上村崇（共著）「『相互理解，寛容』と『公正，公平，社会正義』」『どうとくのひろば』15，2016年，pp. 22-23 を一部改変。）

　いじめやヘイトスピーチといった不寛容な態度に対して，「そんなひどいことをする奴なら傷つけても構わない」という不寛容な態度で応ずることはなぜ問題なのでしょうか。また，「寛容の精神に根ざした不寛容」（寛容的不寛容）とはどういうことなのでしょうか。自分が理解したことを話し合ってみましょう。
　そして，このような「寛容の精神に根ざした不寛容」（寛容的不寛容）を実現するために必要なことは何だと思いますか。みんなで考えてみましょう。

本章では，最初に，いじめ問題を含む子どもたちの問題行動の背景にある諸課題と，これまでのいじめ問題の現状から，家庭や学校に見られる，いじめ発生の諸要因を検討します。それによって，学校の教育活動全体による道徳教育と教科となった道徳科の道徳教育が取り組むべき課題か明らかになります。そのうえで，いじめが生じる場である学級（教室）における子どもたちの社会生活の基盤にあって社会的関係を規定する「規範構造」を提案し，その規範構造の組み替えを道徳学習として捉えながら，価値や規範の理解に取り組む道徳学習が，子どもたちの人間関係の改善と発展にどのように関係するかについて考えます。そして最後に，議論モデルであるトゥールミン・モデルを基盤にして，議論や話し合いを中心に置いた「考え，議論する道徳」と「主体的・対話的で深い学び」としての道徳授業の学習過程を提案します。

1 児童生徒の問題行動の背景にある諸課題

今日の子どもたちのいじめ等の生徒指導上の諸問題の背景には，現代社会の特質に由来する多様な諸課題がありますが，道徳教育という観点で見ると以下のような4つの課題をあげることができます。

①社会の基本的なルールを遵守しようとする意識が希薄になっている。

②自己中心的で，善悪の判断に基づいて自分の欲求や衝動を抑えることができない。

③言葉を通じて問題を解決する能力が十分でない。

④自分自身に価値を見出し，自尊の感情をもつことができないでいる。

これら4つの課題は，いじめ問題や学級崩壊あるいは暴力行為等を具体的に検討すれば，今日の子どもたちの諸課題を適切に包括しているとして評価できます。また，これまで子どもたちの諸問題に関しては，ここにあげられている諸課題が個別に指摘されることが多かったように思われますが，ここには4つの諸課題が構造的につながり合っていることが示されています。つまり，規範

意識の低下と自己中心的な思考や行動が善悪の区別の弱さを生み出し，そのために コミュニケーション的行為能力の低下やコミュニケーションによる問題解決力の低さを生じさせており，その結果，自尊感情の低い状況を帰結しているということです。

　このように考えれば，いじめ問題等の子どもたちの諸問題は，規範意識の低下，自己中心的思考の拡大，コミュニケーション能力の低下，そして自尊感情の低さなどに対して個別的に対応することでは課題の克服には至りにくいと言えるでしょう。このことは，この問題に対する学校における教育的取り組みを構想し，実践する際にふまえておかなければならない課題に関して，一つの重要な示唆を与えているように思われます。

　現代社会は，その出発点となった近代社会の発端から，個人と社会の関係に関する難しい問題を抱えています。一般に，個人の独立性や自立性が強調されますが，私たちは一人では生きることができないことはだれもが認めるところです。では，私たちはどのようにして社会を構成する一員となることができるのでしょうか。法（ルール）をつくり，それに従うことによって可能になるとしても，それでは法（ルール）に従属することとなり，社会の主体とはほど遠いものとなります。また，一方では，ややもすれば自己の利益により強い関心が向けられ，社会を構成する一員としてのあり方には関心が向けられにくくなります。私事化（プライバタイゼーション）がそれです。先の 4 つの課題はその具体的な顕在化と考えられます。

　このように考えてくると，今日多様に見られる子どもたちの諸問題は，近代社会の特質に由来する根深い問題であり，複雑な諸課題を背景にもつと考えた方がよいでしょう。いじめ問題も弱い者をいじめる悪い加害者と理不尽に傷つけられる被害者という観点だけでは，見えてこないものがあり，複雑な課題を抱えていると言えるかもしれません。

2 いじめ問題の現状と課題

1 いじめ問題の展開

　いじめの問題にはこれまで3つのピークがあったと言われてきましたが，ほぼ10年おきにそのピークがきているとも言われており，最近の展開を加えると4つの時期に区分できます。

　最初のピークは，1980年代の半ば頃です。この頃に「葬式ごっこ」として知られる「鹿川裕史君いじめ自殺事件」(1989年2月) をはじめとして相次いでいじめによる自殺事件が起きました。「いじめとはどういったものなのか」についてさまざまな方面から議論が行われ，はじめて「いじめ問題が学校教育の深刻な課題である」と認識されるようになりました。また，いじめ問題はわが国だけのものではなく，他国でも事例があることがわかり，ノルウェーやイギリスの取り組みも参考にされるようになりました。

　2番目のピークは，1990年代半ばです。象徴的だったのは，愛知県で起きた大河内清輝君の事件です。遊び仲間だった7人の生徒から執拗な暴力を受け，100万円を超える金銭を取られていたいじめの実態を詳細に記した遺書が残されていました。この事件では，お父さんが学校の教師や生徒に，どうしていじめが起きたのかを共に考えようと訴えました。結果的には，改めていじめ問題の深刻さを多くの人に伝えることになったように思われます。大河内君の自殺事件を皮切りに，さまざまなところでいじめの問題が表面化し，国を動かして総合的ないじめ対策が求められることにもなりました。スクールカウンセラー制度や電話相談が導入されたのもこの時期でした。また，不登校の問題も含めた相談体制の整備が行われるようにもなりました。

　わが国のいじめ研究において長い間指導的役割を担ってきた森田洋司の「いじめの四層構造論」が広く周知されるようになったのもこの頃でした。四層構造論とは，被害者，加害者に加えてはやし立てる観客，止めに行かないで見ているだけの傍観者の四者によっていじめを捉える考え方です。[*1]

　3番目のピークは，2005年から2007年にかけて起きた一連のいじめによる自殺事件の頃です。北海道滝川市の小6女子児童や福岡県筑前町の中2男子生徒[*2]のいじめによる自殺などが取り上げられ議論されました。ここでは，教育委員会もまきこんでの全国規模の論議を生んだ事件に発展しましたが，いじめであるかどうかの認定・判断がきわめて難しいという問題が出てきました。

　そういうこともあって，2006年度には，国の方でもいじめに関する定義の見直しを行うこととしました。新しい定義は，「当該児童生徒が，一定の人間関係にある者から，心理的，物理的な攻撃を受けたことにより，精神的な苦痛を感じているもの[*4]」となりました。それ以前の定義は，1986年度以来「①自分より弱い者に対して一方的に，②身体的・心理的な攻撃を継続的に加え，③相手が深刻な苦痛を感じているものであって，学校としてその事実を確認しているもの。なお，起こった場所は学校の内外を問わない（「学校としてその事実を確認しているもの」は1994年度に，「起こった場所は学校の内外を問わない」に変更）」（下線筆者[*5]）でした。下線部分が新しい定義では削除されていることに注意することが必要です。これによって，いじめられる子どもの側に立っていじめを捉えようとしていると評価できますが，同時に，いじめの様態や苦痛の程度は問題ではなく，苦痛を感じていればすべていじめということになります。

　そして，2010年代になっても，いじめ問題がこれまでになく大きな論議の対象となりました。2011年に起きた，大津市の中2男子生徒のいじめによる自殺問題は，担任教師がいじめを発見しても適切な対応を行わなかったことや，学校がアンケート結果の公表をしなかったことから，学校と教育委員会によるいじめ隠しではないかと疑われたこともあり，学校と教育委員会によるこの問題への基本姿勢が問われました。これを契機にいじめ防止対策のための法制化の動きが進展し，道徳の教科化に弾みをつけることにもなりました。また，執拗

＊1　森田洋司・清水賢二『いじめ——教室の病』金子書房，1994年。
＊2　遺書が見つかったにもかかわらず，遺書を「手紙」とした教育委員会の姿勢が問われた。
＊3　担任教師の不適切な発言や行動（相談内容をほかの生徒へ漏らす）が生徒たちによるいじめにつながり，自殺の要因となったとされている。
＊4　文部科学省「平成18年度　生徒指導上の諸問題の現状について」2007年。
＊5　文部科学省「平成17年度　生徒指導上の諸問題の現状について」2006年。

239

な暴力行為に対しては，警察による介入が断行されたこともいじめ問題への対応に新たな展開を見せています。

2 「いじめ防止対策推進法」の制定

　2013年6月には，「いじめ防止対策推進法」が与野党の議員立法として成立し，9月に施行されました。この法律では，国や自治体に「いじめ問題対策連絡協議会」を設置して「いじめ対策基本方針」を策定することを求め，各学校には「いじめ対策委員会」を設置して，多様に生じるいじめ問題に確かな対応を行うことを求めています。

　そのうえに，心身に大きな被害を受けたり，長期欠席となった疑いがある場合を重大事態とみなし，学校は自治体の長に報告すると共に，事実関係を速やかに調査し，被害者および保護者に報告することを義務づけています。自治体の長は必要があると認める時は，事実関係を調査する組織（第三者調査委員会等）を設置して，調査を行い，同種の事態の発生を防止するために必要な措置を講じることとしています。また，携帯・スマートフォンなどによるインターネット（メールやSNS等）などによるいじめへの国や自治体による監視や防止などの対策が盛り込まれました。さらに，いじめが犯罪とみなされる場合には，警察と連携することも明記されています。

　この法律は，対策として予防的取り組みにも言及し，そのなかで学校における道徳教育が重要な役割を担う必要があることを強調しています。そこでは，いじめに負けない，いじめに対する子どもたちの正しい善悪の区別を行う力と，いじめを克服できるしっかりとした人間関係を築く力を育てることについて，道徳教育にとくに大きな役割が期待されています。これは教育再生実行会議による「道徳の時間」の教科化の提言へとつながり，2015年3月に学習指導要領の一部が改訂され，「特別の教科　道徳」（道徳科）が2018年4月に小学校で，翌年4月に中学校で実施されることとなりました。

3　いじめ発生の諸要因

1　大人と子どもの関係がもつ問題性

　いじめ発生の諸要因にはさまざまなものが考えられますが，ここでは家庭や学校における「親と子」「教師と生徒」という「大人と子どもの間の関係」に注目します。子育てや教育が常に「大人と子ども」という関係を基盤にして行われるのは当たり前のことですが，しかし，両者の関係は必ずしも問題のないものとは言えません。それはパラドックス的な構造を含むものでもあります。

　教育や子育ては常に大人と子どもの関係のなかで行われますが，だれもが子どもの頃，この二者間の関係において，複雑な思いや感情を抱いたはずです。大人になるとなぜかそのことを忘れてしまっていることが多いようです。子どもの時に大人に叱られたり，体罰を受けた時のことをたずねると，意外に多くの大人が子どもの時に「叱られてよかった，体罰を受けてよかった」と答えます。確かに，結果的にはそう思うかもしれません。しかし，その時には違った感情や思いがあったと推測されます。大人になると子どもの時の複雑な感情は忘れられているのかもしれません。実は，その大人との関係に生じる否定的な思い（ストレス）が，子どもたち同士の関係のなかで生じるいじめの大きな要因の一つになっているのではないかと考えられるのです。

2　家庭や学級に見られるいじめの諸要因

　いじめがあると言われる学級を調査してみると2つのタイプに分かれると言われています。一つは「権威的権力的な関係を押し付ける教師の学級」であり，もう一つは「過度に子どもを放任する教師の学級」です。[*6]力ずくで指導していく教師の学級でいじめが起きやすいと同時に，明確な指導ができにくい教師の

＊6　大井雅之「モノローグからディアローグへ──『いじめ』問題の発生とその克服に関する研究」『兵庫教育大学大学院修士論文』1999年。

学級でもいじめが起きやすくなります。どちらの学級も，教師と子どもとの教育的関係に問題があり，この問題がいじめの大きな要因となるのです。

　家庭の子育てのなかでも同様のことがあります。たとえば，力ずくで子どもを支配していく家庭では，子どもたちがとても理不尽に感じてしまうことがあります。その感情は子どもたちの内面に屈折を生み出すことになり，大きなストレスを生じさせることにもなります。そのストレスは，どこかに向かって発散せざるをえません。家庭での親への反抗や過度な従属，さらには兄弟げんかの原因にもなり，学校における友だち関係に向かうことも考えられます。また，権力的な関係はある一面的な硬直した価値観の形成という結果を帰結することにもなります。価値観というのは信念の一つですが，一定の合理性をもつものでもあります。しかし，権力的な関係のなかで価値観の形成が行われれば，合理性の認識を欠き，柔軟さを欠いているがために，それは他者に自分の価値観を強要する深刻ないじめの要因となってきます。

3　公事化と私事化

　いじめ発生のもう一つの大きな要因は，社会のあり方に関わる問題です。森田が指摘する私事化（プライバタイゼーション）の問題です。[*7]自己中心的な考え方が現代社会では多くなってきていますが，そのことが子どもたちに悪影響を与えて，自分のあり方を他者や社会との関わりのなかにおいて考えることができにくくなってきているのです。その際，自分自身には「自己中心的だ」という認識がないところが問題です。私事化の反対は，「公事化」です。公事化とは，自分を社会や世の中の一員として考えてみることができるようになる傾向のことです。第1節で述べたように，今日の子どもたちにはこの力が弱くなってきているのです。

　森田によると，いじめ経験率（①いじめを見たことがありますか，②いじめに遭遇したことがありますか，③いじめられたことがありますか，の合計）を諸外国と比

＊7　文部科学省（編）『生徒指導提要』教育図書，2010年。

べると，日本は13.9％，イギリスは39.4％，オランダは27.0％，ノルウェーは20.8％となっており，日本が一番低いとされています[*8]。

　次に長期化，進行性のいじめがどれだけあるかを見てみますと，日本は17.7％，イギリスは12.4％，オランダは11.7％，ノルウェーは17.1％だそうです。日本に比べてイギリス，オランダは10％そこそこであり，格段に少ないのです。つまり，日本では，いじめの発生数は少ないが，いざいじめが起きてしまうと深刻化し，長期化する可能性が高いということです。

　では，どうしてそうなってしまうのでしょうか。森田は，「いじめの仲裁者と傍観者の増減[*9]」について，①いじめの仲裁者は日本では小5からずっと減り続けているのに対して，オランダやイギリスでは中1を境に増えてくる，②いじめに遭遇した時の傍観者は，日本では小5から増え続けているのに対して，イギリスとオランダは中1を境に減少しているという結果をまとめています。

　このことから，「日本の子どもたちは，いじめを見ても止めにいかない。止めにいけるだけの力をもった子どもたちが，私事化傾向のなかでどんどん少なくなっている」という姿が浮かび上がってきます。外国にはいじめを止めにいく子どもたちが多いのです。ここが日本と諸外国との大きな違いです。日本では，諸外国に比べていじめによる自殺者が多いということもうなずけます。いじめによって被害者は完全に孤立化してしまうのです。これは私事化が子どもたちの思考や態度を大きく制約していることを表しています。

　いじめ問題を解決するには，また，たとえ完全に解決できなくても被害者が最悪な状況に至らないようにするには，この「いじめの仲裁者が減り，傍観者が増えていく」という部分を変えていかなければならないのではないでしょうか。教育活動，とくにいじめ問題で役割を果たすことを求められている道徳教育の焦点をこの部分に置いて取り組まなければ，いじめ問題は克服できないと思われます。

＊8　森田洋司（編）『いじめの国際比較研究──日本・イギリス・オランダ・ノルウェーの調査分析』金子書房，2001年。
＊9　同上書。

4 学級の規範構造と道徳教育

　ただ，この問題は，それほどやさしい課題ではないかもしれません。それは，学校の日常の指導や授業のあり方と考え方を見直すことが必要になるからです。

　私たちは集団（コミュニティ）から外れて暮らしていくことは困難です。わが国では，人間としてのあり方を考えていく際，個々の子どもの成長が集団（コミュニティ）を望ましいあり方に導くと考える傾向がありますが，そうではなく，集団（コミュニティ）も個人と同じく独自に成長すること，そしてその集団の成長に個々人が積極的な役割を担い，それによって個人も成長していくという視点が必要であると思われます。いじめ問題に関しても，加害者と被害者の観点だけでなく，その両者を取り囲む位置にある集団や社会のあり方という視点が必要です。いわゆる観衆や傍観者という位置へ目を向けることが必要なのです。とくに傍観者とされる子どもたちのあり方が重要です。いじめが起きている学級と自分との関わり，いじめが起きてもそれを見逃している集団の一員である自分をよしとしない意識を育てていくことが必要ではないかということです。

　教室のなかに展開する学級も一つの社会です。その社会を学級の構成員が学習や生活によって創り出しています。ところで，ほとんどの学校には複数の学級があるのですが，それぞれの学級はそれぞれの性格や特徴をもっています。まとまりのある学級やそうでない学級といった具合に，それぞれ個性のような違いがあります。その違いは担任や学級の構成員によって創り出されていると考えられます。学級が社会であるとするとその社会には明示的であれ，暗黙的であれ規則があります。それらの数は数えられないほど多いと思われますが，それらはそれぞれが無関係にあるのではなく，一定の構造をもつと考えられます。その構造を「規範構造」と呼ぶと，担任と構成員である子どもたちはこの規範構造を創り出していると考えられます。すると道徳科での学習は，一定の教材を使用して道徳的価値について学ぶのですが，その学習は学級のなかにある規範構造につながっていくはずです。道徳学習によって価値や規範について

の自分たちのこれまでの理解が深まり，修正されていくなら，一人ひとりの内にあるものが変化するだけでなく，この規範構造も変わることになります。

　しかし，そうなるためには学級での道徳の学びが表面的なものではなく，学級の構成員全員が主体的に取り組むと同時に，明示的・暗黙的な道徳的価値や規範を問い直すほどに深いものでなければならないのは言うまでもありません。教科となった道徳科で，「考え，議論する道徳」や「主体的・対話的で深い学び」が求められるのは，このように考えると納得できます。以下では，「考え，議論する道徳」によって，この規範構造を組み替える道徳の学びのあり方について，これを具体化するために必要なものは何かを探ることにします。

5 「考え，議論する道徳」の課題

1 「考え，議論する道徳」の学習過程

　価値観の多様化という社会の現実が道徳的な行動や考え方まで侵食している私事化傾向をふまえれば，合意や了解を目指し，それに近づく対話や議論を行うことこそ他者の考えを尊重すると同時に互いの間に共通理解をもたらしてくれます。合意や了解を外してしまうと，学びの質や深さの追求それ自体を放棄してしまいかねません。

　「考え，議論する道徳」の学習過程を具体的に構想するうえで，手助けになりうるものに，トゥールミン・モデルがあります。トゥールミン（Toulmin, St.：1922-2009）は事実に関する議論・討論モデルだけでなく，道徳の内容である価値や規範も議論・討論による論証の対象となりうることを主張しています。[10]一般には価値や規範は相対性をその特質の一つとするために，論証の対象とはみなされません。しかし，彼は図15-1のような図式を示しながら価値や規範の論証を試みます。

　この図が意味していることの一つは，主張（C）には必ずその根拠としてデ

＊10　J.ハーバマス，三島憲一ほか（訳）『道徳意識とコミュニケーション行為』岩波書店，1991年。

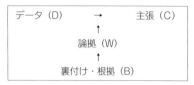

図15 - 1　トゥールミン・モデル図
注：(D) Data, (C) Claim, (W) Warrant, (B) Backing for Warrant.
出所：足立幸男『議論の論理――民主主義と議論』木鐸社，1984年を一部改変。

ータ（D）が伴われることです。たとえば，昨日友だちに貸した消しゴムを返してもらおうとして，友だちに対して「貸した消しゴムを返してくれ」と言う際に，次のように言うことになります。「君は昨日僕の消しゴムを借りる時に，明日必ず返すと言っていた。だから返してくれ」と。ここにはただ返してくれという主張があるだけでなく，主張の根拠にあたるものが事実として示されています。明日返すと約束したのだから返してくれと，事実をデータとして添えて主張しているのです。しかし，相手が「借りたものは返すべきである」という規範や「約束は守らなければならない」という規範を承認していなければ，返してもらうことはできません。2つの規範は，データに基づく主張が正しいことを主張する論拠になっているのですが，相手に返してもらうにはこの論拠（W）を相手に認めてもらわなくてはなりません。そのためには，論拠が正しいことを相手に対して論証する必要があります。その際に必要なのは，「人と人の関係は約束を守ることによって成り立つ。だから，約束を守ることは大切だ」といった論拠の裏付け・根拠（B）を相手に示し，受け入れてもらうことです。

　この図式は，学校の道徳科の授業で規範や価値の正しさや大切さについて子どもたちが学ぶ過程をも示していると考えられます。価値や規範を当事者の心情（悲しむ，喜ぶ）をその根拠として考えている場合には，この図式は大した意味をもたないかもしれませんが，価値や規範が私たちの社会（人間関係）や生活を支えるものであり，主観にかかわらず客観的事実として学級の規範構造を生み出す役割を果たしているものだと考えれば，この図式の意義は承認されるでしょう。

　今日，道徳的価値観の相対化状況のなかで，いじめ問題の克服を掲げて道徳の教科化が行われているのですが，その際，いじめを認めず，許さない規範構造を生み出すために求められる道徳の学習過程とは，これなのではないでしょうか。道徳の学習において，まずもって求められるのは，この根拠を発達段階

に応じて子どもたちが議論や討論，いわゆる話し合いによって追求していくことなのです。

2　議論・討論を展開するために必要なルール

　議論・討論や話し合いが，行為や行動の背後にある道徳的な考え方や学級の規範構造の組み替えに効果的に迫るものになるには，議論・討論や話し合いが，根拠や理由を追求するものであり，そのためには一定のルールに従って学習が深く進められることが必要です。日常の談話（雑談）はともかく，探究的な学習活動としての話し合いは，単なる主観的，心情的な考えを意見として表明し合うことではありません。道徳の学習が問題解決や規範構造を見直す学習となるには，意見には必ず根拠（理由）があること，そして，その根拠（理由）に基づく納得が重要となります。そうあってはじめて道徳は単に個人の恣意的な，主観的なものではなく人間として他者と共に納得のできる筋道の通った（合理的な）ものになります。しかも日常生活で多様に生じる道徳的な問題にも解決の見通しが生まれてきます。

　道徳の学習における話し合いがそのようなものになるには，話し合いのルールが必要です。最後に，そのようなルールを一つ提案します。

〈話し合いのルール〉
　①だれも自分の意見を言うことをじゃまされない。
　②自分の意見は必ず理由をつけて言う。
　③他者の意見にははっきり賛成か反対かを表明する。
　④理由が納得できたらその意見は正しいと認める。
　⑤意見は変えてもよい。ただし，その理由を言う。
　⑥みんなが納得できる理由をもつ意見は，みんなそれに従わなければならない。

　このルールは，「話し合いがその目的を達成できるにはどのようなルールが必要か」について，小学校高学年[*11]と中学校1年生[*12]の子どもたちに考えてもらい，そこで出てきた意見を重複や当たり前だからなくてもいいものは消去しながら，

当事者である子どもたちと教師が集約することによってできたものです。小学校高学年と中学校１年生は同じ結論に達しています。これは話し合いが話し合いとして充足していなければならない条件を探ることで定式化されたものですが，それは倫理学における討議倫理学（ハーバーマス，J.（Habermas, J.；1929-））があげる３つの原則（「普遍化原則」「討議原則」そして「理想的発話状況」）に対応しています。ドイツの哲学者が提示している原則と子どもたちが考えたルールが重なることには疑問もあるかもしれませんが，その原則の名称や学説はともかく，ルールの内容は同一なのです。

　一般に話し合いのルールは，「手を挙げて，教師にあてられてから発言する」や，「付け足しか，反論か，自分の意見かを区別して発言する」等々のものが一般的ですが，それらはこの子どもたちには当たり前のことなのです。また，道徳の授業での話し合いは，合意を目指すものではないという考え方もあるようですが，「多面的・多角的」な観点からの話し合いであるならなおさらこれらのルールは必要です。たとえ合意に至らなくても，それを目指してさまざまな視点や観点から考えるなかで積み重ねられる了解によって，それぞれの考えはより深まっていくからです。そうすることで，一人ひとりが正しいと思っていることが見直され，自分自身がより納得できる一定の根拠のある確かさをもって，ある具体的な状況のなかで自分の生き方やあり方を自覚できるのです。

 まとめ ・・
　これまで学校の道徳教育には，いじめ問題に対して予防的役割を担うことが期待されてきました。いじめ防止対策推進法でも期待がかけられ，道徳の時間の教科化に弾みをつけました。しかし，学校の道徳教育，とくに教科となった道徳科の学習（学び）がこれまでのように心情に偏ったり，価値の内面化を追求するものにとどまるなら，期待されているようないじめ問題に対する一定の予防的な役割を果たすことはできにくいと思われます。そうならないためには，道徳が本来一定の場のなかで，その場を構成する個々人のあり方に関わるものだということを確認すること

＊11　渡邉満ほか（編）『小学校における「特別の教科　道徳」の実践』北大路書房，2016年，pp. 141-142。
＊12　渡邉満ほか（編）『中学校における「特別の教科　道徳」の実践』北大路書房，2016年，pp. 36-38。

が必要です。「考え，議論する道徳」や「主体的・対話的で深い学び」の基本方向
は，それによって具現化できるように思われます。

 さらに学びたい人のために

○渡邉満『「いじめ問題」と道徳教育——学級の人間関係を育てる道徳授業』株
式会社 ERP，2013年。

　本章で述べたことをもう少し詳しく論じています。小学校と中学校の道徳の
授業実践例も含まれています。

○小笠原道雄（編）『教育哲学の課題「教育の知とは何か」——啓蒙・革新・実
践』福村出版，2015年。

　渡邉満「第16章　シティズンシップ教育とこれからの道徳教育——鍵的課題
としての討議過程創出という課題」では，シティズンシップ教育について論じ
ています。これからの道徳教育や道徳授業は，世界的に展開されているシティ
ズンシップ教育と関連づけて理解することができます。その際，成否は児童生
徒のコミュニケーション能力の育成にかかっているとの考えを示しています。

《監修者紹介》

汐見稔幸（しおみ　としゆき）
　　現　在　東京大学名誉教授。

奈須正裕（なす　まさひろ）
　　現　在　上智大学教授。

《執筆者紹介》（執筆順，担当章）

上地完治（うえち　かんじ）はじめに，序章
　　編著者紹介参照。

毛内嘉威（もうない　よしたけ）第1章
　　現　在　秋田公立美術大学教授。
　　主　著　『道徳授業のPDCA』（編著）明治図書出版，2018年。
　　　　　　『道徳科Q&Aハンドブック』（共編著）日本教育新聞社，2018年。

小林万里子（こばやし　まりこ）第2章
　　現　在　文部科学省初等中等教育局教科書調査官。
　　主　著　『「特別の教科　道徳」が担うグローバル化時代の道徳教育』（共著）北大路書房，
　　　　　　2016年。
　　　　　　『西洋教育史』（共著）ミネルヴァ書房，2018年。

岩立京子（いわたて　きょうこ）第3章
　　現　在　東京家政大学教授。
　　主　著　『保育内容　人間関係』（共編著）光生館，2018年。
　　　　　　『幼児理解の理論と方法』（共編著）光生館，2019年。

坂本哲彦（さかもと　てつひこ）第4章
　　現　在　山口大学大学院教授（特命）。
　　主　著　『「分けて比べる」道徳科授業』（単著）東洋館出版社，2018年。
　　　　　　『小学校　新学習指導要領　道徳の授業づくり』（単著）明治図書出版，2018年。

櫻井宏尚（さくらい　ひろたか）第5章
　　現　在　元　福島県公立小学校教諭。
　　主　著　『あなたが道徳授業を変える』（共編著）学芸みらい社，2013年。
　　　　　　『小学校「特別の教科　道徳」の授業と評価　実践ガイド』（共著）明治図書出版，
　　　　　　2018年。

桃﨑剛寿（ももさき　たけとし）第6章
　　現　在　熊本県公立中学校校長。
　　主　著　『中学校編　とっておきの道徳授業17』（編著）日本標準，2023年。
　　　　　　『スペシャリスト直伝！　中学校道徳授業成功の極意』（単著）明治図書出版，
　　　　　　2016年。

堺　正之（さかい　まさゆき）第 7 章
　　現　在　九州女子大学教授。
　　主　著　『道徳教育の方法』（単著）放送大学教育振興会，2015年。
　　　　　　『道徳教育の可能性』（共編著）福村出版，2012年。

古波蔵　香（こはぐら　かおり）第 8 章
　　現　在　武庫川女子大学助教。
　　主　著　『子どもと教育の未来を考えるⅡ』（共著）北樹出版，2017年。

早川裕隆（はやかわ　ひろたか）第 9 章第 1 節
　　現　在　上越教育大学大学院教授。
　　主　著　『特別の教科　道徳の授業づくりチャレンジ　中学年』（編著）明治図書出版，
　　　　　　2015年。
　　　　　　『実感的に理解を深める！　体験的な学習「役割演技」でつくる道徳授業』（編
　　　　　　著）明治図書出版，2017年。

北川沙織（きたがわ　さおり）第 9 章第 2，3，4 節
　　現　在　愛知県公立小学校教頭。
　　主　著　『実感的に理解を深める！　体験的な学習「役割演技」でつくる道徳授業』（共
　　　　　　著）明治図書出版，2017年。
　　　　　　『考え，議論する道徳をつくる新発問パターン大全集』（共著）明治図書出版，
　　　　　　2019年。

服部敬一（はっとり　けいいち）第10章
　　現　在　大阪成蹊大学教授。
　　主　著　『あなたが道徳授業を変える』（共編著）学芸みらい社，2013年。
　　　　　　『小学校　1 時間で達成できる具体的なねらいからつくる道徳の授業』（編著）明
　　　　　　治図書出版，2020年。

眞榮城善之介（まえしろ　ぜんのすけ）第11章第 1 節
　　現　在　沖縄県公立小学校教諭。

上地　豪（うえち　つよし）第11章第 2 節
　　現　在　沖縄県公立小学校教諭。

天願直光（てんがん　なおみつ）第12章
　　現　在　沖縄県公立小学校校長。

藤井佳世（ふじい　かよ）第13章
　　現　在　横浜国立大学教授。
　　主　著　『学校という対話空間』（共著）北大路書房，2011年。
　　　　　　『人間形成と承認』（共編著）北大路書房，2014年。

岡部美香（おかべ　みか）第14章
　　現　在　大阪大学教授。
　　主　著　『子どもと教育の未来を考えるⅡ』（編著）北樹出版，2017年。
　　　　　　『教育学のパトス論的転回』（編著）東京大学出版会，2021年。

渡邉　満（わたなべ　みちる）第15章
　　現　在　広島文化学園大学教授。
　　主　著　『「いじめ問題」と道徳教育』（単著）株式会社 ERP，2013年。
　　　　　　『小学校「特別の教科　道徳」の授業プランと評価の文例』（編著）時事通信出版
　　　　　　局，2019年。

《編著者紹介》

上地完治（うえち　かんじ）

　現　在　琉球大学教授。

　主　著　『道徳科 Q&A ハンドブック』（共編著）日本教育新聞社，2018年。
　　　　　『子どもを学びの主体として育てる』（共編著）ぎょうせい，2014年。

アクティベート教育学⑨

道徳教育の理論と実践

2020年 4 月30日　初版第 1 刷発行	〈検印省略〉
2024年 3 月30日　初版第 4 刷発行	

定価はカバーに
表示しています

監 修 者	汐 見 稔 幸
	奈 須 正 裕
編 著 者	上 地 完 治
発 行 者	杉 田 啓 三
印 刷 者	江 戸 孝 典

発行所　株式会社　ミネルヴァ書房

607-8494　京都市山科区日ノ岡堤谷町 1
電話代表　（075）581-5191
振替口座　01020-0-8076

© 上地完治ほか，2020　　　　　共同印刷工業・新生製本

ISBN978-4-623-08600-9
Printed in Japan

アクティベート教育学

汐見稔幸・奈須正裕　監修

A5判／美装カバー

アクティベート保育学

汐見稔幸・大豆生田啓友 監修

A5判／美装カバー

ミネルヴァ書房

https://www.minervashobo.co.jp/